产权保护与经济增长

PROPERTY RIGHTS PROTECTION
AND ECONOMIC GROWTH

刘凤芹　陆文玥◎著

中国社会科学出版社

图书在版编目(CIP)数据

产权保护与经济增长/刘风芹,陆文玥著.—北京:中国社会科学出版社,2017.7
ISBN 978-7-5203-0686-7

Ⅰ.①产… Ⅱ.①刘…②陆… Ⅲ.①知识产权保护—关系—经济增长—研究—中国 Ⅳ.①D923.404②F124

中国版本图书馆CIP数据核字(2017)第163807号

出版人	赵剑英
选题策划	刘 艳
责任编辑	刘 艳
责任校对	陈 晨
责任印制	戴 宽

出 版	中国社会科学出版社
社 址	北京鼓楼西大街甲158号
邮 编	100720
网 址	http://www.csspw.cn
发行部	010-84083685
门市部	010-84029450
经 销	新华书店及其他书店
印 刷	北京明恒达印务有限公司
装 订	廊坊市广阳区广增装订厂
版 次	2017年7月第1版
印 次	2017年7月第1次印刷
开 本	710×1000 1/16
印 张	17
插 页	2
字 数	269千字
定 价	79.00元

凡购买中国社会科学出版社图书,如有质量问题请与本社营销中心联系调换
电话:010-84083683
版权所有 侵权必究

前　言

美国作家爱德华·阿比（Edward Abbey）说，"为增长而增长乃是癌细胞的生存之道"。如果将财富的累积比作细胞的增殖，人们似乎要问，什么样的累积有利于经济增长，而怎样的增长才是又快又好的。就像今天的医生致力于通过细胞免疫对抗肿瘤一样，面对经济中存在的疑难杂症，经济学家同样思考着一个问题——什么才是促进经济高速有序增长的"好基因"。

从斯密（Smith）到凯恩斯（Keynes），人类在有限的认知空间中审视和思考着变幻莫测的社会现象。尽管众多的经济学者创造了无数种可能的世界，但对于人类而言，或许现实中的这场悲喜剧才是这"无数可能"中最好的那一个。多年以来，走下神坛，迈出黑板，是人们对经济学者们的"理性预期"。特别是在20世纪70年代末，那剂旨在一味拉动经济增长的总需求"药方"不再见效，经济机体似乎出现了明显的抗药性，一面高烧不退（高通胀），一面却又冷若冰霜（低增长）。西方世界"同此凉热"，曾经一度风光无限的西方经济似乎已穷途末路。人们再一次将救世的使命赋予那些早已不堪重负的经济学家们。然而，世界上并没有免费的午餐，任何试图找到永动机原理的努力不过是一厢情愿罢了。作为一门社会科学，经济学仍需保持足够的清醒和理性。那些"头痛医头、脚痛医脚"的经济方案不过是权宜之策，只有找到促进经济稳健增长的占优策略，才能成为政治家和经济学者们的治世良方。

20世纪90年代初，世界政治格局风云变幻，经济全球化乍暖还寒。在这一背景下，1991年，瑞典皇家科学院将诺贝尔经济学奖授予新制度经济学派奠基人罗纳德·哈里·科斯（Ronald H. Coase），表彰其在交易成本和产权理论方面的贡献。两年后,另一位新制度经济学派代表人物道格拉斯·诺思(Douglass C. North),因其将包括产权在内的制度因素成功运用于经济史分析之中而获此殊荣。此后,产权理论一跃成为官学研各界的显学。它与1990年启动的人类基因组计划似乎存在着某种历史的因缘聚合。制度之于经济,如同组织之于机体。当人们把经济看作一个有机体而不再是一台僵直的机器时,产权便被从新古典经济研究范式的"黑箱"假设中取出,成为理解经济问题的枢机。

产权理论认为,经济运行的制度基础——产权结构和由此产生的交易成本是经济研究的关键所在。在所有那些试图打开"黑箱"的尝试中,最大胆的非"科斯定理"莫属。根据该定理,如果现实中的交易成本不为零,那么产权的初始划分势必会影响到资源的配置效率。例如,科斯在对英国灯塔的产权变迁史进行研究后发现,那种将灯塔视为政府提供公共品所必需的观点是值得商榷的。英国政府收购私营灯塔的原因,并非出于私人收费困难的考虑,而在于私人收费过高。在他看来,一个好的产权制度,应当能够使各种经济资源包括人力资源得到有效的利用。由此可见,产权对于经济的意义,并不在于谁占有,而更取决于谁的使用效率更高。这无异于解放了产权,从而有利于对生产力的进一步解放。

在将产权理论成功运用于经济史分析的经济学家中,诺思的贡献首当其冲。他指出,"国家的存在对于经济增长来说是必不可少的",而"离开了产权便不能提出一种有用的国家分析"。他研究发现,在欧洲历史上,荷兰和英国的经济成功应归因于一组有助于提高组织绩效的产权安排。相比之下,法国和西班牙的衰落,则正是其各自低效的产权制度所致。循此逻辑,作为前二者殖民地的美国之所以成功,而作为后二者殖民地的非洲和南美诸国之所以落后,其原因仍可归咎于彼此迥异的产权制度。同样,这也有助于解释"李约瑟难题",即工业革命为什么没有出现在中国。

可以说,新制度经济学实质上是对新古典经济增长理论的一种扬弃,同时也影响了后者并使其将制度因素纳入研究范畴。在众多新制度经济学家中,一些人虽已作古,如科斯、诺思和阿尔钦(Alchian),但他们的名字仍熠熠生辉。其中,阿尔钦是产权经济学的创始人,他的学生张五常以《佃农理论》和《蜜蜂的神话》闻名于世，他的另一个学生夏普（Sharpe）是1990年的诺贝尔经济学奖得主。此外，德姆塞茨（Demsetz）、威廉姆森（Willimson）、巴泽尔（Barzel）、斯蒂格利茨（Stiglitz）、菲吕博顿（Furubotn）和芮切特（Richter）等，在产权理论、国家理论、契约理论和经济组织等方面著述颇多，影响深远。在本书即将付梓之时，又一位产权学派的巨匠摘得诺奖。2016年，瑞典皇家科学院将诺贝尔经济学奖授予美国经济学家奥利弗·哈特（Oliver Hart），表彰其在不完全契约理论方面做出的杰出贡献。根据哈特的理论，由于契约是不完全的，拥有更多资产的所有者将具有更大的"剩余控制权"，而这一权力又将赋予其更大的谈判筹码，因此只要他愿意，他便可以操盘全局。哈特之言振聋发聩，特别是对于现代经济组织的治理，更是一语中的。问题的关键是，权力赋予谁为佳，多少为宜，"门口的野蛮人"还是"屋内的聪明人"？

　　本书的写作，正是基于上述前沿理论和研究成果，着眼于当代中国实践。全书共分六章。第一章，对新古典经济增长理论进行梳理，将制度因素纳入经济分析，提出经济增长之本在于制度这一假设，并对不同产权制度下的经济效率进行对比。第二章，从交易成本的视角分析产权的效率问题，对产权和所有权进行区分，强调产权的使用权作用，并探讨产权的界定和保护。第三章，以经济史为视角，探讨产权制度的变迁及国家和政府在保护产权方面的作用。基于欧洲历史，通过将英国、荷兰的经济成功与法国、西班牙的经济失败进行对比，探讨大国兴衰背后的深层原因。第四章，探讨产权的法律保护问题。首先，提出产权的法理基础，确立产权保护的法律依据；其次，从物权法、合同法和侵权法三个方面论述产权的法律保护问题；最后，通过案例分析，解释私有产权和公共利益问题。第五章，探讨产权和有效率的经济组织之间的关系。从产权和效率二者之间的关系入手，提出产权的清晰界定和有效保护是提高经济绩效的前提这一假定。通过契约和组织一系列案例分析，反映出不同产权关系下经济组织的绩效。对于复杂系统而言，探讨纵向一体化、混合型和模块化组织之间的差别。第六章，结合中国国情，对经济发展过程中存在的一些产权问题进行探讨，包括农地流转、环保、矿产和民营企业等方面。此外，通过案例分析，寻找我国在产权保护的制度建设过程中存在的一些法律问题，并提出相应的意见和建议。

2015年1月，受国家发改委委托，我们团队承担了国家发改委重大改革研究课题——完善产权保护制度研究。同年4月，我主编的《新制度经济学》一书由中国人民大学出版社出版。近些年来，无论是在政府层面还是在学术界，产权问题都已成为关注的焦点。我和陆文玥老师结合自身多年的教学和科研实践，收集和整理了大量国内外文献资料，并同我们的科研团队成员进行多次研讨、反复推敲，完成了这部著作。全书的写作耗时近两年，而其间讨论大纲和筛选资料的工作就用去了三四个月。

寒来暑往，不觉春至。经过漫长而艰辛的努力，本书最终得以付梓。这期间，要感谢中国社会科学出版社的黄雁生和刘艳两位编辑，为本书的编辑和校对付出了大量的心血，感谢东北财经大学经济学院为本书出版提供的大力支持，感谢我的学生和朋友们为本书提出诸多宝贵建议。此外，写作的过程是艰辛和漫长的，而绝大多数任务要在家中完成，通宵达旦已是家常便饭，这期间我的家人为我承担了很多事情。因此，还要感谢我的家人对我的理解和支持。

本书是我和陆文玥老师合作完成的。陆老师为此付出了艰辛的努力并承担了非常重要的研究写作工作，在此特别感谢他。和陆老师的合作是愉快的，年轻人的思绪敏捷尖锐，对一些问题的洞悉常常令人惊讶。我们也经常切磋，固然没有面红耳赤，但也经常面壁反省，一些章节甚至是直接删掉或推倒重来。讨论的过程是思想自由翱翔的过程，是一种快乐的精神享受。丘吉尔曾说，"（作家）就是一国之君，自给自立。没有人能没收他的财产；没有人能剥夺他从业的资本；……让我们记住了，作家永远可以发挥最大的努力"。的确，写作此书虽然艰辛，但却没人能阻止我们自由驰骋的思绪，没人能妨碍我们与"巨人"在交锋中神交莫逆。总之，当我们的"财产"我们做主时，我们将唤起"最大的努力"，以飨读者。

刘凤芹
2017.2.27

目　　录

第一章　经济增长的源泉 ……………………………………（1）
　一　经济增长理论 …………………………………………（1）
　　（一）外生经济增长理论 …………………………………（2）
　　（二）内生经济增长理论 …………………………………（4）
　　（三）经济增长中的制度 …………………………………（7）
　二　经济增长的源泉 ………………………………………（13）
　　（一）稳定的经济增长 ……………………………………（13）
　　（二）高效的经济增长 ……………………………………（17）
　　（三）契约与经济增长 ……………………………………（20）
　三　不同产权制度的经济效率 ……………………………（23）
　　（一）私有产权的效率 ……………………………………（23）
　　（二）公有产权的效率 ……………………………………（25）
　　（三）共有产权的效率 ……………………………………（26）
　　（四）混合产权的效率 ……………………………………（28）

第二章　产权和产权制度 ……………………………………（29）
　一　产权的逻辑 ……………………………………………（29）
　　（一）交易成本 ……………………………………………（29）
　　（二）财产四性 ……………………………………………（35）
　二　产权和所有权 …………………………………………（40）
　　（一）产权和所有权的分离 ………………………………（40）
　　（二）私有产权、公有产权和共有产权 …………………（44）
　三　产权的界定和保护 ……………………………………（46）

（一）产权的界定 ……………………………………（46）
（二）产权的保护 ……………………………………（48）

第三章 产权制度的历史变迁 …………………………（54）
一 产权制度的确立和演变 …………………………（54）
（一）制度变迁的方式 ………………………………（54）
（二）产权制度的起源 ………………………………（63）
（三）产权制度与国家 ………………………………（72）
二 西方历史上的经验和教训 ………………………（90）
（一）欧洲早期的封建制 ……………………………（90）
（二）荷兰和英国的成功 ……………………………（103）
（三）法国和西班牙的失败 …………………………（113）
三 案例分析 …………………………………………（121）
（一）李约瑟难题 ……………………………………（121）
（二）传统与创新 ……………………………………（127）

第四章 产权和法律 ……………………………………（133）
一 产权的法理基础 …………………………………（133）
（一）宪法与法律 ……………………………………（133）
（二）自由与财产 ……………………………………（136）
（三）信任与承诺 ……………………………………（140）
二 产权的法律基础 …………………………………（143）
（一）物权法 …………………………………………（144）
（二）合同法 …………………………………………（147）
（三）侵权法 …………………………………………（150）
三 案例分析 …………………………………………（153）
（一）使用价值和交换价值 …………………………（153）
（二）美国历史上的征地案 …………………………（161）

第五章 有效率的经济组织 ……………………………（169）
一 协调与激励 ………………………………………（169）

（一）协调与激励的机制 …………………………………（169）
　　（二）协调与激励的成本 …………………………………（179）
　　（三）组织内部价格体系 …………………………………（181）
二　法律规则和组织形态 ………………………………………（187）
　　（一）契约与权力 …………………………………………（187）
　　（二）非正式契约关系 ……………………………………（195）
　　（三）正式契约关系 ………………………………………（197）
三　复杂组织 ……………………………………………………（202）
　　（一）纵向一体化 …………………………………………（202）
　　（二）混合型组织 …………………………………………（205）
　　（三）模块化组织 …………………………………………（208）
四　案例分析 ……………………………………………………（210）
　　（一）通用和丰田 …………………………………………（210）
　　（二）可变利益实体（VIEs） ……………………………（216）

第六章　我国产权保护中存在的一些问题 ……………………（225）
一　产权保护的法律制度及其完善 ……………………………（227）
　　（一）农村土地流转中的产权保护 ………………………（228）
　　（二）环保和治污过程中的产权保护 ……………………（231）
　　（三）民营经济中存在的产权保护 ………………………（233）
　　（四）矿产资源生态的产权保护 …………………………（237）
二　一些典型的案例 ……………………………………………（239）
　　（一）农地纠纷系列案中的产权缺失 ……………………（240）
　　（二）混合所有制经济中的产权缺失 ……………………（248）
　　（三）"乌木案"中的公、私所有权纠纷 …………………（252）
　　（四）"武汉晶源案"中的知识产权保护 …………………（256）
　　（五）整治路边烧烤和产权执行成本 ……………………（260）

第一章　经济增长的源泉

一　经济增长理论

现代意义上的经济增长，最早出现于17世纪的英国和荷兰。其时，尽管两国人口持续增加，但实际生活水平不降反升，分别提高了35%（英国）和50%（荷兰），这是史无前例的。而同期的法国和西班牙，不仅人口减少，而且人民生活水平停滞甚至倒退。随着人类逐渐从自给自足的小农经济进入到大机器大工业时代，经济增长已不只是简单冷酷的数字加总，而业已成为一国综合实力和国民福祉的集中体现。

自亚当·斯密（Adam Smith）以来，经济学家对经济增长的原因和性质进行着不懈的探索。可以说，从经济学诞生之初，增长问题便成为经济学的主要研究对象，而古典经济学中基于劳动分工的经济增长理论仍然影响至今。在经济学家们看来，专业化和劳动分工的发展、生产技术的进步及由此产生的市场规模的扩大等都是经济增长的原因，进而形成了资本决定论、技术创新决定论和人力资本决定论等一系列传统的经济增长理论。根据经济学理论，经济增长指以国民生产总值（GNP）或国内生产总值（GDP）表示的"一国（或国民）生产的商品和劳务总量的增加"。同样，人均GNP或人均GDP也是反映经济水平的重要指标。

古典经济学家为现代经济增长理论提供了很多基本要素。这些思想包括：竞争行为和均衡动态的基本研究方法、收益递减的影响及其同物质资本和人力资本的积累的关系、人均收入和人口增长率之间的相互作用、以劳动分工的深化及产品和生产工艺的推陈出新为形式的技术进步的效果和激励技术进步的垄断力量的作用，等等。[①] 然而，古典经济学倾向于发挥经济自身的运行和调解功能，强调工资和价格的灵活可变机制，缺少对专业化的深入分析。只是到了凯恩斯以后，经济学家才日益关注经济增长的短期表现。

费舍尔（Fisher）曾说："受过经济学教育的许多人都记得凯恩斯的那句名言——'长期来看，我们都会死去'。1979年，美国经济学家赫伯特·斯坦（Herbert Stein）却深有感触地说道：'我们醒来发现，我们还在长期中活着，并为我们没有成功地关注它而备受折磨。'"[②]

在经济学中，长期存在着两种解释和预测经济增长的理论范式，即传统经济增长理论和新经济增长理论。前者通过外生技术进步解释长期经济增长，因此又被称为"外生经济增长理论"；后者强调通过内生决定的人口增长率和技术进步说明长期经济增长路径，故又被称作"内生经济增长理论"。[③]

（一）外生经济增长理论

在巴罗（Barro）看来，现代增长理论的起点是拉姆齐（Ramsey）在1928年发表的经典文章，其对跨期可分效用函数的分析就像柯布－道格拉斯生产函数一样，得到了广泛应用。而如今，如果不使用由拉姆齐和费希尔引入经济学中的最优化条件，就很难讨论消费理论、资产定价甚至是经济周期理论。

在拉姆齐之后和20世纪50年代之前的这段时间里，英国经济学家哈罗德（Harrod）和美国经济学家多马（Domar）则试图将经济增长要素融入凯恩斯主义分析，以使凯恩斯的宏观经济理论长期化和动态化。他们几乎在同一时期各自提出了两个极为相似的经济增长模

[①] ［美］罗伯特·J. 巴罗等：《经济增长（第二版）》，夏俊译，格致出版社2010年版，第13页。
[②] ［德］齐默尔曼：《经济学前沿问题》，申其辉等译，中国发展出版社2004年版，第248页。
[③] ［美］罗伯特·M. 索洛：《经济增长理论：一种解说（第二版）》，朱保华译，格致出版社2015年版，第2页。

型,并被合称为"哈罗德－多马模型"。根据该模型,经济增长 G 可以简单表述为 $G = \frac{s}{C}$,其中,C 代表资本－产出比且假定不变,因此储蓄率 s(或资本积累率)是决定经济增长的唯一因素。另外,哈罗德还做出了资本回报率(利息率)为常数的假定,这意味着资本和劳动在经济增长过程中是不可替代的。在这种情况下,经济增长要满足哈罗德提出的恒等式是十分困难的。因此,哈罗德得到了一个"像刀刃一样脆弱"的均衡增长条件,即非常难满足的均衡增长条件。此后,经济学家普遍视经济增长为一种暂时现象,认为资本投资量的不断增长将导致资本边际生产率递减。这一理论的政策含义在于,由于经济增长的路径是不稳定的,因此发展的援助是必要的,即需要通过资本和技术的转移促进经济,这就要求政府对经济实行永久性的干预。

由于哈罗德－多马模型与新古典经济学的主体精神相悖,因此受到了尖锐批评。经济学家开始不满于狭隘地以资本集聚来解释经济增长的观点,开始向资本决定论提出挑战,形成了新古典增长理论。经济学家提出国民生产函数的概念,以反映出资本、劳动、技术类投入与预期产出量之间的关系,即技术创新决定论。根据这一理论,资本投资量的增加并非一定会使经济陷入增长率下降的陷阱,相反,更好的技术会使既有的资本流和劳动流转换成更多的产出。新古典经济增长理论以索洛－斯旺模型为代表,并由拉姆齐等人进行了发展。

50 年代,索洛(Solow)和斯旺(Swan)构建了一个资本和劳动能够完全相互替代的经济增长模型,即"索洛－斯旺模型"。该模型引入了具有新古典性质的总量生产函数——柯布道格拉斯生产函数,并且实现了经济增长的自动收敛和动态均衡。该理论描述了一个完全竞争的经济,劳动供给的增加和储蓄率的上升会推动经济持续增长。据此,经济学家得出一系列推论:资本将从人口增长率低的发达国家向人口增长率高的发展中国家流动,穷国经济增长会比富国更快,储蓄率和人口增长率下降会引起经济负增长。然而,新古典增长理论的假设条件仍过于苛刻,以致其结论脱离现实。例如,完全竞争的假设意味着,厂商没有多余的资源可以用于技术研发,于是在生产过程中也就不存在技术进步。在处理外生变量方面,该模型认为在经济增长率中去除资本和劳动的贡献率后会有一个余值,称为"索洛余值",即技术进步。通过对1909—1949年美国资本和劳动投入对经济增长的贡献率进行定量核算,索洛发现,资本和劳动投入的增加只能解释经济增长的12.5%。因此,有人将"索洛余值"讥讽为是"对人类无知的度量"。20世纪60年代初,丹尼森(Dennison)等人在经济增长的实证分析中也把这个余值解释为技术进步的作用,从而巩固了索洛的观点。

在索洛-斯旺模型基础上,拉姆齐将储蓄内生化,提出了拉姆齐-卡斯-库普曼斯模型。该模型最重要的贡献是将动态最优化方法引入了经济增长模型,运用动态最优化方法分析了家庭和厂商的最优决策问题,使宏观的经济增长理论拥有了坚实的微观基础。然而,令人疑惑的是,经济学家运用新古典经济增长理论解释现实经济增长现象时发现,对经济增长驱动作用最大的生产要素竟然被设定为一个外生变量,有学者调侃,新古典经济增长理论能解释很多经济现象,就是不能解释经济增长本身。

(二) 内生经济增长理论

对如何将"索洛余值"内生化这一问题,经济学家开展了大量的工作,新经济增长理论(内生增长理论)应运而生。从产生规模效应的内生增长模型看,新经济增长理论可分为两类。其中,一类秉承熊彼特(Schumpeter)的"创造性破坏"思想,强调技术进步和创新对经济增长的作用,以格罗斯曼(Grossman)和赫普曼(Helpman)、阿格汗(Aghion)和哈威特(Howitt)等为代表。另一类则强调知识积累和技术革新对经济增长的重要(甚至于决定性)作用,以宇泽(Uzawa)、阿罗(Arrow)、罗默(Romer)、卢卡斯(Lucas)等人为代表。

1961年,日本著名学者宇泽弘文(Hirofumi Uzawa)提出两部门经济增长模型,讨论了教育部门投入与最优技术进步的问题。1962年,阿罗发表《干中学的经济含义》,提出技术进步是学习的结果,学习是对生产和投资过程中形成的经验的总结,经验的积累体现为技术的进步。这种来自于生产和投资过程中形成的经验对技术进步具有正向作用，被称为"干中学"。阿罗通过将技术进步视为生产和投资行为的副产品而使其内生化，被称为"准内生技术决定论"。但其理论在竞争性均衡与经济稳定增长之间的兼容性问题和增长路径的发散性等方面存在缺陷。

内生技术决定论开始于20世纪80年代，以1986年罗默在《政治经济学杂志》上发表的论文《收益递增经济增长模型》为标志。其后，卢卡斯、贝克尔（Becker）、杨小凯、博兰德（Boland）等人进行了深入探索。

在现实中，许多发展中国家尽管进行了几十年的努力，却未能实现预期的经济快速增长，甚至于大多数发展中国家和发达国家之间的收入差距明显拉大。这一普遍现象，是与传统经济增长理论背道而驰的。鉴于此，罗默和卢卡斯分别从专门研发活动和人力资本两方面解释了技术进步内生化，一国的技术创新速度是由人力资本积累、研发实力等内生因素决定的。与发展中国家相比，发达国家在这些方面的投资较多，从而可以加快技术的更新，避免了资本边际报酬的递减。

1988年，卢卡斯提出，不同国家之间技术进步水平的差距，主要不是体现在"有用知识的存量"方面，而主要体现在不同素质的劳动者身上。为此，卢卡斯通过为"人力资本"的形成和积累设立专门的生产函数，建立人力资本与相应要素投入之间的数量关系，将人力资本存量的变动内生化到经济增长模型之中，从一个新视角解释了技术进步及扩散的特点及其对经济增长的推动作用。根据卢卡斯的理论，技术进步对经济增长的贡献，主要体现在人力资本的形成对产出的贡献明显大于一般劳动投入方面，那么技术的扩散同样体现在增加了与该技术相应的人力资本方面。

此外，舒尔茨（Schultz）和贝克尔等人发现，产出的增长率会高于投入资源的增长率，这说明经济学家忽视了资源质量的提高这一因素，因此必须考虑人力资本投入对经济增长的贡献，即人力资本决定论。

1990年，罗默在《内生技术变化》中指出，技术变化是人们在市场刺激作用下主动作为的结果,依靠技术进步生产新产品由于受到专利保护可以获得垄断租金,这对技术进步有刺激作用,也为长期经济增长提供了重要推动力。因而通过设立研发技术的专门"生产函数",在经济增长模型中将技术进步内生化,可以有力地说明长期经济增长之源,提升主流经济学对经济增长问题的解释力。他认为,发达国家资本充裕,但资本的边际报酬较低,因此较之发达国家,发展中国家会有更高的资本积累,如果采用同样的技术进行生产,则会获得更快的经济增长。

可以认为,罗默的经济增长模型继承了阿罗的"干中学"模型,并在此基础上拓展出外部性和规模收益递增的影响因素;而卢卡斯则是在宇泽的最优技术进步模型基础上对人力资本进行了进一步研究。

新经济增长理论解释了发达国家保持快速经济增长并与发展中国家间收入差距不断扩大的原因。然而,事实上,在20世纪最后30年里,中国(包括香港地区和台湾地区)、新加坡、韩国等亚洲新兴经济体在经济赶超阶段并未对人力资本、研发等内生因素进行比发达国家更多的投资,其经济却始终保持了高速的发展势头,大大缩小甚至赶上了与发达国家之间的收入差距。这是新古典增长理论所无法解释的。原因在于,新古典经济增长模型忽略了制度对经济增长的作用,且其假设条件存在问题。

20世纪80年代,受新自由主义学说和"芝加哥学派"观点的影响,经济学家根据主流经济学理论提出了"华盛顿共识",旨在帮助拉美和中、东欧国家实现市场经济转型。然而,数据显示,1980—1998年发展中国家人均国民生产总值的年均增长率下降为0,而在1960—1979年间这一指标的增长率为2.5%。经济学家威廉·伊斯特利(William Easterly)将这一时期称为"迷失的年代"。

新经济增长理论的局限在于,通过将技术进步内生化到经济增长模型之中,解释了经济稳定增长的动力机制问题,但技术进步的市场激励作用、技术溢出的外部性特点等问题,只靠市场价格机制已无法解释,必须从制度的角度加以理解,但这些问题在新经济增长理论中是没有得到深入讨论的。有学者认为,新经济增长理论打开了"余值"这个黑箱,给出了技术进步的一个内生解释,但这个黑箱被打开的同时，人们发现其中又出现了另一个黑箱，即制度要素。要继续打开"制度"这个黑箱，就必须把新经济增长理论与制度分析结合起来。

（三）经济增长中的制度

新古典主义经济学的诸多理论和模型很好地诠释了斯密那只"看不见的手"是如何引导人们的自利行为并促进经济效率的。但正如上文所言，新古典增长理论的局限性也成为阻碍其理论发展的原罪。一方面，如果只将整体经济假设为一个单一的拍卖市场，就可能人为模糊了局部均衡和一般均衡之间的显著差异。如果说价格只是某个"拍卖人"的个体决策，那么对于那些不由该行为人所选择的内生变量来说，价格又是从何而来的呢？另一方面，如果假设行为人相信可以按现行价格购买和出售任何数量的商品，那么又如何解释因其偏离均衡而产生的超额需求呢？在此情形下，市场不能出清，且部分行为人的交易愿望得不到满足。可见，市场机制设计，是一种策略博弈，需要考虑市场的不完备性和参与的不完全性。[①]

20世纪90年代后期，以新制度经济学为代表，经济学界开启对经济增长中制度因素的研究热潮。新制度经济学派的代表人物有罗纳德·科斯（Ronald Coase）、道格拉斯·诺思（Douglass North）、阿尔钦（Armen Alchain）、哈罗德·德姆塞茨（Harold Demsetz）、奥利弗·威廉姆森（Oliver Willimson）和张五常等。就研究方式而言，一方面，新制度经济学派承袭了新古典的研究范式，通过引入交易成本和产权的概念，对市场和企业内部科层组织的成本进行对比分析。另一方面，该学派则完全放弃了新古典的研究范式，引入产权、交易成本、认知和意识形态等因素，把制度的选择和历史变迁作为研究对象。

受新制度经济学派影响，新古典经济学家也将制度因素引入数理模型，主要通过一般均衡理论和博弈论两种研究范式，对制度问题进

---

① ［美］道格拉斯·盖尔：《一般均衡的策略基础：动态匹配与讨价还价博弈》，韦森总译校，格致出版社2008年版，第3—4页。

行分析。其中，肯尼斯·阿罗（Kenneth Arrow）、约瑟夫·斯蒂格利茨（Joeph Stiglitz）、弗兰克·哈恩（Frank Hahn）和乔治·阿克尔洛夫（George Akerlof）等，通过引入交易成本，从信息不对称和道德风险等方面研究制度因素。肯·宾默尔（Ken Binmore）、H. 培顿·扬（H. Peyton Young）、罗伯特·萨格登（Robert Sugden）等，以博弈论为分析工具，对制度和制度演进进行解释。安德鲁·肖特（Andrew Schotter）认为，制度是由社会所有成员同意的社会行为的规则，是在特定情况下反复发生的特殊行为，这些行为要么靠自我监督，要么靠一些外部机构进行监督，因此，制度是博弈的结果。[1]

在诺思看来，制度是社会中博弈的规则，是人类设计的决定人类相互影响的限制，并由它构成了人类政治或经济交易行为的激励机制（North）。[2] 他认为，资本积累、创新、规模经济和教育等因素不是经济增长的原因，而是增长本身。除非现行的经济组织是有效率的，否则经济增长不会简单地发生。[3] 诺思通过对1600年至1850年波罗的海和大西洋航线的远洋运输行业进行分析发现，波罗的海航线从17世纪起便开始使用一些大而快且运载能力更强的船只，但在大西洋贸易中，由于海盗的存在，该航线只能使用技术含量低但便于武装的小船只。尽管如此，这一期间远洋运输业的全要素生产率提高了大约3倍。这说明由于对海盗行贿，或者提供护航服务，海洋运输变得安全可靠，从而使得船运制度和市场制度发生了创新，从而降低了海洋运输的成本，最终使海洋运输生产率大大提高。这意味着，在技术尚未发生根本变化的条件下，通过制度创新或变迁同样可以提高生产效率，进而推动经济增长。[4] 他进一步指出，尽管经济史学家把技术变化看作经济增长的源泉，但是事实上，只有制度安排的发展才是改善

---

[1] Schotter A, *The Economic Theory of Institutions*, Cambridge: Cambridge University Press, 1981.

[2] North D C, *Institutions, Institutional Change and Economic Performance*, Cambridge: Cambridge University Press, 1990.

[3] ［美］道格拉斯·C. 诺思等：《西方世界的兴起》，厉以平等译，华夏出版社2009年版，第6页。

[4] North D C, "Sources of Productivity Change in Ocean Shipping 1600 – 1850" Journal of Political Economy, 1968, 76, pp. 953 – 970.

生产率和要素市场的主要历史原因。

西蒙·库茨涅茨（Simon Kuznets）认为，技术进步和制度变革的共同作用是创新时期经济增长的核心。在任何时代，增长不仅仅是整体的变动，还应包含结构的转变，即这种增长的冲动是由重大技术创新带来的，每个社会在采用这种技术时必须调整现有的制度结构。制度和制度的调整是经济增长的基础。一方面，有效的制度安排和制度变迁是经济增长的重要基础；另一方面，制度变迁过程实质上是一个制度创新过程。马修斯（Matthews）说，"任何党派的政客都深信，制度转型是经济发展的源泉，这并不令人感到奇怪，因为正是合理的制度安排才引起了经济的发展"[1]。罗德里克（Rodrick）指出，"在（经济）增长的文献中，制度受到越来越多的关注，这是因为我们越来越清楚地认识到产权、合适的规制结构、司法体制的好坏和独立性、官僚的权力在很多情况下都不是想当然的，并且它们对促进和维持经济的持续增长最为重要"[2]。

可以说，制度是规则的结果，但规则并非一成不变。换言之，规则既是遵守的，也是用来打破的。从合作博弈的角度讲，市场供需的均衡点，实质上是买卖双方进行讨价还价的谈判范围，或称"核"。这样，制度因素通过一般均衡理论进入了对竞争市场的分析。通过谈判，买卖双方共同找出解决方法，或者经由中立的第三方予以仲裁。博弈的结果，取决于双方实力的比较。对于一个市场而言，由于充斥着大量的买方和卖方，则必然存在各种规模的"联盟"，这些联盟以各种方式解决了内部的谈判问题，而维系它们各自稳定性，可以被视为一种"安全水平"。经济组织，或者科层组织，便是这样的联盟。从这个意义上讲，制度是博弈的结果。但这一结果又并非是一劳永逸的，规则总是会根据时间、地点、人物等因素而发生变化的。作为一种规则，制度会产生变迁。非合作博弈理论

---

[1] Matthews R C O, "The Economic Institutions and the Sources of Growth" Economic Journal, 1986, (96), pp. 903–918.

[2] Rodrik Dani, "Institution, Integration, and Geography: In Search of the Deep Determinants of Economic Growth," in Rodrick, D. ed., *In Search of Prosperity: Analytic Country Studies on Growth*, Princeton University Press, Princeton, NJ, 2003.

对此给予了很好的解释。

合作博弈理论①的优势在于，它为策略稳定性提供了一个标准，而这种稳定性能够直接产生博弈解，且不必要烦琐地涉及一个扩展式博弈。然而，对于"核"的具体内容、联盟的形成和改进，以及联盟的变化会带来哪些后果等问题，则需要非合作博弈理论的解释。例如，当独立参与人可以自由选择加入或解散现有联盟并成立新的联盟时，这便具备了非合作博弈的要素。

从理论上讲，纳什的合作解和非合作均衡有异曲同工之妙。假定在合作博弈的分析中，谈判者 A 和 B 分别从其各自的"谈判协议的最佳替代方案（BATNA）"中获得剩余 h 和 k，$h+k=1$。在轮流出价的非合作博弈中，由于对时间的货币价值具有不同的偏好，谈判者会面对不同的贴现值，这代表了他们各自的不耐烦程度。假设该贴现率对于谈判者 A 和 B 分别是 r 和 s。也就是说，r 越大，A 就越不耐烦；s 越大，B 就越不耐烦。经济学家发现，在 BATNA 为零的条件下，假设 A 和 B 的剩余占有率分别为 x 和 y，则有 $\frac{y}{x}=\frac{r}{s}=\frac{k}{h}$。换言之，交易双方的剩余占有率与其各自的谈判实力呈正比，而与其各自的不耐烦程度呈反比。这意味着，谈判的剩余所得既可以用外生的谈判实力，也可以用内生的参与人的特性（如不耐烦程度）进行解释。这样，纳什合作解可以被看成是非合作轮流出价逆推均衡的一种解释。②

纳什（Nash）曾提出，合作博弈应该被还原为非合作博弈，因为合作博弈是存在无限的博弈前信息交流的，且在博弈开始之前就存在有约束力的协议。非合作博弈则不存在博弈前的信息交流和有约束力

---

① 合作博弈理论强调在信息互通条件下联盟通过建立强制性契约关系以形成必要的合作，这不仅意味着在联盟内部，每个成员都应能获得较其不加入联盟时更优的收益，同时对联盟而言，其整体收益应大于每个成员单独采取行动时的收益之和。该理论的重点在于收益分配的效率和公平问题。与之相对，非合作博弈理论则强调个体间在相互依赖条件下基于最大化个人利益所采取的一系列策略性行为。可见，合作博弈强调集体理性，非合作博弈强调个体理性，在对策略行为问题的分析上，二者具有很大的互补空间。

② [美] 阿维纳什·迪克西特等：《策略博弈（第三版）》，蒲勇健等译，中国人民大学出版社 2014 年版，第 77、26—131、562 页。

的协议。一方面,经济学家对博弈前的信息交流和承诺构建起明确的模型;另一方面,用分析非合作博弈的方法对该博弈的行为人的行为进行分析。这种将合作理论中的非规范化部分明确化从而将合作博弈简化为非合作博弈的过程,被称为纳什规划(Nash Program)。

可以说,新制度经济学家开创性地打开了新古典经济的"黑箱",将产权、交易成本、契约等制度因素纳入一般均衡理论的分析范畴。同时,博弈理论的发展和日臻成熟,又给制度和制度变迁提供了新古典经济学的分析思路。

研究显示,制度因素在经济发展和增长中起着重要的作用,这些因素涉及产权、政府干预、法律、腐败问题等。[①] G. 斯库利(G. Scully)对115个国家1960—1980年的经济增长率进行比较研究后发现,制度安排对经济增长和经济效率有着重大影响,有效制度安排下的经济增长率要比低效制度安排下的经济增长率高出2倍,在经济效率上高1.5倍。[②] 霍尔(Hall)和琼斯(Jones)认为,在标准的经济模型中,要素积累和内生的技术变革是经济增长唯一贴切的解释,然而各个国家制度的不同是造成其经济增长差异的根本原因。此外,他们还强调,决定一国经济长期增长的最为关键的因素是社会基础结构,即一个经济体内对个人和公司提供激励的制度和政府政策,这些激励可能促使创新和积累的发生,也可能导致寻租、腐败和偷盗[③]。林毅夫指出,制度变革在推动经济发展中的作用是通过技术创新和更有效的资源分配实现的。[④] 克里斯托弗·克莱格(Christopher Clague)

---

① [英]约翰·奈特等:《中国飞速的经济增长》,高剑等译,南开大学出版社2014年版,第143—144页。

② Scully Gerald W, "The Institutional Framework and Economic Development" Journal of Political Economy, 1988, 96 (3), pp. 652–662.

③ Hall Robert and Charles Jones, "Levels of Economic Activity Across Countries" American Economic Review, 1997, pp. 173–177. Hall Robert and Charles Jones, "Why do Some Countries Produce so Much More Output per Worker than Others?" Quarterly Journal of Economics, 1999, pp. 83–116.

④ 林毅夫:《李约瑟之谜、韦伯疑问和中国的奇迹——自宋以来的长期经济发展》,《北京大学学报》(哲学社会科学版)2007年第4期。

等人研究发现，制度的质量与经济增长程度呈正比。① 阿西莫格鲁（Acemoglu）、约翰逊（Johnson）和罗宾逊（Robinson）假设：欧洲殖民者当初殖民时有不同的策略选择，一是在殖民地定居，并且移植当时欧洲社会的经济和政治制度；一是建立剥削制度，而不在殖民地定居。不同策略选择受到当地状况的影响，主要是看是否适宜居住，如果不适宜居住，移民者就会采取剥削制度。殖民者选择的策略一旦形成制度，就会对后来的制度造成影响，进而影响到当地的经济发展。② 在对 17 世纪至 19 世纪欧洲殖民地的移民死亡率这一工具变量进行研究后发现，制度对当地的经济增长确实意义重大。③

根据新制度经济学理论，对经济增长起决定作用的是制度因素及其创新，而在制度因素中产权制度的作用最为重要，导致制度变化的诱因和动力是产权的界定与变化。由于国家在制度创新中具有不可替代的作用，因此政府通过推行制度上的创新使产权结构更有效率是实现经济增长的有效途径。

第一，该理论认为以往的经济学在分析生产过程和经济发展时，忽略了交易成本的存在，市场运作被假定为完备的信息、明确界定的产权条件和零成本的运行过程。在此模式的分析逻辑下，一些协调组织与组织经济活动的制度因素被排除在外。但诺思认为，正是由于交易成本的存在，才出现了某些用于降低这些成本的不同的制度安排，经济增长与作为组织人类关系、经济关系和社会关系的权力关系是分不开的，制度因素是经济发展的内生变量。

第二，该理论提出有效率的经济组织是经济增长的关键，而这需要在制度上作出安排和确立产权，以便造成一种刺激的机制，将个人

---

① Christopher Clague, Phillip Keefer, Stephen Knack and Mancur Olson, "Institution and Economic Performance: Property Rights and Contractual Enforcement" in Christopher Clague, ed. *Institutions and Economic Development. Growth and Governance in Less-Developed and Post-Socialist Countries*, Johns Hopkins University Press, 1997, pp. 67–90.

② Daron Acemoglu, Simon Johnson, and James A Robinson. "The Colonial Origins of Comparative Development: An Empirical Investigation." The American Economic Review, 2001, (5), pp. 1369–1401.

③ 黄振威：《权力制约、可信承诺与经济增长》，浙江大学出版社 2014 年版，第 58—60 页。

经济努力变成私人收益,因此一种提供适当的个人刺激的有效的制度是促使经济增长的决定因素。制度变迁比技术变迁对经济增长起着更为优先且更为根本的作用,在没有技术变化的前提下,通过制度创新也能提高劳动生产率并促进经济的有效增长。

第三,产权是生产制度中的决定因素,有效率的产权结构能促进经济增长。产权在经济发展中的作用体现在增加获利的可能性与减少费用,制度正是通过界定和保护产权并降低交易成本促进经济增长的。此外,产权的界定与变化是制度变迁的诱因和动力。

第四,经济增长有赖于明确界定产权,但在技术和现有组织制约下,产权的创立、裁定和行使代价极为高昂,国家作为一种低成本地提供产权保护与强制力的制度安排应运而生,借以维护经济增长。国家对经济发展起促进还是阻碍作用主要是通过影响产权结构的效率来进行。[1]

二 经济增长的源泉

(一) 稳定的经济增长

对于任何经济体而言,产权制度都是其经济表现和收入分配的基础。在投资、生产和交换的诸环节中,产权制度通过在一定时期内建立起激励机制,不仅可以为稀缺资源的使用界定参数,还影响着相应的成本和收益。进而,产权为稀缺资源的分配和使用界定了行为准则,这为人们预测不同产权形式对经济活动的影响提供了依据。

通过竞争,那些不再有利于经济增长的制度会受到削弱。市场环境的变化会影响权利和特权的重新分配,以便更好地把握新的经济机遇,而这一改变或是出于自发,或是通过强制手段。无论怎样,产权的变迁都必然引起对政治因素和公平与否的认真考量。产权的再分配可以通过国家权力强制实现,但如果没有合理的补偿措施,就会纠纷

---

[1] 马晓琨:《经济学研究主题与研究方法的演化——从古典经济增长理论到新经济增长理论》,《西北大学学报》(哲学社会科学版) 2014 年第 4 期;柴华:《从经济增长模型的演变看制度对经济增长的影响》,《科技进步与对策》2004 年第 6 期;郭熙保、王翊:《现代经济增长理论的演进历程》,《当代财经》2001 年第 4 期。

不断。一方面，由于信息的有限性和不对称性，潜在的谈判无法实现，这使得产权的交换不能自发进行。另一方面，出于政治利益再分配的考虑，不同党派会鼓动相关利益方绕开市场交易，这使得产权变为主要政治势力间博弈的对象。它意味着，国家干预只代表着某些利益集团的诉求。在这种情况下，即使新的产权安排有利于生产的扩大和财富的积累，失势的党派也会枉顾公共利益而予以反对。有鉴于此，在界定和廓清产权并将之大白于天下之前，有必要搞清楚谁是这一经济和制度变迁中的赢家或输家，以及他们之间的政治博弈如何进行。

新古典经济理论的核心在于个人的理性选择，而产权正是这一核心的基石。可以说，经济增长的根源在产权，产权设定了经济活动的环境。这是研究一切经济增长的前提。

产权制度是经济运行的基础，有什么样的产权制度，就会有什么样的组织，就有什么样的技术和什么样的效率。例如，一棵杏树，如果树归大家共有，但不明确产权界定，杏的生产就以人们尽量增加摘杏的效用与成本之比为标准，于是大家都尽早去摘杏，杏就不会达到最优的成熟度。不论有多好的技术、机器和管理方法，只要产权没有明确界定和保护，这种状态就不会改变。有许多例证对产权制度的效率进行了比较。在共有产权的土地上，由于产权疏于保护，每个人行为的私人成本与社会成本并不相等，每个人都有过度耕种或放牧的倾向。如果想把外部性内部化，那么就得在所有人之间谈判，达成各方一致满意的结果，可以想象到谈判成本会很高。即使达成了协议，执行协议的成本也非常惊人。由疏于保护带来了公共产权制度伴随着大量违背内部化的外部性，大大影响了经济绩效和经济增长。

随着产权的界定和保护，产权制度在经济增长中发生了明显的变化：一是人们开始对成本收益予以极大的关注，因为人们有权排斥他人侵扰自己的财产。他们通常可以从自己的经济行为得到明确的、可预期的收益，这促使人们在其拥有的排他性资产上实现最有效的配置，从而将很大一部分外部性内在化了。二是即使在现行产权制度下仍然有外部性，围绕着内在化过程的谈判、执行成本也比公共产权下大为下降了。可以这样说，产权越是界定明确，谈判成本就越低，大量的外部性也就可以以较低的成本内在化。产权制度的意义在于它使人们能在经济生活中形成合理的预期，做出正确的成本收益计算，尽可能地将外部性内部化，从而使人们能够在正确的经济激励下做出决策，个人效用最大化努力最后会成为经济增长的基础。

而产权的可分性使得企业内部可以实行管理过程的专业化，通过企业内部产权结构和经营结构的调整，带来前所未有的效率。产权界定和保护虽然是经济增长的必要条件，但却不是唯一的充分条件，要想保证经济增长，不仅要界定产权，而且要维护市场竞争以使产权结构能够在交易过程中分解、转让、重组和优化。因为通常产权的初始界定很少能够把产权分配给效率最高的使用者。如果产权是可转让的，市场是充分竞争的，那么产权最终会被转让到最优效率的人手中。

随着经济增长与社会分工的完善，界定并保护产权的意义就越来越重要，它不仅关系到个人的收入得失，而且关系到整个经济增长的动力、秩序和前途；社会分工每细致一步，市场制度也会发达一步，这个相辅相成的过程实质上不仅不会削弱产权制度，而且还会以有效的微观制度来支撑产权制度的完善，不断推动经济增长。

产权具有激励资本积累的功能，而这一功能只有在私产绝对安全的条件下才能发挥出来。麦克库洛赫认为，建立财产权利对于财富的积累比财富的生产更有必要，因为财产的建立促使一个重要功能的形成——财产权利的积累与增长，如果人们劳动积累的财富超过自身消费的需要，他就会将剩余财富积累起来，并想办法以此为手段（作为资本）获得更多的财富。但这一激励功能发挥作用，存在一个重要的前提条件：财产绝对安全。这不仅仅是指私人财产不被他人强占和掠夺，而且还包括政府不得通过强制手段随意地侵占和勒索。只有这样，在私产绝对安全的前提下，私有者才有积累财富的动机，才能促使劳动积累即资本不断壮大。财产权利得到保护这一显明的效用，直接影响财富的生产和积累，从而经济增长的快慢，甚至社会的进步。

若不健全产权保护制度，便会破坏资本积累并拖累财富增长与社会进步这一基础条件。利润高、资本积累快的地方，其财富与人口必会同比例的迅速增加。在另一方面，利润低的地方，其增雇劳动的手段,也同比例地受到限制,社会进步也会同样地迟缓。假如财产权利制度不相同,或者说对财产保护的程度存在较大差异,那么,资本积累促进经济增长的效果就会完全不同,甚至不能相提并论。显然,产权保护制度不健全的国家,资本的高利润率和高积累可能导致经济增长和社会进步的停滞。①

萨缪尔森(Samuelson)曾经预言,经济发展最快的将是南美,因为那里的资源丰富,劳动力受教育程度高。但后来他发现自己错了,因为他原先并未意识到产权制度是经济发展最基本的问题。事实上,战后经济发展最快的是欧洲以及东南亚地区。尽管这些国家资源贫乏,但由于产权制度合理,从而推动了经济的快速发展。

有效的经济组织使得有必要建立制度安排和财产权利,它们为把个人努力传导为私人与社会收益率接近的经济活动创造了激励。有效的经济组织是增长的关键,在西欧,有效经济组织的发生解释了西方的兴起。诺思指出,在新古典模型中,决定产业资本存量的是实物资本、人力资本、自然资源和知识构成的生产函数,该生产函数重在研究投入产出关系,至于投入产出间的形成与激励机制却无法提供。事实上,随着社会分工复杂化、专业化与协作化,无论是生产要素交易还是结合都会带来交易成本和信息费用的增长,引发投入产出关系的不确定性,阻碍专业化与劳动分工和协作的进一步发展,甚至导致经济衰退而不是增长。可见信息费用、不确定性与交易成本均被忽略了。诺思认为,经济增长需要用人口变迁理论、知识存量理论和制度理论来加以说明。他指出:技术变迁、人力投资、降低市场信息成本和规模经济等因素对经济增长固然有促进作用,但问题是如果经济增长所需要的一切就是投资与创新,社会结果却并不令人满意。他的论证是,我们列出的因素(创新、规模经济、教育、资本积累等)不是增长的源泉,它们本身在增长,……除非经济组织是有效率的,否则增长就决不会出现。诺思还提到,教育普及、出生率降低、资本产出系数的提高,只是经济发展过程中的现象,而非原因,发展是制度

---

① Libecap Gary D, "Property Rights in Economic History: Implications for Research" Explorations in Economic History, 1986, (23), pp. 227 – 252.

变化的结果，如果没有制度演变和创新，经济增长是不可能的。一个效率较高的制度，即使没有先进设备也可刺激劳动者创造更多财富，促进经济增长，但再先进的设备若被安装在低效率的制度环境里，其效率也可能低下，发展中国家引进先进设备低效使用的例子比比皆是。

制度变迁是制度创立、人口、产权和政府对制度的控制，正是制度变迁构成了经济增长的源泉。排他性共有产权的建立扩大了专业化与劳动分工，并且出现了一个特殊的组织形式——国家——行使产权界定、裁决和执行。一定国家的意识形态必须令人信服地使现有产权结构和相应的收入分配合法化，才能确保建立成功的政治经济制度。经济增长固然有赖于合理的产权制度，但在现有组织制约和技术结构下，产权的创立、裁定和行使实施的代价均极其昂贵，因此必须借助国家提供产权保护与强制效应的制度安排来降低成本，从而实现经济增长。

（二）高效的经济增长

产权通过激励影响经济行为，涉及经济资源的使用决策、时间范围、专用性资产、产权转让，以及对净收益的分配等问题。由于产权界定受制于决策的成本和收益，它也因此建立了与资源使用相关的决策参数。换言之，产权对经济的关键作用在于，它不仅通过法律手段界定了谁有权使用某项经济资源，而且为经济资源的使用决策提供了成本和收益的参考。如果把这一逻辑推向极限，则意味着，如果产权得到完全界定和执行，私人净收益将等于社会净收益，那么就不再存在外部性问题。假设收入分配和市场需求给定，在考虑到所有社会成本和收益的前提下，经济决策旨在追求整体财富最大化。即使产权安排是完全的，不同的决策模式仍会产生各自不同的收入分配、需求结构和生产组合。尽管如此，在新的权利分配下，产量仍将最大化整体财富。就一般效率均衡意义而言，关键问题在于产权界定的完全性，而不是具体的配置效率。

缔结产权契约的主要动力是"共有资源"的损失。减少"共有资源"的损失从而获取预期收益会激励个人建立或调整产权以限制接近或控制资源的使用。在这一问题上,戈登(Gordon)和张五常(Cheung)的经典文献最具代表性。[①]尽管他们的分析研究是围绕开放性渔场的进入问题展开的,但他们论证的结论并不限于自然资源问题,而适用于推广到其他场合。[②]

根据戈登的论述,在极端开放的情况下,即对进入没有任何限制的条件下,个人将被吸引到有价值的资源方面,条件是,只要他们进入和生产的私人边际成本小于或等于各方面利用资源的平均收益。在此情况下,资源价值和平均收入会因为以下几个原因而下降。

首先,产权界定不清,会造成参与人在竞争压力下竞逐短期利益,这不仅会造成资源的过度使用,还会引起对长期投资的漠视。在产权界定不够清晰的地方,决策者面对着产权和收益未来归属的极大不确定性,这使得私人成本和社会成本相分离。进而,如果所有参与者都将追求私人边际成本等于私人边际收益作为其各自福利最大化的取向,那么社会总产出势必超过社会福利最大化点,在该点,社会边际成本等于社会收益成本。这意味着,资源会被过度消耗。

其次,产权缺省,会降低资源使用和交换的效率,同时增加交易成本。事实上,当新古典经济学家们在黑板上直接勾勒出供给曲线时,他们便已默认了一个"众所周知"的前提条件,即产权的配置是清晰的。可见,建立起旨在真实反映市场供需情况的市场经济,其前提必须是清晰的产权界定。正如德姆塞茨所言,产权的配置是使确定资产价格的分散化的、决定价格的市场能够形成的前提条件,而该市场能反映真实的需求和供给状况,并促进经济当事人之间从事对社会有利的资源交换。否则,在经济条件变化时,资源是不能自然、顺畅地流向更有价值的用途的。特别是在共有资源的跨期选择问题上,面对产权的缺省和未来的不确定性,所有者对资源的未来值信心不足,对长远投资缺乏激励。于是,资源的经济价值就会下降,而随着

[①] Gordon H S, "The Economic Theory of a Common Property Resource: The Fishery" Journal of Political Economy, 1954, 62, pp. 124 – 142; Cheung S N S, "The Structure of a Contract and the Theory of a Non-Exclusive Resource" Journal of Law and Economics, 1970, 13, pp. 49 – 70.

[②] [美] 加里·D. 利贝卡普:《产权的缔约分析》,陈宇东等译,王志伟校,中国社会科学出版社 2001 年版,第 15 页。

产权界定的愈加模糊，这一现象便会加剧。为了保持对有价值资产的权利或保持通过暴力从别人那里夺取的有价值的资产的控制，相互竞争的权利要求者就有动力将劳动力和资本的投入从对社会有益的生产转向掠夺或防御性的活动中去。①

以开放性渔场为例。在开放性的渔场中，产权的界定是模糊的，且产权的动态性又造成租金的变动，进而又加剧了产权和收益归属的不确定性。在这一情况下，对租金的竞争和挤占便成为常态，这不仅会造成过度捕捞，还会破坏生态平衡。结果，鱼的总量迅速耗尽，每次的捕捞量和收入都下降了，而且劳动和资本的总成本迅速上升。②戈登对此的解释是，如果渔场没有排他性产权或进入限制存在，新渔民的进入和船只、装备等资本投资的增加会一直持续到捕获一标准单位的平均成本等于市场价格的时候。由于进入没有限制，渔场的租金价值随着平均捕获量的下降和劳动力、资本投入的增加而耗散干净。③

"开放性渔场"的逻辑同样适用于解释产权缺省或其他具有共有产权属性的自然资源的过度使用问题，如农地、木材、石油和矿产等。现实中，由于存在着界定和执行方面的成本，产权罕有完备，更莫谈清晰，这就如同真实世界中存在的摩擦力，为人类提供了各种可能的交易条件。只有从社会福利最大化前提出发，将预期的社会收益与涉及谈判、测度和执行等方面的成本进行权衡，才能确信产权界定的清晰性。因此，可以认为，产权清晰与否，并不是一个自然属性问题，而更是对产权问题的社会和经济考量。例如，对于一些如水或空气之类具有较强迁移属性的资源而言，由于存在着极高的交易成本，所以界定或执行产权显然是不现实的。正如科斯所言，共有资源损失的存在并不意味着更完全地界定产权的行为就一定是符合社会利益

---

① [美] H. 德姆塞茨：《关于产权的理论》，转引自科斯等《财产权利与制度变迁》，上海三联书店1994年版，第96页。

② Higgs R, "Legally Induced Technical Regress in the Washington Salmon Fishery" Research in Economic History, 1982, 7, pp. 55 – 86; Johnson R N and Libecap G D, "Contracting Problems and Regulations: The Case of the Fishery" American Economic Review, 1982, 72, pp. 1005 – 1022.

③ [美] 阿尔钦：《产权：一个经典注释》，转引自科斯等《财产权利与制度变迁》，上海三联书店1994年版，第166页。

的:"(但是)产权合约不把某些行为包括在内的原因恰恰和某些合约通常不令人满意的原因是一致的——使事情面面俱到的成本可能太高了。"

(三)契约与经济增长

在其他条件相同的情况下,随着资源价值的上升,产权的界定会更趋清晰。价值的上升吸引了更多要求权利的人,这提高了"公共池塘"情境中的损失,同时也提高了为界定权利而进行缔约的收益。德姆塞茨(Williamson)描述了魁北克印第安人面对皮革贸易和畜养皮毛动物时如何引起了土地私有权的发展。[①] 他认为,在西方社会的历史上,产权的调整一般是社会道德和普通法的惯例逐渐变迁的结果。在每做出一步这样的调整时,外部性在本质上是不可能与所要解决的问题自觉相关的。这些法律和道德试验在某种程度上可能是一些碰巧的程序,但在一个社会中它们与效率的实现却关系重大。它们的长期活力将依赖于它们如何为适应与技术或市场价值的重大变化相联系的外部性而修正它们的行为。[②]

早在诺思以前,斯配克就发现了拉布拉多半岛的印第安人具有悠久的建立土地财产的传统,随后,利科克明确证实了土地私有产权的发展与商业性皮革贸易之间无论在历史上还是在地理上都存在着一种密切的关系。诺思进一步将过度狩猎这一外部性现象引入产权调整问题。他认为,在进行皮革贸易之前,狩猎的主要目的是为了吃肉及狩猎者家庭所需要的少量皮毛,从而外部性尽管存在,但其作用甚微,因此不需要对考虑它们的任何人支付补偿。相应地,这并不能代表土地私有制的存在。事实上,1633—1634年之间的记载并没有证明土地私有的存在,这印证了诺思的观点。此外,经济学家还发现,在其他条件不变的情况下,契约的缔结和执行成本的降低会使产权结构进一步完善。例如,19世纪有刺铁丝网这一新技术的引进完善了土地

[①] [美] H. 德姆塞茨:《关于产权的理论》,转引自科斯等《财产权利与制度变迁》,上海三联书店1994年版,第96页。

[②] 同上书,第27页。

和畜牧行业产权执行。①

戴维斯（Davis）和诺思描绘了产权是如何针对缔约的私人净收益不同而发生相应变化的。② 他们将产权制度视为理性决策和各种投资过程的结果。在个人极力把握新的经济机遇的各个阶段，产权得以建立。产权的缔约涉及私有和政府两方面的安排。当针对产权的讨价还价问题相当复杂时，私人协议无力解决，这使得政府有理由进行干预，并通过规制使得合同得以执行。③ 当然，其间，利益集团和政治掮客便会代表各自利益影响政府政策。④ 尽管国家或政府在建立产权制度和降低交易成本方面有所建树，但实际情况可能更为复杂，特别是在界定和执行产权方面尤其如此。⑤ 人们热衷于那些与产权相联系的资源使用和收入分配，进而产生了形成了产权的多重要求。结果是，在政治舞台中，竞争性利益集团之间的相对实力每时每刻都在极大地影响着产权的界定和分配，这造成产权制度从一开始便不可能遵循财富最大化准则。

按照定义，产权的排他性要求其有必要将不拥有有价资产的主体排除在外，但政府规制则会削弱所有者的产权。这样一来，分派、调整和规制产权的行为就会对政治家们造成政治上的损益，政府政策也往往存在争议。这意味着需要一种涉及抗议和补偿的讨价还价。选票交易不可避免，但这绝不是解决分配纠纷的万全之策。补偿多少，谁

---

① Anderson Terry and Hill Peter J, "The Evolution of Property Rights: A Study of the American West" Journal of Law and Economics 1975, 18, pp. 163 – 179.

② Davis L and North D C, *Institutional Change American Economic Growth*, Cambridge: Cambridge University Press, 1971.

③ Goldberg V, "Regulation and Administered Contracts" The Bell Journal of Economics, 1976, 7, pp. 426 – 448; Williamson O E, "Franchise Bidding for Natural Monopolies—In General and with Respect to CATV" Bell Journal of Economics, 1976, 7, pp. 73 – 104.

④ Buchanan J M and Tullock G, *The Calculus of Consent*, Ann Arbor: University of Michigan Press, 1962.

⑤ Hurst J W, *Law and Social Process in the United States History*, Ann Arbor: University of Michigan Law School, 1960; Hurst J W, *Law and Economic Growth: The Legal History of the Lumber Industry in Wisconsin*, 1836 – 1915, Cambridge: Harvard University Press, 1964; Scheiber H N, "Property Law, Expropriation, and Resource Allocation by Government: The United States, 1789 – 1910" Journal of Economic History, 1973, 33, pp. 232 – 251.

来补偿，补偿给谁，这些都造成协议难以达成。一般而言，产权的安排要求兼顾公平，而最终的收入分配和政客们的政治利害决定了与产权结构有关的政府政策。

在有关制度变迁的政治经济学方面，学者进行了大量的研究，主要涉及法律发展、政治进程、产权分派和政治权力等方面。休斯（Hughes）强调了强势的经济利益集团在影响政策法规方面的作用。① 在沙伊贝尔（Scheiber）看来，法律不只会促进经济发展，也会阻碍经济发展，因此需要对个体的利害得失进行辨别。② 安德森（Anderson）和希尔（Hill）认为，通过政治安排竞争产权和对产权界定可能在社会成本方面造成高昂的租金耗散。③ 里德（Reid）认为，对产品市场的分析模式可能并不适用于对政治市场的分析，而新古典理论也未必能正确地预测政治变迁的时间和实质。④ 对政治市场中的结果进行分析不应被经济绩效所左右，而应从产权缔约的政治经济学视角出发对既有产权制度进行分析，甚至对于"公共池塘资源"（common pool resources）问题亦需如此。在美国，民事法律对包括鱼类在内的野生动物的捕猎，长久以来就已做了产权安排。在这些规定下，对鱼类的私人权利只限于捕获。而且公民低成本进入渔业的权利长期以来就受到法律保护。上述两种法律传统使大部分鱼类资源的私有产权受到了普遍禁止。事先对私有产权的排斥，限制了在美国解决渔业资源共有造成损失问题的可能性。尽管在许多情况下，私有产权并不是适当的解决办法，但在其他的一些情况下却可能是适当的。政府的干预造成渔民之间缔约成本的高企，因此渔民们并不认同政府强加于他们的规章制度。有经验的渔民往往采取一种开放式作业方式，但也同时担心政府的综合规制方案所造成的不成比例的约束。因为作为一种制

---

① Hughes J R T, *The Governmental Habit*, New York: Basic Books, 1977.
② Scheiber H N, "Regulation, Property Rights, and Definition of 'The Market': Law and the American Economy" Journal of Economic History, 1981, 41, pp. 103 – 109.
③ Anderson Terry and Hill Peter J, "Privatizing the Commons: An Improvement?" Southern Economic Journal 1983, 54, pp. 438 – 450.
④ Reid J D Jr, "On Understanding Political Events in the New Economic History" Journal of Economic History 1977, 37 (2), pp. 302 – 328.

度选择的私有产权的缺失，使得渔民、政治家和官僚等利益各方不得不把重心放在设计管理制度以限制个人捕捞量的政治谈判上。结果，那些既能增加总捕获量和收入而又同时承认渔民现有分配份额和所有权的方案渐渐会获得广泛的支持。与捕鱼业的窘境相似，在美国，原油生产的特点也有过度开采、过度资本化以及石油再生降低。作为解决原油生产中资源共有问题的最好方案，即联合生产却很难在民间以一种适时的形式完成。政府的政策（部分地反映了对强制联合生产的政治压力），大部分依靠按比例分级，即把生产配额分配到每一口油井上。然而，与联合生产可能带来的收益相比，按比例分级的好处是很有限的。由于在按比例分级制度下存在着对更多地钻井的激励，最迟到 1980 年，美国拥有世界上 88% 的油井，但只有世界总产量的 14%。[1]

三 不同产权制度的经济效率

（一）私有产权的效率

从经济意义上讲，私有产权制度是最有效率的制度，它能够使得资源达到帕累托配置效率。私有产权至少在以下四个方面具有配置效率：第一，资产的使用由个人负责，自负盈亏，鼓励资产的最优化利用。为了使个人利益最大化，资产所有者将尽其所能善用他的各项权利，以使资源充分利用。第二，私有产权自由转让将使资源落在善用者手中。善用者指能使资产的未来值折现最大的人，他使资产的配置效率达到最大化。第三，在无可避免的竞争性使用资源下，私有产权的租值消散最小，遵循了既定收益下的交易成本最小原则。第四，基于私有产权市场，市场价格传达的信息虽然不一定准确，但比起其他制度还是远为可靠的，且获得信息的成本最低。

私有产权的历史演变验证了私有产权的配置效率。利贝卡普通过研究采矿权的私有化验证了这一结论：在 19 世纪中期内华达科姆斯

---

[1] ［美］加里·D. 利贝卡普：《产权的缔约分析》，陈宇东等译、王志伟校，中国社会科学出版社 2001 年版，第 94、108 页。

托克·洛德地区谈判建立私人采矿权的案例中，最先发现这一地区的勘探者，相继进行开发的采矿公司以及对将初始非正式私有产权要求正式化负责的政界人士，大都看见了界定产权失败将带来的短期损失会很大。如果缺乏有保证的私人采矿权，这一地区的重要收入来源——采矿收入预期就会减少，因为由此带来了土地所有权的不确定，投资、采矿和私有矿产所有权的交换都相应地受到了限制。基于上述认识的结果是，只要有价值的矿藏一经发现就会开始界定矿产权的谈判，不久又会产生矿产的转让协议。谈判的任何一方都不存在在产权确立中延迟协议的动机。拖延私人矿产权的转让将延续土地控制的混乱状况，如果另有新的竞争对手进来，情况将会更糟。由于看到了采矿的巨大收益以及最初提出私人矿产权要求者的数目有限，缔约的每一方都希望从及早界定的采矿权中得到好处。政界的共识影响了立法者和仲裁者的行为，也有助于解释为什么在科姆斯托克·洛德地区能如此迅速地达成私人矿产权协议并使之制度化。

当然也有一些历史事实表明，私有产权并不具有资源配置效率，甚至私有产权在某种程度上产生邪恶。出于各种各样的目的和限制，公共私产和共有产权的制度安排也多得是。工业革命之前，各国政府多以土地版图治民，有限制地允许私有土地转让，因为庶民附地而生可减少某些管治（交易）费用，但工商业的发展就迫使土地制度改变了。

通常这些限制表现在公平和效率两个方面。从公平的角度看，一个富豪可能一掷千金，为一趟舒适的旅游支付昂贵费用；而一个贫民却可能为温饱或基本生活而担忧。这种私有产权制度安排将会引起社会上的愤怒或贫民的大规模抗争，从而迫使一些公共福利计划产生。从效率的角度看，私有产权制度的成本收益在很多情况下并不一定高于其他的制度安排。

私有产权制度需要支付成本。成本是变化的，且各不相同。从成本收益的角度看，私有产权就不一定是最有效率的产权制度安排。在交易成本约束下，可观察到的产权安排方式是市场制度、企业制度、联合所有权以及联合所有权的极端形式——政府替代私人行使公共产权职能。

（二）公有产权的效率

公有产权是否具有资源配置效率，经济学家们的看法并不一致。奈特和戈登曾分别指出，如果政府将道路和捕鱼变作私有产权，有关公共财产的浪费就会消失。他们认为政府干预导致了交易成本的增高，所有公有产权没有资源配置效率。巴泽尔（Barzel）却认为，实行政府干预与否完全看行使公有产权和私有产权二者的交易成本的大小。他指出：先验的推理不能表明产权的私人拥有一定会比政府拥有更具有效率。如果测量和监督成本很高，私人所有与零交易成本状态相比，就决不会没有浪费。通常，只要公共财产的利用受到限制，就不能得出私人拥有比共同拥有会更好的结论。

私有产权和公有产权都需要支付产权界定、维护和实施的成本，同样，也都将获得产权带来的收益。如果交易成本为零，私有产权和公有产权将具有相同的制度效率。在交易成本为正的条件下将有不同的制度效率。从交易成本角度而言，某些财产权利的私有产权界定、维护和实施的成本可能远高于公有产权的相关成本。耳熟能详的例子是国防安全。如果保障私有财产不被外界武力侵犯的成本由私产拥有者支付，那成本将足以高到个人放弃私产的程度。如果这样，私有产权的获取和积累愿望就不可能成为现实，人类社会的物质进步甚至不可能发生。为了防止这种悲剧的出现，人们发现，以税收的方式上缴一个组织费用，并要求该组织给予外界武力防范以保证私有产权安全的制度将有效地达到保护私有产权的目的，这种制度安排就发生了，这个组织就是国家的国防系统。

国防系统之所以能够比私有产权制度低成本地提供保障，原因在于提供保障的规模效应。在支付的成本不变而保障的范围可大可小时，大规模的保障将降低每个单位的保障成本。

公有产权的共同体内部也将产生比私有产权额外增加的两项成本：管理成本和对代理人的监督成本。共同体内部通常实行层级制度和代理人制度。层级制度需要管理和协调成本，而代理人制度因双方的个人利益最大化目标不同而产生代理人和委托人目标不一致问题，从而需要对代理人实施监督，通常采用的方法是奖励和惩罚。如果对代理人监督不力，公有产权的私有性质将得不到保护，更多的财产权利将会落入共有空间而被他人攫取。这就是通常所说的公有产权比私有产权有更多的租值消散及公共财产的浪费。在公有产权制度中，管理成本和监督代理人的成本越高，产权的租值消散的就越多，公共资源浪费就越多。

由于难以比较私有产权和公有产权的全部交易成本，因此很难确定私有产权和公有产权的制度安排效率。换言之，在一些约束条件下，私有产权制度安排更有效率；在另外一些约束条件下，公有产权更具有制度安排效率。但是对私有产权和公有产权的界限不能够划清。这也是我们可观察到的真实世界的情景：私有产权和公有产权共同存在，甚至更多时候是混合存在，但是它们之间的清晰界限并不能被观察到。

经典理论指出，具有外部性和公共品性质的资产应该选择公有产权制度安排，具有排他性的资产应该选择私有产权制度安排，并用市场失灵理论解释这些问题。其实这种解释或理解是相当苍白而不具有解释力的。通常认为公海是公共品不具有排他性，所以公海里的鱼类将消失。事实上并不如此，不是公海捕鱼不具有排他性，而是通常的方法排他性成本太高。当发现一种低成本的排他性方法，公海鱼类资源并不会因此而减少。比如，中国政府对公共水域实施休渔期禁令和捕捞许可证制度，低成本地解决公海鱼类资源枯竭问题。同样，有些政府认为供养军队的成本太高，而转向向他国购买国家安全的权利。加拿大政府就向美国政府购买了国家安全权利从而不再拥有保障国家安全的军队。

（三）共有产权的效率

和私有产权、公有产权的经济效率相反，大多数学者认为，共有产权是一种效率十分低的产权安排。理由是：第一，共有产权的交易比私有产权的交易困难。共有产权在共有组织成员之间是完全不可分的。共有组织中的每一个成员都拥有这一产权，并可以行使相应的权利；但是任何个人都无权声明该项产权只属于个人。产权属于共有组织而不属于该组织的各个成员。与私有产权不同的是，共有产权不具备产权利益的"匿名可转让性"。第二，共有产权在其组织内部并不具有排他性。在共有组织内部共有产权是完全处于"公共领域"而没有任何可获得的租值，即租值全部消散。任何人都有权行使和享用共有产权，共同体内部的每一成员都有权平均分享共同体所拥有的财产，而其他成员无权干预。共有产权的这些特质使得外部性出现的可能性加大，管理、谈判和监督成本会很高。并且，共有产权所导致的成本由组织内所有成员共同承担，从而会出现产权的滥用和搭便车行为。

如果共有产权真的如此没有制度效率，那么我们将观察不到共有产权的存在。现实生活中，共有产权无处不在，如果对这种现象不能解释，就说明目前的理论存在缺陷。

共有产权存在的原因有两个：其一是私有产权和共有产权因为交易成本太高而主动放弃的权利。其二是一些组织、个人企业或共同体乃至国家，为了某种造福或普惠大众的利益，而故意将一些财产权利置于公共领域，人为规定其为公共品。

就第一个原因而言，共有产权是被废弃的权利。由于界定、保护和实施产权的成本太高，一些私有产权被废置到共有领域。放弃也是资源的效率配置，符合帕累托效率原则。在一个竞争的世界里，人们会对共有产权进行利益的攫取，其方法是降低界定和保护产权的成本：一种方法是在度量中利用规模经济；另一种方法是防止重复度量。交易规模和交易期限方面的这种规模经济，降低了界定、保护和实施权利的成本，也降低了将权利属性弃置于公共领域所产生的损失。降低将权利属性弃置于公共领域所产生的成本的另一种完全不同的方法，是诱使当事人把属性当作是已被拥有的而行动，即使这种属性其实并未被拥有。降低界定和保护成本的方法暗含组织的形式或合约的选择。为了降低这些成本，交易者可能会选择组织的形式：如团体、企业、公司、共同体等。在某种意义上，这些组织具有一定的公有产权的性质。

就第二个原因而言，是自愿地将私有产权置于共有领域，而不收取任何产权收益，听任产权的租值消散。这样做的目的几乎都是为公共福利考虑。就国家而言，公共福利是它的一项职责，目的是公平而不是效率，用纳税人的钱公平地分配在全体人民身上或部分地分配到某些人群身上。这种制度我们司空见惯：义务教育、公共图书馆、安全保障、公共福利设施和公共医疗等，如果没有政府的这些福利制度，人类社会将不可想象。

当然，这些制度的效率性值得怀疑，为了更好地保证共有产权的制度安排，市场制度创新了一系列的方法，其中混合产权制度安排是最常见的。[①]

（四）混合产权的效率

到目前为止，没有任何一个国家采用单一的产权制度安排，几乎全部国家都采用混合的产权制度，自古皆然，虽然不同社会的私有产权比重差距往往很大。当然，不管产权的制度怎样，只要提供限制约束条件，尤其是交易或政治费用的约束，在理论上帕累托均衡效率的情况必然出现。然而，一般观察所得，同样资源在不同用途上的边际值，往往有很大的差距。这意味着交易成本（包括政治费用）高得惊人。

私人和组织通常的做法是，在既定的目标下，以最低的成本防止租值消散。换言之，哪一种制度安排的交易成本足够低，哪一种制度安排就被选择，这就是为什么我们可以观察到各种制度安排都可以共同存在的理由。在不同的约束条件下，不同的制度安排具有不同的成本收益率，这些不相同的成本收益率为不同的制度选择提供了机会。

需要指出的是，不仅不同的产权制度并行不悖，有可能在同一个共同体或组织内部，实施不同的产权制度安排。比如，在共有产权的共同体内部，其管理和雇用员工与一个私有企业是相同的，管理层和员工是通过市场雇用获得的，不同之处是共同体的产出物是免费发放的，而企业的产品是价格制度协调的。也有一些共同体内部的管理和雇佣制度可能是共有产权制度，即管理者和雇员是志愿者，但共同体的产品却可能是免费发放，也有可能是价格机制调整。如果是后者，通常市场上获得的收益用于某些特定的目的，比如，军工产品、救助特定群体等。

[①] 刘凤芹：《新制度经济学》，中国人民大学出版社2015年版，第57—59页。

第二章　产权和产权制度

一　产权的逻辑

(一) 交易成本

由于对产权的界定、转让、获取和保护等都存在交易成本，因此产权是不完全的。当这些交易成本过高，以至于超过了产权所能带来的收益时，放弃这部分产权则是一种理性的选择。造成产权交易成本高企的原因有很多，主要包括确权物的复杂属性、确权和维权的成本、未来市场的变化、参与和激励约束，等等。

扩大复杂属性

现实中，一种商品可以具有多种属性，不同商品具有不同属性，而同一属性又具有不同的品质。在对商品属性和品质进行考核时，属性越复杂，品质越多样，考察费用就越高，产权就越难以被清楚地界定；反之就容易被界定。同时，对于这些属性未来的情况，所有者未必能够知道，即未来产权变化的信息不明。如果想知道，就需要交易双方取得或确定相关财产的有价属性，并要为此支付费用。信息越详尽，所需费用就越高。面对变化多端的情况，获得全面信息的困难有多大，界定产权的困难就有多大，完全界定产权就越不可能。以装修为例，在家庭装修时，有人选择自己操办，亲自挑工选料，进行设计和组织，这样做虽然可以大量节省装修成本，但前提是装修房主必须深谙装修之道，对材料的价格和质量、工人水平和诚信度等进行尽职调查，而这也会使他付出相当多的精力和成本。为降低交易成本，人们会通过专业的装修公司或中间人（包工头）进行，这样就把亲自装修时零散分布的委托－代理问题变成了针对某一组织或个人（如包工头）的问题进行处理。由于房主对装修知识缺乏，中介组织或个人可能对其实施欺骗，如从原料供应商处吃回扣的做法。在这方面，家装公司较为正式且多具品牌优势，欺骗的可能性稍低，但装修价格往往较高；包工头的组织结构较为松散，装修质量因人而异，欺诈可能性稍高，所以价格自然会低些。面对风险和不确定性，消费者需要根据自己的经济实力和风险偏好，对不同的策略组合进行选择。近些年来，互联网家装异军突起，成为一个新的概念，但随之而来的装修纠纷也屡屡发生。从装修市场的差异化可以看出，不同的装修产品组合具有不同的交易成本，体现在调查、谈判、签约、责任追索等一系列问题上，产品的复杂属性加剧了产权的不完全性。

从信息经济学的角度看，由于在现实交易中信息总是不对称的，追求个人收益最大化的组织或个人往往会趁机故意隐瞒知识或行为，这不仅影响到买主的决策，还会扭曲市场的交易机制。这方面的经典解释便是"柠檬市场说"。1970年，经济学家乔治·阿克尔罗夫（George Akerlof）发表了《柠檬市场：质量不确定和市场机制》一文，系统论证了逆向选择问题，奠定了"非对称信息经济学"的基础，并获得了2001年诺贝尔经济学奖。柠檬，在美国俚语中意思是"次品"或"不中用的东西"。在柠檬市场中，由于信息是非对称的，买方无法知道卖方所售商品的好坏，因此只愿意支付市场平均价格。尽管均价在一定程度上反映了市场上所有商品的平均质量，但这也意味着卖主出售质量较好的商品会吃亏，因此这些卖主会选择逐渐退出市场的商品。这样一来，市场上剩下的便是质量欠佳的商品，这又降低了市场商品的平均质量，进而平均价格也随之下降。同样的逻辑循环往复，市场上剩下的便只有劣质商品，即柠檬商品。更进一步，循此逻辑，消费者会认为市场上的商品都是坏的，即使产品质量再好，也会持怀疑态度，这反过来又导致卖者不愿意出售质量好的商品。例如，在二手车市场，由于买家知道卖家拥有更多私人信息的优势，所以不管卖家的言辞怎样的天花乱坠，他都不会相信卖家所言，唯一的办法就是通过讨价还价，尽量压低车子的价格，以避免信息不对称带来的损失。过低的价格只会将好车逐出市场，而最终剩下的都是劣质的车子，市场也会因此萎靡。① 中国有句俗话叫"会买的不如会卖的"，说的就是这个道理，但如果买者强化了对这一现象的认知，那么再好的酒也不可能走出深巷。

另外，产权还是一种动态的过程，而合约又是不完全的，对商品多重属性的价值量计量变得非常困难。交换中的价值量是变化的，如果没有某种规定，交换双方如何分担价值量的变动就无法确定。通常需要在交易合约中事先明确这些问题。但是即便是交易双方明确了合约，由于合约的不完全性和不确定性因素的存在，产权仍然是不完全的。

确权和维权的成本

确权和维权的成本，涉及产权的界定、保护和实施等三个方面。其中，产权的界定成本，包括度量成本、信息搜寻成本、协商成本或签约成本等；产权的保护成本，是为了避免产权遭受侵犯或违约而所付出的成本；产权的实施成本，包括执行成本、控制成本和违约成本等。有时候，确权和维权的成本甚至会过高，以致完全无法界定产权。换言之，如果界定产权的成本大于该产权界定后所能带来的收益，产权就应被放弃。

在经济活动中，纠纷在所难免，但解决纠纷需要考虑成本。当纠纷发生时，当事人的第一选择很可能期望通过友好协商加以解决，其次才会考虑求助于仲裁机构。协商，即谈判（negotiation），也是需要成本的。只有当谈判所引起的交易成本低于仲裁时，协商才是可行的。不同文化体对谈判的理解和侧重也是不同的。通常，欧美企业的谈判效率较高，强调就事论事，而日韩企业的谈判过程较为冗长，侧重情感交流和信任的建立。相应地，在解决争议或纠纷的过程中，日韩企业也比欧美企业更倾向于采取友好协商的方式。不过，无论是哪一种文化，都会将司法诉讼视为最后不得不采取的解决方式，因为司法解决的交易成本最高。有调查显示，一般的经济纠纷案，寻求司法

---

① 二手车市场有了低成本的治理方案，即通过第三方进行二手汽车质量评估，类似于珠宝第三方鉴定，如果评估与汽车质量不相符，则第三方负全责。但是，买方将支付第三方评估费用。

解决的大约只有1%。相比于私下解决，法庭更重要的作用在于它的现实威慑力。产权纠纷就像一团乱麻，"剪不断、理还乱"，如果动辄诉诸法律，那么结果很有可能会南辕北辙。毕竟，解铃还须系铃人。对产权的界定和保护，友好协商是明智的选择。

产权的实施（履约）成本主要包括"执行成本""控制成本""违约成本"。执行成本指的是确保产权合约得到严格履行的成本。比如，委托人和代理人之间的签订的财产经营权合约，代理人能否确保完成合约规定的既定目标？准确而最大限度地完成委托人的任务？由于委托人和代理人的目标不一致，每个人都有追求个人利益最大化的动机，所以，委托人一般需要对代理人的行为进行监督以保证合约的执行。同样，委托人还需对代理人的行为实施控制，以便代理人越权而给委托人带来不必要的损失。一项标准的合同，还需对违约行为实施惩罚。如果委托代理关系很复杂，实施的各项控制措施就很多，产权模糊性也陡然增大，从而产权实施成本也会增大并难以准确度量。例如，近些年严重恶化的大气污染问题。政府当然可以以雾霾严重为由，颁布行政指令要求所有涉事企业、车辆和个人等停止一切排污活动，或要求相关企业提高治污方面的资金投入。这样做，产权确实清晰界定了，但能否执行，或者执行后果如何是个问题。

未来市场的变化

市场变幻莫测，经济行为错综复杂。根据有效市场假说，你永远不可能打败市场，因为那里全是聪明人。的确，任何人若想用一成不变的产权结构对付变化不拘的市场，最后只能是以失败告终。产权在多变的市场环境中，也会应相对价格的变化、预期资产价值的变化或政府政策措施的变化而发生变迁。

首先，相对价格的变化会改变产权的权属。相对价格的上升或生产成本的下降将增加产权所获得的租金流，并鼓励新的对控制权的争夺。争夺的结果是激励个人组织起来，通过更明确地界定产权而获得各种租金中的一部分收益，采取共同的行动来调整产权制度，以使他们按目前的状态能对新情况做出反应。

其次，预期资产价值的变化会改变产权的权属。由于价格和供求关系的变化改变了商品的属性，从而产权的权属也发生变化，甚至模糊不清。特别是对于签约时资产价值很小的产权，当事人常不予做出规定，但当其价值在合约有效期内发生变化时，产权纠纷就可能发生。这就需要对产权进行重新界定。此外，市场的变化还会增加维权的成本，先前的产权保护条款和措施已变得不再适用，需要重新确定新的规则和秩序。

最后，政府政策变化和干预行为会改变产权的权属，这不仅关系到对产权的界定和保护，还涉及产权价值的重估和重新分配。通常，政府会对所有权、使用权、收益权和转让权等采取完全或部分的限制。此外，政府还可能受到某些压力集团的影响，出台政策重新界定产权或对现有产权制度重新限定。

在美国，由政府政策造成的土地强征事件屡有发生，甚至导致矛盾激化。2014年4月，美国内华达州发生了当地民兵与联邦政府的对峙事件。2016年1月，美国俄勒冈州则发生了当地民兵暴动并占领保护区政府大楼的事件。这些事件的缘由，皆起于联邦政府的土地政策改变。美国联邦政府在全美拥有约50%的土地，分布在最西部的11个州，其中，在内华达州拥有的土地占该州土地总面积的81%，在俄勒冈州为53%。根据联邦法律规定，联邦土地管理局有权对这些土地进行征收或变更用途。但当地居民却认为，该政府管理机构成立于1993年，而自己的祖辈百年前就已在这里居住和放牧了，因此政府无权干预土地的使用。这是双方在认识上的根本差异。据媒体报道，美国联邦国土局以保护一种珍稀乌龟为由，强制罚没了当地邦迪家牧场的400多头牛，价值相当于100万美元。但邦迪却声称，政府无权强征他牧场的土地，所谓的乌龟濒危只是征地的借口，实际上是国会议员意在引入国外某太阳能企业的一个地产开发项目。在俄勒冈的事件中，政府迫于一些环保主义者和猎人的压力，扩大了当地马卢尔国家野生动物保护区的范围，其购买牧场土地的行为损害了当地牧场主和矿主的利益，占领者的目的则是希望联邦政府把国有土地归还给当地的牧民、伐木工、矿工使用。当地媒体《俄勒冈人》报道称，该事件加剧了有关联邦政府管辖土地的争议。仅仅时隔不到两年，美国便发生两起因政府征地引发的恶性冲突，凸显了产权纠纷问题即使在产权制度相对完善的国家也普遍存在。另外，针对内华达州的事件，美国政府居然出动了 200 人的部队、6 架直升机和几十辆汽车，成本总计 300 万美元。这一费用支出远远高于罚没的那 400 多头牛的价值。

参与和激励约束

在任何情况下，私人信息总是不可避免地存在着。一个有效的市场制度，不仅可以促使经济体成员积极参与市场竞争和交易，还能通过激励约束机制解决非对称信息下的委托 - 代理问题。人力资本，作为一种特殊的产权形式，其所有权天然属于个人，但在不同的社会制度下其对自身所有权的占有程度是不同的。在巴泽尔看来，在奴隶制社会，奴隶们获得奖励并可以用金钱为自己赎身，是奴隶主出于降低监督成本的需要制定的一项激励措施，即将奴隶的部分所有权还给奴隶。在法律上，奴隶主拥有奴隶的完全私有产权，包括对奴隶的使用权，但对这一使用权的控制却掌握在奴隶手中。这样，即使奴隶主令奴隶做苦力采取严密的监督，奴隶们偷懒或卸职的行为仍会发生。为防止偷懒或怠工，奖励便成为一种低成本的监督措施，而且能起到激励作用。为了获得奖励，奴隶们会卖力地工作。巴泽尔进一步认为，美国奴隶制的消亡，主要是因为维持奴隶制的监督成本太高。美国奴隶制度的废除正是在权衡交易成本的基础上达成的妥协。人们通常认为，1863 年 1 月颁布的《解放奴隶宣言》旨在解放美国的奴隶制，但事实上促成奴隶获得自由的却是 1865 年美国宪法第十三修正案的颁布，时年 4 月林肯遇刺身亡。在《解放奴隶宣言》中，林肯敦促南部各州废除奴隶制的目的是通过废奴威胁换取美国的统一，而对其实际控制的北方各州却丝毫未提废奴之事。对此，林肯在给《纽约时报》的一封信中写道，"在那场斗争中，我的首要目的是挽救联邦，而不是拯救或摧毁奴隶制。如果在不解放任何奴隶的条件下能够挽救联邦，那么我将如此行动"[1]。

激励和惩罚是一个问题的两种手段，可以将前者看作一种正向激励，后者则为负向激励，而它们目的却是相同的。张五常用同样的逻

---

[1] Gregory Leland, *Stupid History: Tales of Stupidity, Strangeness, and Mythconceptions Throughout the Ages*, Andrews McMeel Publishing, 2007.

辑分析了中国广西的纤夫合约问题。在二战期间，中国广西地区的纤夫要雇用一个持鞭者作为监工，而他的任务是惩罚卸责者。由于拉纤是通过整体的齐心协力完成的，即使其中有人偷懒也很难被发现。为此，纤夫们从他们中挑选经验丰富的苦力充当监工，通过持鞭抽打的惩罚措施使团队绩效达到最优。应该说，这样的解释是合情合理的。

技术进步

技术进步将使产权得到进一步确定。新的技术、新的方式等都会使产权应用范围发生变化，也会使产权界定、保护和执行发生变化，并为重新界定、保护和执行产权支付成本。当然，技术进步可以使产权界定更精确，并降低交易成本。大量事实表明，新技术降低了划分个人产权要求、发现违规现象、仲裁纠纷和处罚违规者的成本。通过采用更详尽的产权安排减少了共有资源的损失，从而提供了进一步的收益。1785年，瓦特将改良后的蒸汽机投入生产，代替了水力、风力等落后的动力系统，使大规模的分工协作成为可能，劳动的使用权得到进一步界定和细分，最终导致了第一次工业革命的发生。19世纪中叶，内燃机、电话等的发明和使用，极大地提高了生产效率，使跨区域的经济协作成为可能。纵观两次工业革命，技术的突破在时间和空间上降低了市场的交易成本，使人际间和组织间的生产关系发生改变，产权的制度安排得以重新进行。21世纪，互联网的广泛使用更是在真实世界和虚拟世界的交互中，改变了人类的产权结构。今天，消费者已不再满足于实体店的购物体验，而越来越愿意通过网购等方式满足消费欲望，"只逛不买"成为习惯，甚至于"御宅"网聊成为常态。互联网平台的建立，使信息更加透明，便利了网店店主和消费者之间的了解和沟通，信任模式改变，信誉度提高。物流业的发达、通信技术的改善，使点对点的及时服务成为可能。信息、技术、声誉等方面的完善和提高，使产权在所有权、使用权、收益权和转让权等各个方面得以重新界定，极大地降低了买卖双方在前期调研、谈判、签约和追索等环节的交易成本，为经济增长带来新的动力源。

(二) 财产四性

根据现代产权理论，产权是指个人、政府和企业等对财产行使的一组权利束，包括所有权、占有权、支配权、使用权、收益权、处置权及各种组合的经济权利。这样看来，财产既可以为本人所拥有（所有权），也可以不属于本人（如租赁），控制未必拥有，拥有未必控制。也就是说，控制权和所有权是可以分离的。在现代企业制度中，企业的股东拥有企业的所有权，但未必要控制企业，企业的控制权可以留在高管手中，但后者未必拥有所有权。此外，产权还包括在交易中对商品和劳务的权利。这样，产权就具有了比所有权更广泛的概念，前者所拥有的使用权、收益权和转让权可以看作是对后者权利的继承。如果从"人与物"的关系的角度出发，可以认为"产权系统是如何向特定物品品种的合法权益中进行任意选择的权利"，这也是埃格特森的说法。然而，产权的意义绝不仅仅体现在"人与物"的关系层面，而更是一种以物为基础的"人与人"之间的财产关系。

契约体现了这一关系。契约是一种产权的制度安排，旨在使个人或组织在交易中能够理性而有效地把握未来的不确定性，并通过正式或非正式的规则（如法律、社会习俗和社会惯例）控制或实现这些不确定性的预期。既然产权反映出人际间的一种交互关系，那么权利便具有了两面性，既会对所有者自己或他人产生有益的结果，也可能造成损害。这势必要求对产权予以有效界定和保护，因为这意味着产权归属的确立和非产权拥有者权利的排除。

根据归属主体的不同，产权可以分为三种类型，即私有产权、公有产权和共有产权。私有产权，指个人或组织拥有财产或物的所有权、使用权、转让权以及收益权等权利。公有产权，指共同体内部成员共同拥有财产权利，这种共同体可以是两人或两人以上的合作组织、社团、国有企业或国家等。无论是公有产权还是私有产权，财产权利都归特定的产权所有者拥有，且对外具有排他性。而共有产权则是一种非排他性的产权，任何人都可以使用并从中获得收益。

总之，产权不仅界定了某人拥有或控制财产和物的权利，同时也排除了他人对该财产和物的相关权利。本质上讲，产权是一种行为权利，即人们通过对财产或物施加一定的行为获得的权利，体现了基于财产的人际间的认可关系。

产权作为围绕财产而建立的一种人际间的经济权利关系，内在地具有排他性、可分割性、可交易性、有限性四种主要性质。

排他性

产权的排他性，指对特定财产或物的权利的保护和设障。人们竞相争取财产的权利，这客观上造成了对权利的争夺，而这一竞争行为必然要求对特定财产的特定权利只能有一个主体。为确保该产权主体的权利免受侵害，就必须阻止其他主体的侵犯行为，这便构成了产权的排他性。如果产权不能排他，这就意味着其不能得到有效保护，进而财产易被侵犯。实质上，这也是产权主体的对外排斥性或者对特定权利的垄断性或独有性。

现实中，产权往往不尽清晰，但无论如何，产权的排他性特质是不变的，只是强弱程度不同罢了。通常，私有产权具有较强的排他性，而共有产权的排他性较弱，排他性的强弱依赖于排他的交易成本而不依赖产权的性质。值得注意的是，这种排他性的强弱程度极容易给人造成一种产权的假象，即私有产权效率更高，而公有产权效率更低，甚至于共有产权必然导致"公地悲剧"。从而，这为一些经济行为提供了貌似合理的理由，如过度的私有化、盲目的国企改制、堂而皇之的"自然垄断"。这是把产权的性质和交易成本混淆的结果。

可分割性

产权的可分割性，是指对特定财产或物的各项权利可分属于不同的主体。这不仅表现在作为一组权利束的产权可被任意组合或拆分，还表现在对财产的所有权可以与权利相分离。阿尔钦认为，由于出租或租赁合约对财产权利的分割，以致使承租人能以"所有者"的身份获得决定这一项目特定用途的权利。这种权利可以在一个临时的甚或是一个永久的基础上进行分配、分割和重新分配。从这个意义上讲，土地的契约和产权关系十分典型。土地的所有权、使用权、收益权和转让权可以分解开来，分属于不同的主体。对土地所有者和佃农而言，土地产权的可分割性使劳资双方建立不同形式的地契关系成为可能。这一关系可以表现为三种形式：土地所有者自耕、定额租佃和分成租佃。具体来说，土地所有者可以选择亲自管理土地，雇用农民进行耕作，后者领取固定收入；他还可以选择将土地的管理和使用全权委托给农民，而自己只收取固定的租金；抑或，土地所有者提供土地，佃农提供劳动力，并规定每一时期佃农按其产出的多少向土地所有者缴纳一定比例的地租，而这期间的其他投入可由双方中的任何一方提供。这样，土地所有者和佃农，通过不同的契约形式，将产权中的不同权利要素进行了分割重组。那么，这三种形式的效率又是怎样的呢？按照张五常教授的"佃农理论"，如果土地的私有产权得到清晰界定和有效保护，且土地可以自由转让，那么以上三种形式对土地的使用效率是一样的。近年来，农村土地流转等一系列政策的实施，将土地的经营权、使用权和转让权赋予了农民，不仅极大地调动了农民的生产积极性，还使农业生产实现了规模效应。与中国农村的土地改革进程相比，国有企业的产权改革可谓举步维艰。既然土地和企业资产同属国家所有，那么为什么国有资产的分割和"流转"却不能顺利进行？是什么造成国企改制过程中交易成本的高企？如果土地的问题可以解决，那么国企的问题也同样可以解决。

产权的分割牵涉权能行使和利益获取两个方面。前者指产权的不同权能由同一主体控制转变为由不同主体分别控制；后者指相应的利益分属于不同的权能控制者。有权能分解，就必然有利益分割。在产权制度下，任何一个控制产权权能的主体，都不愿意也不可能白白地放弃既得利益或潜在利益。这既是一个产权的分割问题，也是一个委托-代理问题。界定和保护产权，构成了产权分割的主要成本。当这两项成本高于产权分割所获收益时，分割自然也就停止了。在生活中，当我们买一部手机时，事实上我们不仅购买了手机的全部所有权，还购买了它的保修权、更换零件权、退换权等一系列其他权利。对于这一点，消费者是很少注意到的。曾几何时，摩托罗拉、诺基亚等手机品牌还是身份的象征，消费者似乎从未担心过手机出了问题找谁，但当这些"大而不能倒"的巨头宣布撤资或破产时，人们才会意识到售后服务的存在，而这些权利在他购买手机时就获得了。产权就像空气和水，没有人可以离开，却没有人经常在意，而只有当发生了严重的污染，人们才意识到清洁且有保障的资源是何等重要。

值得注意的是，财产虽然是客观存在的物品，但赋予财产的权利却是人的主观特性，即体现人与人之间的经济权利关系。就物而言，可应用于物理学理论，对物的性质进行无限细致的分割；但就财产的经济关系而言，分割的细致程度与财产的物理学性质没有任何关系，它仅体现一种交易上的成本－收益关系。产权是为了交易而分割，而不是为了分割而分割。

可交易性

产权的可交易性，指产权在不同主体之间的转手和让渡。在市场制度条件下，产权所涉及的各项权利和组合都是可交易的，分割的种类越多，产权交易的方式就越多。特定财产的产权包括所有权、使用权、收益权和转让权，它们既可以作为一个整体成为交易对象，也可以被分别出售或购买。当财产进行整体让渡时，既可以是一次性、永久性的，也可以是既定时间的全部权利让渡。产权的部分交易包括部分时限的交易、部分产权束交易及时限和产权束交易的各项组合。所有权交易一般是永久性的让渡，产权交易通常采取有限期交易方式。产权的有限期让渡，是一种信用或契约关系，依靠人们的信用观念和信用规则。

在莎士比亚的笔下，当夏洛克在法庭上要求安东尼奥割下一磅肉以赔偿欠债时，鲍西娅声称，夏洛克有权根据协议从安东尼奥的胸前取走一磅肉，但如果在取肉时流出任何一滴血或者所割下的肉超过或不足一磅，则视为谋杀。在这个故事里，夏洛克之所以能够迫使安东尼奥以割肉作为赔偿，正是由于前者在出借资金时只是进行了产权的部分交易。尽管割肉赔偿的要求过分，但夏洛克以免收利息为由，有权提出这一要求，而安东尼奥也有权拒绝这一不合理的条款。此外，这也可以被看成是夏洛克对安东尼奥的一种"敲竹杠"行径。从产权角度讲，生命只能是整体让渡，而且是一次性和永久性的。在胸前取走一磅肉，无异于取走整个性命。幸运的是，聪明的鲍西娅对肉、血和计量单位进行了区分，本质上是对产权束的进一步细分，从而提高了夏洛克行使产权的成本。这也说明了，产权的分割既不是越细越好，也不是越粗越好。产权分割的细致程度依赖于合约的约定和分割产权的成本。

现实中，更广泛的交易来自对部分产权束的交易。一些机构和组织充当了产权交易的平台，如银行、律师事务所、咨询机构、拍卖所、各种中介公司、经纪人、农业合作社等。这些平台的建立，旨在使资源流入善用者手中,从而在市场制度下实现资源的最优配置。例如,某人投资建造企业,如果他自己经营企业而获得的年收益低于职业经理人的,那么他将倾向于将企业交给职业经理人经营。此时,职业经理人获得了企业的经营权,而投资者获得了企业的收益权。企业所有者需支付职业经理人经营企业的年薪,价格介于自己经营获利和职业经理人经营获利之间。实际上,与其说职业经理人购买了企业的经营权,不如说企业家购买了职业经理人的经营服务。从另一个方面讲,职业经理人作为一种人力资本,也应流入善用者的手中。为自己工作还是为他人工作,取决于做职业经理人的机会成本。如果给自己干的人力资本收益低于给他人干的,毫无疑问,这个人会将这部分人力资本转让出去。

有限性

产权的有限性,指不同的产权之间必须有清晰的界限,且任何产权必须规定特定权利的行使范围,即有限性。对同一财产而言,不同权利如果发生分解或分离,其各自也必须明确界限。如果产权得不到清晰界定,权能的行使就无法有效进行,利益也无法实现,进而造成产权纠纷不断,产权的交易无法顺利进行。任何产权都必须有限制,没有限制的权利是无用的。它既可能是完全的权利并由此侵占他人的权利,也可能是不受任何保护而被任意侵害的权利。例如,对一块土地,两个主体各有一半产权,但是划分为两半的分界线在哪里却不确定或者不清楚,那么两个产权主体之间的矛盾就可想而知。导致的结果是谁也不能有效使用其一半产权,也不可能进行交易。有纠纷的产权既不可能交易,也不可能被有效利用。类似的问题,在转轨经济体中十分突出。这一方面是由于发展中国家在产权的初始界定方面本来就不清晰;另一方面,在转轨过程中,产权的变迁产生了很多新的模糊地带,这是产权纠纷频发的主要原因。

二 产权和所有权

(一)产权和所有权的分离

所有权可分割出让的属性,使一件物品的不同所有权或该物品同一属性的所有权的不同权利都是可以出让或分离的，因此，对同一件物品的不同权利，可以转让或赠予或法律规定让不同人所拥有，从而就引发了所有权和产权的分离。与所有权不同，一个产权可以衍生出另一个产权，且具有更广阔的外延性和经济意义。此外，产权还可以超越所有权行使权利。

设想当一个地主将土地让渡给农民使用后，农民在这块地上的劳作增加了土地的收益，最后地主将增加的这部分收益以工资的形式支付给农民。根据传统的经济学观点，这一过程可以被看作是一种对农民劳动力的交易。在现代产权理论看来，这事实上也是农民与地主就劳动力与土地使用权而进行的交易，即土地产权的交易。对地主来说，地主出让土地使用权增加了他们所得到的土地收益，故出让使用权的价格为负。这一现象反映出，所有权所涉及的各项权利可以归属于不同的组织和个人，而由于物品的属性复杂，同一物品具有不同的属性，所有者对每一种不同的属性都会拥有不同的权利。既然交易可以是一组或一个权利的交换，那么这也意味着交换某一个所有权的一个方面是可能的，比如只出卖使用权而保留收益权和处置权。实质上，所有权是可以分开出让的，一件物品的不同所有权，或该物品同一属性的所有权的不同权利都是可以出让或分离的，因此，对同一件物品的不同权利，可以转让或赠予或法律规定让不同人所拥有，从而就引发了所有权和产权的分离。

与所有权不同，产权具有衍生性特点。所有权强调占有，一项财产不可能被一个以上的主体同时占有，因此，一项财产的所有权不能衍生出多项所有权。产权强调控制和利益两种属性，一项产权可以衍生出多项产权。如果一家公司拥有某酒店的所有权，这种所有权是唯一的，不可能出现第二个主体或其他主体拥有该酒店的财产所有权。如果这家公司将该酒店租赁出去，则可以使自己在拥有所有权性质的产权之外，又衍生出一个租赁性质的酒店产权，归属该酒店的租赁者拥有。而且，酒店的租赁者可以凭借酒店的租赁产权进行法律或契约所许可的经营、收益、转租等其他产权束进行经济活动并受到法律保护。

需要指出的是，产权的衍生链条可以无限延长。有多少项合约约定，就可能有多少个产权链条。例如，某甲将拥有产权的房子租赁给某乙，某乙将该套房子转租给某丙，某丙将房子用于办公并委托给某丁全权管理，……这个产权衍生的链条可以无限延续下去，处于该链条上任何一个环节上的人或者组织，都将行使合约所规定的该套房屋的控制权和利益权。

产权比所有权具有更广泛的外延，能更深入地反映社会生活的复杂性，且现代产权范畴具有更为丰富的客观认识内容。产权的四种组成要素分别为所有权、处置权、收益权和使用权。其中，所有权强调占有，拥有某物的所有权就意味着同时拥有了该物的使用权、收益权和处置权，这些权利缺一不可。产权强调控制，拥有某物的产权。拥有产权不一定拥所有权，也不一定必须同时拥有该物的使用权、收益权或处置权。产权既可以同时拥有上述权利，也可部分拥有这些权利，或者拥有这些权利的不同组合，甚至同一权利也可分数不同的人或组织所拥有，因为同一权利是可分割的。例如，对某物的一项使用权可以分属于不同的人控制。一个煤矿的使用权可分为开采权、运营权。即使是开采权，也可更细致地划分为开采煤权而不包括开采该煤矿可能有的其他矿藏的权利。简言之，所有权表示的是财产权，产权表示的是控制权和利益权。由于控制权和利益权包含了财产权，这就决定了产权包括所有权。即凡是所有权都可称之为产权，而产权却不可都称之为所有权。产权比所有权的外延更大。产权不仅限于表示对于财产的处置、支配、使用、收益等权利，凡是有利益和控制存在的地方就有产权。

产权的经济意义表现在，它比所有权具有更广泛的可交易性，这取决于产权和所有权的性质。所有权的交易是一次性交易，仅指交易双方法律上的所有权属易位。产权的交易则是多项和多重的，有多少项合约规定，就可能衍生出多少项交易。甚至可以说，整个交易世界既不是商品交易，也不是劳务交易，而是产权交易。产权的这种广泛的可交易性，来自于它的可分割性。表示财产归属的所有权不能分割，属于谁的就是谁的。表示控制和利益存在的产权却可以分割，这种分割不仅是物质形态的分割，也可以是概念上或合约规定上的分割。例如，在某一时间某一条生产线归属某企业所有，这是所有权，是既定的和不可分割的（除非买卖或继承）；但是，在这条生产线上工作的 5 名工人，却可因分工将这条生产线的生产产权分割成 5 个部分，每人拥有其中一部分使用产权，并由此决定自身工作利益的存在和获取相应报酬的利益要求。

拥有某物的所有权但不拥有该物的产权，就不能行使该物的所有权的权利，当然也不能行使该物的产权权利。某人拥有某物的所有权，如果他将该物的使用权、收益权或者处置权出卖、出租或委托他人，他就失去了该物的相关产权。他将不能再对该物行使所有权权利，也不能再行使相关产权权利，尽管他在法律上还拥有对该物的所有权。如果某甲拥有某房屋所有权，但将房屋出租或出借给某乙，那么，在出租或出借的期间内，某甲将不再拥有该房屋的使用权。甚至某甲要进入某乙的房间，须得到某乙的同意，否则就被视为对某乙使用权的侵犯。当某甲将他的所有权所具有的权利赋予其他人如某乙的时候，某乙就拥有了对该物所有权所具有的权利，但某乙不拥有对该物的所有权。从经济学的意义上看，所有权不重要，重要的是谁拥有产权，或者说谁拥有控制权。产权，就是实际上拥有或控制财产的权利。

最后，产权可以超越所有权行使财产权利。所有权意味着仅在拥有物上行使使用权、收益权和转让权，如果不具有法律上的拥有，就不能够对财产行使任何权利。进而，所有权通常必须通过购买或继承得到，几乎不能通过制度规定而变更所有权。相比之下，产权却可以通过购买和制度约定获得。不受噪音干扰和享受新鲜空气的权利都属于财产权利，既可以通过购买获得，也可以通过法律和相关制度规则、合约约定获得。例如，购买空气更好、更清净区域的房子，比购买空气不好、声音嘈杂区域的房子要付出更高的价钱，高出的差额可视为对空气和清净的购买。同时，新鲜空气和清净也可通过政府法令或规则而得到。如果规定会议室禁止吸烟，以保证会议室的空气清洁，就是将清洁的会议室空气的产权赋予了参加会议的人。参加会议的人或许没有这间会议室的所有权，也不见得有这间会议室的各项产权，但是，却享有免受烟雾侵扰的权利。中国法律规定，免费搭乘他人汽车的人享有安全乘坐的权利。如果某人搭乘他人的免费车,而汽车出了事故损害到免费搭车的人,车主将负责赔偿。产权这种超越所有权行使权利的特征也可同时为当事人双方所共有,这常常会使得问题更为复杂,甚至难于处理。例如,跳广场舞的大妈们虽有权在公共广场上通过音响播放伴奏乐,却常常产生较大的噪音而侵害附近居民或其他在广场逗留的人的清静权利。现实中,类似的问题还有很多。正是出于对现实问题复杂性的应对,产权概念的引入,较之于相对简单的所有权概念,提供了制度约定的解决方案。

(二) 私有产权、公有产权和共有产权

私有产权

如果一个小偷偷了东西,那么他是否可以声称对盗窃物拥有私有产权呢?在法官看来,小偷不具有盗窃物的私有产权。但是在经济学的意义上,小偷拥有盗窃物的私有产权,因为他实际拥有这些物品的使用、转让、收益的权利。这意味着,经济学意义上的私有产权概念与法学意义上的概念不同。法律的目的是以权利的划分来协助法庭的裁决;而经济学的目的则是以权利界定作为约束条件,并以此解释人的行为。当约束条件变化时,人的行为选择就会跟着变化。阿尔钦从物品属性上界定了私有产权,他认为私有产权是被约束的权利,是对他人在资源使用方面做出的违背本人意愿选择的一种保护。例如,人们可以吃苹果,但不能用苹果打人。这种约束仅指对物质属性的选择,不包括对交换价值的影响。如果某人选择贱卖商品而因此行为承担了收入上的损失,前者指物质属性的选择,后者指交换价值的变化。私有产权也不包括他人以不合适的行为(只要不改变你的财产物质属性)使本人承受痛苦而给本人带来心理和感情上的影响(这项权利属于人权)。张五常则从产权的可交易性界定私有产权,他认为凡是可以在市场转让或交易的物品或资产都具有私有产权性质。那么,如果私有产权被法律或政府规制限定不能交易或限制交易时,它是否还是私有产权呢?答案是否定的。这部分产权只是名义上的私有,事实上已经丧失了私有产权性质,因为这部分产权已不归他本人支配,资产的价值已流入公共领域而具有了共有产权的性质。

在私有产权制度下，拥有产权的个人或组织可以根据自己的需要选择如何行使这些权利，包括对产权的控制、收益或者将权利交易转让。产权拥有者享有对产权处理的最终决策权。产权的使用，完全取决于个人的选择，由个人自主决定。私有产权最明显的特征是排他性，除了拥有者之外，任何其他个人或者组织在没有得到产权拥有者同意的情况下，都不得占有、损害私有产权，或者阻碍拥有者行使私有财产权利。简言之，私有产权确定了拥有这项产权的唯一的经济主体。

公有产权

国家，是公有产权的典型代表。此外，还有合伙制、股份公司等。与私有产权一样，尽管公有产权所有者拥有对财产的所有权、使用权、收益权、转让权或处置权，但这些权利往往不能被完全界定清楚，甚至一些权利不能被分割。由于不能确定产权的各个部分及其归属或保护，界定产权的各个部分的成本太高，人们发现组织起来形成共同体并共同拥有产权所获收益将会更大或成本更低，就逐渐衍生出了以上这些共同体形式。公有产权也受到正式制度和非正式制度的制约。由于产权性质不同，各种权利的分割和交叉导致了共同体内部成员对产权形式的不同拥有或者不同合约安排形式。例如，村庄的土地只限于村民使用，村外人是不可以使用的；而且，村民自身的权利也有缺失，尽管土地是公有的，但对它的利用却由村民直接控制，当意见不一致时，通常通过投票表决的方式决定土地的用途。

与私有产权相比，公有产权中的各项权利更容易落入公共领域而使得产权"租值消散"。所谓租值消散，是指当收益权和控制权不能正常行使、可以被他人所支配或控制的时候，这部分权利落入公共领域，从而导致这部分权利的价值丧失，即一项资产的市场价格与其残值之间的差额。一些公有产权制度甚至因交易成本高昂而面临破产。例如，中国1958—1978年实行的农村土地集体耕作制度，即人民公社制度，因为集体耕作权利的难以计量、监督和管理，导致这项制度因偷懒行为的泛滥而最终瓦解。

共有产权

由于界定和保护产权的费用太高或者因为政府或法律的限制，一些私有产权和公有产权会部分地落入公共领域而使租值消散，从而导致产权残缺。人们为降低租值消散而做出的种种努力解释了"纯粹"的共有产权形式非常罕见的事实。非排他性是共有产权的典型特征。例如，某人有权去一个水塘钓鱼，他人也可以这样做，这里的鱼塘就是共有产权。此外，共有产权不具有转让权或者说转让权价格为零。一项资产如果不能排斥其他人的使用权和收益权，该项资产的转让权就没有了意义，或者说转让该项资产的价格为零。因此，也可以这样定义共有产权，当转让该项资产的转让价格为零时，该项资产就具有共有产权的性质。灯塔、渔场、国防、公共医疗、教育等都是共有产权的典型案例。根据现代产权理论，这些之所以成为共有产权，正是由于界定和保护产权的成本太高而不得不弃之于公共领域，而共有产权导致公共品的产生并进而导致搭便车的行为。

综上所述，公有产权具有私有产权的性质，二者的租值都不能完全消散。相比之下，公有产权更容易落入公共领域成为共有产权。共有产权和公有产权存在本质上的不同，前者租金值为零（没有收益）且不具有排他权，而后者的租金值为正且具有排他权。对私有、公有和共有产权三者加以区分，是界定和保护好产权的关键所在。

三 产权的界定和保护

（一）产权的界定

界定产权，就是要确定产权的归属主体。产权，无论私有还是公有，只要明确界定，都会产生效率。如果产权界定不清晰或不被界定，产权就会失去归属主体，进入共有状态，从而降低组织的效率。在相声《五官争功》中，五官权责不明导致了激励机制的无效，进而造成五官相互争利和推诿的局面。这从一个侧面深刻折射出经济中存在的产权不清晰、权责不明确的严峻现实。对奖励的争夺，从人人争功到无人问津，最后奖金的归属问题无果，并造成了五官罢工的最终结局。这显然是因为产权的界定不清楚，每项器官的贡献没有界定而导致的激励机制缺失。类似地，国有企业的低效率就是产权界定不清或执行成本过高而导致的。过度的权利争夺造成产权落入共有领域，降低了经济绩效，造成租金的过度耗散。

界定产权有两个首要原则。第一，产权的初始界定是市场交易的前提；第二，产权的初始界定影响资源配置的效率。清晰的产权不仅可以将外部性内化，还能有效激励私人所有者维护和使用好资源。产权界定也关系到商品或劳务在生产、分配、交换和消费的各个环节。一方面，产权可以由科层组织通过指令界定，如政府对排污的限制政策、企业对加工和生产流程的规定等。另一方面，产权还可以通过市场机制界定，如配额、税收等。

巴泽尔指出，产权是动态的，进而产权的界定是一个相对性和渐进性的过程。由于产权属性复杂，而未来存在不确定性，因此完全界定产权是不可能的。随着技术方法的改进和产权属性相对明朗，产权将会得到重新界定。[①] 巴泽尔的观点，纠正了之前的经济学家对于产权界定非此即彼的看法，也使人们认识了产权界定的中间状态，以及各种资产权利结构中存在共有领域和租值消散问题。

如图 2-1 显示了产权不同属性界定的收益和成本变化及其公共产权区域模型。其中，R 代表界定产权的收益曲线，C 代表界定产权的交易成本曲线，根据边际递减规律，产权收益曲线 R 为凹状曲线，交易成本为曲线 C 为凸状曲线。初期，由于基本属性较为清晰，产权的界定成本较低，表现为收益曲线在交易成本曲线之上。而随着产权界定进程的推进，需要考虑一些不重要的或更为细微的属性被界定从而使交易成本增加。M 为界定产权的净收益曲线 $M = R - C$，在产权的界定程度达到均衡点 N 处时，M 等于零。该模型显示，一项资产的产权收益不可能无限大，产权的界定程度也不可能无限精确，它们都有一个最高值，分别记为 B 和 H。三角形 REF 是产权未被界定的公共领域，因为界定它的成本太高。该处的面积将随着产权收益曲线和交易成本曲线的变动而变动。

[①] ［美］约拉姆·巴泽尔：《产权的经济分析》，费方域、段毅才译，上海三联书店1997年版，第88—90页。

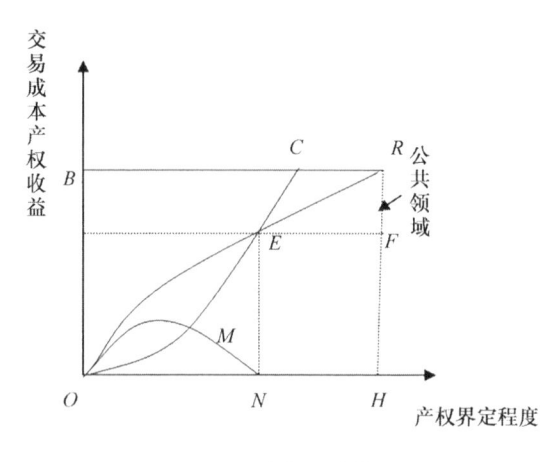

图 2-1　产权界定模型

产权的渐进性表现在，资产的价值随着时间的变化而变化。例如，技术进步会使得资产的属性价值排列发生变化，发掘出新的有价值的属性或者已经存在的属性的价值得到提高，反之亦应反是。随着资产有价值的属性变化，产权也会随之变化。产权主体的着眼点和界定的临界点都存在于"最后一个有价值的属性"上。因此，随着"最后一个（边际）有价值的属性"的变化，产权也在不断地变化，产权界定也就是这样的一个渐进的动态化过程。

（二）产权的保护

保护产权，是产权存在和产权交易的必要前提。因为如果产权不受保护，产权就不能存在，当然也不能交易，市场制度就失去存在的主体，经济将陷入混乱和凋敝。一个社会，只有建立起一套对人、财、物的排他性权利体系，自利的个体才会从背叛走向合作，社会整体福利才会得以提高。否则，霍布斯的"丛林规则"便会不断重现。这也是产权之所以优先于法权的根本原因。

从非合作博弈的视角看，产权保护制度的意义正是走出"囚徒困境"的策略选择。霍布斯曾描述过一种自然状态，在这一状态中，没有实施合约的权威，这意味着个人利益的追求和群体福利不相一致。

第二章　产权和产权制度

在这种两难困境的社会中，如果其他人即将诉诸暴力，每个人都会发现，先下手为强攻击其他人是最安全的。然而，如果其他人在这种自然状态下不用武力，那么他就可以抢占先机。"很明显，在人们尚未拥有一个个人敬畏的公共权威时，他们所处的境况就是战争；这种战争是所有人对所有人的战争。"① 从这个意义上说，产权保护，是一种对排他性产权的保护。

产权的保护机制多种多样，如宪法、成文法、普通法和行政法规等国家强制实施的规则、武力或武力威胁、价值体系和意识形态的灌输、习俗和习惯法，等等。凡此种种，都构成了走出产权"困境"的策略选择。在诸多策略组合中，我们是否可以考虑通过建立一套非强制性的产权制度，将经济和社会的发展建立在人们自觉、自愿的自发状态下呢？埃格特森通过将"囚徒困境"引入产权问题，建立了一个在无国家社会和有国家社会前提下，人类社会控制资源自由使用和确立排他性产权形成的社会机制模型。②

在一个无政府的社会中，没有正式的政府机构和警察、法庭、监狱等强制性的国家机构来保证私有产权安全。财产所有者的武力或者武力威胁是确立自身财产排他性权利和社会秩序的重要社会机制。假定有两个家庭甲和乙，每个家庭都有相同的武力潜能和侵犯倾向，每家都有 10 单位的净资产，每家都面临着两种行为选择：侵犯和不侵犯对方。两个策略的收益与另一家的策略选择密切相关，因而会有四种可能性的结果（如图 2-2）。

		乙	
		侵犯	不侵犯
甲	侵犯	4　4	18　2
	不侵犯	2　18	10　10

图 2-2　无政府社会对私有产权的保护机制

---

① Hobbes Thomas, *Leviathan, or, Matter, Form, and Power of a Commonwealth Ecclesiastical and Civil*, Cambridge: Cambridge University Press, 2006, pp. 383-384.
② ［冰］思拉恩·埃格特森：《新制度经济学》，吴经邦等译，商务印书馆 1993 年版，第 257—258 页。

按照"囚徒困境"的逻辑,当事人双方的最优策略为(侵犯,侵犯)。这是一个产权得不到保障的社会,最终会导致任何生产活动在经济上都变得得不偿失。解决社会困境须对决策者进行外部约束或者培养某种内在的守法诚信价值观念,从而改变收益矩阵中的相互关系,使得组合(侵犯,不侵犯)或者(不侵犯,侵犯)对于每一个潜在的侵犯者不再具有吸引力。可以通过引入一个仲裁者的办法来解决这个问题,以使得每一方都会预期对方会对侵犯行为进行报复。这样,(侵犯,不侵犯)或者(不侵犯,侵犯)就不可能再出现,从而使得支付矩阵变为图 2-3。

	乙 侵犯	不侵犯
甲 侵犯	4 4	0 0
不侵犯	0 0	10 10

图 2-3 有外部约束的私有产权保护机制

如果武力报复的威胁是确定的,理性的和追求财富最大化的家庭现在就会选择非暴力,当事人就会选择组合(不侵犯、不侵犯)策略,这一支付矩阵结果(10,10)显然要优于组合(侵犯、侵犯)策略的结果(4,4)。

在现代国家,自我强制、习惯法和价值体系对于阻止自由使用和有害的掠夺仍然是十分关键的。但是,那种早期的制度结构根本不能用来支持非相关个体间复杂的交换关系,这种交换关系伴随着高度发达的专业化生产和大市场、先进的技术及密集型的生产形态。如果没有国家以及它的制度和对产权的支撑性组织,高昂的交易成本将使复杂的生产系统瘫痪,也不会有涉及长期交换关系的投资。

如果我们将"囚徒困境"中的当事人换成一群为争夺地盘而战的鸟,并增加产权界定并不受侵害(即可被保护)作为一种策略选择,那么在新的故事中,鸟群都面对三种截然不同的策略,即"鹰"(H)、"鸽"(D)和产权(P),"鹰"派表现为顽强战斗直至受伤或对手撤退,"鸽"派则可能显示出敌意,但要是对手负隅顽抗的话,

第二章 产权和产权制度

"鸽"派就会飞走,以避免受伤。"鹰鸽产权博弈"较好地诠释了霍布斯所谓的自然状态。在图2-4中,地盘的价值为$v>0$,受伤则会付出代价$w>v$,但如果两只"鹰"派的鸟相互遭遇的话,其支付为$z=\frac{(v-w)}{2}$。当然,所有的类型鸟都可以采取与本类型("鸽"或"鹰")相符的混合策略。假定在位者始终选择"鹰"派而争夺者始终选择"鸽"派,则产权是其自身的最优反应。其中,产权对产权的盈利为$\frac{v}{2}$,高于"鹰"派对产权的盈利$\frac{3v}{4}-\frac{w}{4}$,也高于"鸽"派对产权的盈利$\frac{v}{4}$。

	H	D	P
H	(v-w)/2	v	3v/4-w/4
D	0	v/2	v/4
P	(v-w)/4	3v/4	v/2

图2-4 鹰鸽产权博弈

可以说,产权是该博弈中严格的纳什均衡。产权也是有效率的,因为在产权的相关均衡中,永远不会有鹰、鸽相遇的情况,也就永远不会有伤害。尽管产权策略并非鹰、鸽博弈的纳什均衡,但它却是一个具有产权规范的更大的社会体制中的相关均衡。①

在现实中,人们对已经拥有的财产的评价往往高于其未曾拥有的财产,即禀赋效应。禀赋效应在促成"自然"产权方面的作用在于,让所有者放弃其拥有之物的负效用超过得到该物的正效用,即损失厌恶。就此而言,在"鹰鸽产权博弈"模型中,无论是"鹰"派的残忍冷酷,还是"鸽"派的装腔作势,都难以被合理地视为固定且外生决定的。"鸽子"采取了与"鹰"同样的方式在竞争,只不过它们投入争夺的资源更少。同样,产权的价值还常常取决于其他因素,如产权被争夺的频率。拥有地盘的代价和收益,取决于高质量地盘的密

---

① [美]赫伯特·金迪斯:《理性的边界:博弈论与各门行为科学的统一》,董志强译,格致出版社2010年版,第29、145页。

度、搜寻成本,以及可能取决于种群中策略分布的其他变量。进一步地分析,则解释了人类历史上产权变迁的逻辑。

非合作博弈较为成功地解答了产权保护制度建立的必要性问题。对于产权保护的可行性问题,罗斯和夏普利的合作博弈模型也提供了一些颇有见地的思想。从合作博弈的角度讲,如果一个联盟处于"安全水平",则其成员之间会有激励达成交易以获取所有可能的共同利益。然而,受外部性问题的影响,博弈当事人的合作总显得不够稳定。换言之,合作博弈的"核"(或谈判范围)不稳定,这造成因谈判和再谈判所致的交易成本高企,甚至于合作瓦解。试想在一个产权得到清晰界定和有效保护的社区,任何人不得在未经他人允许的情况下往后者家院子里倾倒垃圾,那么每个家庭会承担各自的垃圾成本,并都把垃圾倒到自己的院子里。这样,联盟便具有了一个相对稳定的"核"。[1] 这期间,政府在界定和保护产权方面的角色便是当仁不让的。

在政府和产权保护之间的关系方面,诺思认为,社会的知识存量和资源禀赋决定了生产率和产出量的技术上限,即经济的技术生产边界。然而,对于各种产权结构,都存在一种从一切可行的组织形式中选择出来的结构性生产边界,这种结构性生产边界能使在技术性边界以内成本最小而产量最大。在给定技术及其他外生要素的情况下,产权体系确定了一系列可行的经济组织形式,而产权体系又依赖于社会的政治结构。并且,某些政治体制能够驱使结构性生产边界接近于技术生产边界,而另一些政治体制则不能。通常,移动结构性生产边界接近技术性边界需要政治变迁,因此,关于经济改革的收益性成本评估必须既包括政治变迁成本又包括维持各种体制的成本。

政府的职能在于保护产权。只有建立合理的产权保护秩序,才能够协调社会利益,并帮助博弈各方走出"困境"。正如卢梭所言,政府的职能就是保证每一个公民"被强迫得到自由"。换言之,就是要在个体没有个人激励去合作时保证他们无论如何也得做那些对社会有

---

[1] [美]阿维纳什·迪克西特等:《策略博弈(第三版)》,蒲勇健等译,中国人民大学出版社2014年版,第594页。

用的事。罗伯特·阿克塞尔罗德认为，如果支付的数值改变了，情况就可能从不稳定的合作转变为稳定的合作。所以，通过改变支付的数值来促进合作没有必要去消除背叛的短期激励与合作的长期激励之间的紧张关系，而只要使对双方合作的长期激励大于对背叛的短期激励就行。①

法律的作用在于激励长期合作。从这个意义上讲，通过法律手段保护财产权利，是一个好办法。几乎所有国家的法律都对抢劫、偷盗、非法占有等侵犯私有财产的行为给予法律上的惩罚，从而有效保护私有产权的安全。但是，如果使用法庭的费用太高，一些被侵占的私有产权将会被放弃，从而成为共有产权或任由财富被他人攫取。对于任何一个社会，低成本地提供私有产权保护都是十分重要的。对中国近年来有关土地产权纠纷的案例进行分析发现，这些纠纷的发生一方面是由于某些法律规定不清晰，另一方面则反映出一些纠纷中的法律维权成本过高。当法律维权成本过高时，人们通常会选择以其他方式维权，如上访、自我力量保护、坚守、人质要挟等。当然，后者也加大了社会的维稳成本。

在我国，产权保护制度的建设是通过相关法律法规的建立和完善进行的。我国宪法先后经过四次修正，以逐步加大对财产权利（特别是私有产权）的保护。1982 年，宪法肯定了个体经济的合法地位。1988 年，宪法修正案把私营经济界定为"社会主义公有制经济的补充"。1992 年，宪法修正案规定"国家实行社会主义市场经济"。1999 年，宪法修正案把个体经济、私营经济等非公有制经济界定为"社会主义市场经济的重要组成部分"。2004 年，宪法修正案更是明确规定"公民的合法的私有财产不受侵犯"，"国家依照法律规定保护公民的私有财产权和继承权"。改革开放以来，中国政府以经济建设为中心，有针对性地对那些符合本国特定阶段经济增长所需要的产权进行了有效保护，进一步促进了经济的繁荣。

---

① ［美］罗伯特·阿克塞尔罗德：《合作的进化》，吴坚忠译，上海人民出版社 2007 年版，第 88—93 页。

第三章　产权制度的历史变迁

一　产权制度的确立和演变

（一）制度变迁的方式

所谓制度变迁，是指在一定约束条件下，处于非均衡状态的制度为获得一定的利益诉求，通过创新或转轨的方式自发交替的过程。诺思认为，制度变迁是制度创立、变更及随着时间变化而被打破的方式，结构变迁的参数包括技术、人口、产权和政府对资源的控制等，正是制度变迁构成了一种经济长期增长的源泉。制度均衡是指这样一种状态，行为者的谈判力量及构成经济交换的总体的一系列合同谈判给定时，没有一个行为者会发现将资源用于再建立协议是有利可图的。需要说明的是，这种状态并不意味着，每个人都对现有的合约和规则满意，只是由于参与者改变合约的成本和收益使得这样做不值得，现存的制度制约、确定和创立了均衡[①]。

制度均衡与否体现在制度的安排和结构两个方面。当一项特定制度的供给完全适应需求从而处于相对静止的状态时，可以认为其制度安排是均衡的；而当不同制度安排之间的相互关系处于一种协调和相对静止的状态时，这意味着其制度结构是均衡的。相反，制度的非均衡是这样一种状态，即存在一种可供选择的制度安排和制度结构，社会主体从中得到的净收益大于从现有的制度安排和制度结构中得到的净收益，因而存在一个新的盈利机会，这时就会产生新的潜在的制度需求和潜在制度供给。当然，处于非均衡状态的制度不一定必然出现

[①] 诺思：《制度、制度变迁与经济绩效》，上海三联书店1994年版，第115页。

新的替代性制度安排，制度变迁的关键在于不同社会主体的博弈过程①。

制度的变迁是多方面的，具体表现在变迁的形式、速度、突破口、时间路径等②。根据变迁主体的不同，可分为诱致性制度变迁和强制性制度变迁，二者都是对制度不均衡的反应，是制度变迁最重要的两种方式。选择哪一种变迁方式取决于社会中利益集团间的权力结构和社会的偏好结构③。

诱致性制度变迁是指现行制度安排的变更或替代，或者是新制度安排的创造，由个人或一群人，在响应获利机会时自发倡导、组织和实行。此类变迁的发生必须要有某些来自制度不均衡的潜在获利机会。这些外部利润存在于尚未形成的新制度里，在现有制度的范围内，人们是不可能获得这些利润的。外部利润内在化的过程就是制度变迁的过程。这一过程有时是政府或国家力量默许、默认的情况下进行的，或是政府的精心安排但不是直接发动下，用获利的机会去诱导人们去自发地变革旧制度，创设新的制度。

诱致性制度变迁具有营利性、自发性、基层性、渐进性等特点。首先，只有当制度变迁的预期收益大于预期成本时，诱致性制度变迁才有可能发生。其次，基层行为人是诱致性制度变迁的主体。当外来利润或潜在利润出现时，这些行为主体会自发提出制度诉求，以打破原有的非均衡制度，这为制度的变迁提供了方向。最后，诱致性制度变迁是一种自下而上、从局部到整体的渐进变迁过程。由于对新制度的诉求源于基层，因此制度创新或转轨的成本能够在向后推移的过程中逐级分摊。特别是在变革初期，启动变革的成本巨大，且存在着诸多阻力和障碍，而通过在成本较低、阻力较小的区域开展试点的方式有利于将制度变迁中存在的问题化整为零。

诱致性制度变迁最显著的特点就是采取的方式是非暴力的、非突发式的，是一种需求试探性质的，以基层行为人或者企业对制度的需

---

① 卢现祥等：《新制度经济学》，北京大学出版社2015年版，第350页。
② 杨瑞龙：《论我国制度变迁方式与制度选择目标的冲突及其协调》，《经济研究》1994年第5期。
③ 卢现祥：《新制度经济学》，武汉大学出版社2004年版，第175—180页。

求来慢慢诱导制度的出台。在制度结构的安排上，也不是所有的制度全部安排好，而是根据制度的需求和决策的安排，逐步地推行，以避免社会产生大的动荡。

尽管诱致性制度变迁具有诸多优势，但面对诸如外部性、"搭便车"等问题时，这一制度变迁方式却难以解决制度供给不足的问题，即制度安排创新的密度和频率少于作为整体的社会最佳量。在此情况下，解决制度非均衡问题必须依靠一种不完全针对成本－收益变动具有自发反应的制度变迁主体——国家。

强制性制度变迁就是这样一种方式。它是由政府命令、法律引入和实行而导致的自上而下推行的制度创新。一般来说，政府凭借国家的力量，根据经济和社会发展的需要，不管其社会成员是否愿意，所进行的制度创新都具有强制性。

国家在制度供给上不仅具有规模经济的优势，而且在制度的实施及其组织成本方面也具有优势。首先，国家的强制性制度变迁可以在一定程度上弥补外部性或"搭便车"等所导致的制度供给不足问题。其次，国家的基本功能是提供法律和秩序，并保护产权以换取税收。统治者至少要维持一套规则来减少统治国家的交易成本。这些规则包括统一度量衡、维持社会稳定、安全的一系列规则。统治者的权力、威望和财富，最终取决于国家的财富，因此统治者也会提供一套旨在促进生产和贸易的产权和一套执行合约的程序。最后，制度是一种公共品，而公共品一般是由国家生产的，按照经济学的分析，政府生产公共品比私人生产公共品更有效，在制度这个公共品上更是如此。

从强制性制度变迁的主体来看，可以分为两种，即以中央政府为主体的制度变迁和以地方政府为主体的制度变迁。从对制度需求的回应来看，也可分为两种，即需求回应性的强制性制度变迁和没有需求的强制性制度变迁。从制度变迁的暴力性质来看，可分为暴力性质的强制性制度变迁和非暴力性质的强制性制度变迁。虽然强制性制度变迁有不同的类型，各种类型也有不同的特点和运用环境，但是从整体上来看，强制性制度变迁也有很多相同的特征（暴力性质的强制性制度变迁除外）。

政府是强制性制度变迁的主体，政府看到了潜在的租金或者潜在的产出，主动设计和安排制度，政府是制度变迁的推动力量。这一特点是各种类型的强制性制度变迁的共性。强制性制度变迁采用了自上而下的程序。因为政府是强制性制度变迁的主体，其程序当然是政府制定制度后，由各级地方政府或者部门来推行，直到制度起作用。强制性制度变迁具有激进的性质。不管是整体性的制度安排还是单项制度安排，都不是渐进的，而是制度一出台就一步到位，具有明显的激进性质。强制性变迁具有革命性。对整体性制度变迁，强制性制度安排能从核心制度开始进行改革，而不必像诱致性制度变迁那样先从核心制度的外围开始，逐步深入。

诱致性制度变迁和强制性制度变迁是相互补充、相互促进的，这有两方面的含义。一是当诱致性制度变迁满足不了社会对以及制度的需求的时候，由国家实施的强制性制度变迁就可以弥补制度供给的不足；二是制度作为一种公共品，也并不是无差异的，即制度具有层次性、差异性及特殊性，有些制度供给及变迁只能由国家来实施，如法律秩序等，即使这些制度变迁还有巨额的外在利润，任何自发性团体也无法获取；而另外一些制度变迁，由于适用范围是特定的，它就只能由相关的团体来完成。后一类的相互补充并不是由成本－收益比较原则决定的，而是由制度的差异性决定的①。

无论是诱致性制度变迁还是强制性制度变迁，都会表现出不同的变迁速度，即渐进性和激进性。当制度变迁的过程相对平衡、新旧制度之间的轨迹平滑，不引起大的震荡时，这一过程表现为渐进式。当制度变迁的过程表现为对既有制度的迅速废除或破坏，以及新制度的迅速制定或实施时，激进性的制度变革便会产生。同时，制度的创新或变革往往滞后于潜在利润的出现，因此制度变迁的过程并非立竿见影或一蹴而就之举，而是在某种程度上存在着时滞现象。例如，在潜在利润的辨识与初级行动团体的组建之间存在的认知和组织时滞、在制度方案间进行甄选时存在的发明和菜单选择时滞、在制度方案选择和实施之间存在的启动时滞，等等。在这一窗口期，一些影响制度变迁的重要方面如现存法律和制度安排、既定技术状态和新制度的发明

---

① 刘凤芹：《新制度经济学》，中国人民大学出版社2015年版，第275—276页。

等，都会受到有限理性、信息成本、意识形态等因素的影响，进而形成制度变迁的时滞现象。

如果说制度变迁面对既有法律、既有技术和启动时间等方面的时滞（或称惯性），那么在报酬递增、不完全市场和利益约束等方面则要面临某种"黏性"，后者决定着制度变迁的路径依赖。由于社会在本质上是一个有机体，其经济发展是一个动态过程，存在着多重而非单一的均衡状态，因此一些偶发甚或微小的因素都会对制度从一个均衡向另一个均衡迁移产生重大影响。首先，如果一种制度能够使人们从中获得更大的收益，那么就会激励人们对这种制度的学习，而随之产生的制度间协同效应又会进一步强化制度的初始变迁方向，形成自我强化或正反馈过程。此外，由于市场是不完全的，存在着不完全信息和交易成本，因此人们会受到不完全的信息反馈和既定路径的意识形态的影响，从而致使持久的路径和不良制度居于支配地位的状况。最后，利益集团间的博弈也会影响制度的选择和变迁。当主要政治利益集团的谈判力量相对均衡时，这个社会的制度就会长期处于锁定状态，而既得利益集团会竭力维护现有制度，阻碍新的路径选择。

有鉴于此，制度变迁往往会表现为激进式强制性（如俄罗斯的"休克疗法"）、渐进式强制性（如中国近年来的国企改制）、激进式诱致性（如我国1978年以来的农地制度变迁）和渐进式诱致性（如我国在家庭联产承包责任制确定后的农业制度变迁）等四种组合模式[①]。可以说，经济究竟向哪个方向发展，是"敏感依赖于初始条件的"。究竟选择哪一种组合模式，不能靠"拍脑门"或"拍胸脯"，而要本着科学的态度因势利导、因地制宜，否则极易造成事倍功半的结果。在这一问题上，美国华盛顿州渔场的治理经验颇具代表性。

19世纪50年代，大批白人第一次进入华盛顿州西部。此时，当地许多印第安人小部落已围绕繁荣的三文鱼渔业形成了自己的文化。1866年，哥伦比亚第一家罐头食品厂开始经营并获得巨大成功，很快罐头厂纷纷涌现。罐装技术的进步，提高了生产效率，促进了对三文鱼的市场需求。起先，三文鱼资源丰裕，渔民捕捞成本很低，只用

---

① 邓大才：《论制度变迁的组合模式》，《北京行政学院学报》2002年第4期。

诸如小型围网、鱼栅和漂浮刺网等简单的捕捞工具便收获颇丰。然而，在这样一个开放式渔场中，巨大的三文鱼需求促使渔民投入大量捕鱼工具，造成每单位捕鱼工具的捕捞量锐减，激化了捕鱼者之间敌对情绪，甚至演变成暴力冲突和政治斗争。70年代，华盛顿州和俄勒冈州开始立法，对哥伦比亚河上的商业性捕捞季节和捕鱼工具进行管制，这使得使用固定捕捞工具的渔民尽管人数较少，但承担着较多的税赋。1893年，华盛顿州立法当局通过了"三文鱼捕捞管制与许可"法案，仅对固定捕捞工具实施了限制，而对刺网捕鱼者或使用其他移动捕捞工具的渔民未加限制，也没有许可证要求。1897年，该州出台"三文鱼捕捞管制"法案，第一次要求刺网捕捞者必须获得许可证。此后，该州屡次修订法案，并于1915年颁布了"渔业法典"，以期使渔业法律系统化，但均存在着针对不同捕捞工具的歧视问题，以固定捕捞工具尤甚。

与哥伦比亚河相比，皮吉特海峡地区的三文鱼产业在早期相对落后。1877年，在位于西雅图以北20英里处的穆基尔特奥（Mukilteo）开办了第一家罐头厂，开启了这一区域罐装三文鱼生产的先河。随后，可观的收益吸引大批企业和个人投资建厂，促进了该地区三文鱼产业的发展。起初，这里的三文鱼捕捞情况与哥伦比亚河相似，渔民用几套简单的捕捞工具便可轻而易举地收获大量三文鱼。然而，到19世纪末，华盛顿水域发展成为一个巨大的鱼栅渔场，且无论在规模还是捕捞效率上都远超哥伦比亚河，这激起了采用较低生产力捕捞工具的消遣性钓鱼者和渔民的敌意，成为跨度长达40年的"三文鱼战争"的焦点。按照规定，为在鱼栅安置区获得私有产权，人们必须取得鱼栅捕鱼许可证（1898年之后，皮吉特海峡的捕鱼许可证费为50美元），以获得"包括保持、占据该位置并在此捕鱼，为此而更新许可证，以及抵押、出售和转让该位置等"的排他性权利。据估算，建造一个皮吉特海峡鱼栅的成本在5000—14000美元，且随着竞争的加剧而不断增加，这显然有利于资金雄厚且抗风险能力较强的大企业，如太平洋美国渔业公司，而对于那些并不富有的个体或企业而言则似乎有些望尘莫及。幸运的是，技术进步给这些"小人物"提供了契机。在1903—1906年，汽油发动机驱动的袋状围网成为传统鱼栅捕鱼者的劲敌，前者在捕捞效率方面具备绝对优势。一战期间，大量拖钩捕鱼者出现，使得三文鱼在华盛顿州管辖权外的公海即被捕捞，甚至连幼鱼都不能幸免，这使得那些曾经不可一世的袋状围网捕鱼者损失惨重。

面对强大的竞争对手，袋状围网捕鱼者几无还手之力，却须臾着将鱼栅捕鱼者逐出渔场，而大萧条则带给前者难得的可乘之机。由于失业率高企，劳动密集型生产技术远比劳动节约型生产技术更受青睐，而对"垄断者"和"大商人"产生怀疑也成为这一时期的典型特征。在这一背景下，华盛顿州的全体选民和立法机构开始对三文鱼渔场实施管制，并以保护鱼群为名宣布具有高生产力而节约劳动的鱼栅技术使用非法。1934年2月，三文鱼保护联盟向州务卿呈送了第77号立法提案，提出"在华盛顿州的任何水域中，建造、安装、使用、运用或维护任何张网、鱼栅、渔轮、平底驳船渔轮、原地网、鱼梁，或者以捕捞鲑鱼、鲑鳟鱼或硬头鳟为目的的任何固定装置，或者用这些方法捕捞三文鱼、鲑鳟鱼或硬头鳟，都是非法的"。在三年的激烈争论和斗争后，1937年参议院以压倒性多数维护了第77号立法提案。

第77号立法提案最明显的经济效应是它对私有产权的剥夺。本质上，该提案彻底摧毁了所有者投资的固定捕鱼工具，并彻底破坏了他们捕鱼地点的价值。据罗伯特·海格斯（Robert Higgs）推算，该法案造成的私有财产损失至少达到300万美元，这包括1933年用于固定捕鱼装置运营的686张独立许可证和1935年太平洋美国渔业公司为安装鱼栅所订购的价值275100美元的设施。遗憾的是，对于这些损失，州政府没有进行任何补偿。此外，该法案造成的社会损失也难以估量，且随着时间的推移，社会资源的浪费稳步增长。如今，综合地看，华盛顿州三文鱼渔场对国民生产净值所做贡献值为负。与渔业中所使用的所有劳动力和资本带来的附加值相比，社会性机会成本的无谓损耗和政府在搜寻、管理及管制方面的无谓成本是巨大的[①]。

---

① ［美］李·J. 阿尔斯顿等：《制度变迁的经验研究》，杨培蕾译，上海财经大学出版社2014年版，第219—247页。

从华盛顿三文鱼渔场的案例中可以看出，尽管制度的设计存在着潜在的收益，但如果对制度的创新或变革方式选择或实施不当，则仍然会造成无法弥补的损失。制度的变迁有可能导致技术的退步和效率的损失。在此案例中，渔场管制必然造成利益的再分配。当各种各样的利益相关者进行竞争时，那些与鼓励经济增长的政策相反的再分配政策更有可能被采取。这是因为多样性增加了进行附带支付的成本，附带支付是全体当事人都能够受益的支付。相反地，如果全体当事人在某个问题上有一致的利害关系，鼓励经济增长的解决方案就更有可能被采取。此外，合理的假设是，更为集中的利益集团往往会在影响法律制定的过程中胜过数量更大并更为分散的利益集团。而在华盛顿州的三文鱼渔场，更为集中的拥有上游技术的利益集团并没有取得胜利，是数量更大的、更分散的下游渔民使得更高生产率的技术成为非法，导致技术退步。对这个结果的解释是，在自然资源的管制方面，人们普遍掌握着"自然资源的供给是固定的"这一共识，从而格外强调公平。于是，对于那些有权通过某项法律规定的投票者而言，他们更加同情无足轻重的社会小人物，以确保财富不是享用自然资源的一种进入障碍[①]。

同样是华盛顿州的三文鱼渔场，再来看看早先的土著人是如何进行管理的。到19世纪50年代，北美印第安人在捕捞三文鱼行业中已发展出诸多工具，如鱼栅、鱼簖、抄网、鱼矛、鱼钩及鱼线、鱼叉以及各种各样的缠网和围网。同时，他们还根据当地人口规模和既有的三文鱼保存及运输技术设计出基于清晰产权的渔场管制制度，使该地区的三文鱼渔场在长达几个世纪的时间里不仅未遭破坏，且规模也没有缩小。印第安人的产权安排有时基于部落，有时基于家庭或个人，有时则兼而有之。使用固定的捕鱼工具捕捞鲑鱼的排他性权利是被承认和保护的，不同的权利所有者有权在不同的季节与河段进行捕捞。正如乔治·博尔特（George Boldt）所描述的那样，"一般来说，印第安人个人在他们居住的地域内拥有基本的用益权，在出生的地域内（如果与居住地不同）或者在有同源家族的地域内拥有许可的用益

---

① 刘凤芹：《新制度经济学》，中国人民大学出版社2015年版，第203页。

权。受个人权利主张的约束,大多数集团宣称特定水域的秋季捕鱼权归靠近的冬季村庄。春季和夏季的捕鱼区域距离更远,常常与来自其他村庄的其他集团共同分享……根据捕鱼工具的性质,捕鱼工具的控制和使用会有所变化。在构筑和(或)操作方面,某些工具需要进行合作努力。鱼箔被归类为合作性财产,但是,作为鱼箔组成部分的捕鱼站则是个人控制的"。

可以认为,印第安人所发展的渔场财产体系旨在鼓励以最低成本捕捞三文鱼,因此是一种具有社会效率的排他性产权制度。但是,对印第安人简单地拥有一定数量鱼的索取权,不可以强调过度;相反,印第安人的产权安排保证了他们有机会捕捞正常洄游的三文鱼,也就是说,没有人类中途拦截的洄游到特定河边渔站的三文鱼,可是,无论使用哪种捕鱼工具,都会有充足数量的逃脱者。①

德姆塞茨提到,"土著间的私有产权问题使人类学家着迷。他们所思考的一个重要问题是试图评价一个在'人造的'文明中不受限制的人的'真实特性'"②。的确,印第安人是聪明的,他们通过充满智慧的管理策略有效配置着权利和资源,通过成本和收益的权衡合理引导着制度变迁的路径。当然,他们在三文鱼渔场治理问题上的成功经验并非个案。在加拿大,那儿的印第安人早在18世纪初便通过在部落间划分狩猎区的方式确立了获取海狸皮毛的排他性权利,其结果是提高了该区域的社会净福利。相反,那些居住在美国西南部的印第安部落却并没有划分具有鲜明排他特性的狩猎区,主要原因在于,与那些价格不菲的三文鱼和海狸皮毛相比,西南部的平原动物价格较低,使刻意划分狩猎区较之于发展畜牧业显得有些得不偿失。更何况,这些食草动物还喜欢在田野里肆意漫跑,这让印第安人即使再聪明也很难通过建立狩猎区的方式不让它们往邻家宅地里乱窜,除非他们愿意付出高昂的成本。当然,如果这些印第安人真的这样做了,他们也就不再是"聪明人"了。无论印第安人在意的是三文鱼、海狸

---

① [美]李·J. 阿尔斯顿等:《制度变迁的经验研究》,杨培蕾译,上海财经大学出版社2014年版,第222—223页。
② [美]H. 德姆塞茨:《关于产权的理论》,转引自科斯等《财产权利与制度变迁》,上海三联书店1994年版,第96页。

皮，还是草地上的兔子或牛羊，他们都给我们留下一道难解的谜题——产权何来。

（二）产权制度的起源

20世纪初，现代经济学受到来自美国制度主义学派和德国历史学派的责难，起因于现代经济学无法提出关于产权起源的理论，进而不能对长期经济增长提供合理的解释。的确，即便是亚当·斯密也未曾想到，经过几代经济学人缔造的现代经济学大厦会因地基中缺少一个木桩而变得摇摇欲坠。这个"木桩"便是产权。由于受到历史上绝对产权观的影响，18世纪的人大多以为财产的权利域天生是完整的，也就是说，只要占有了财产就占有了财产的一切。但令他们倍感困惑的是，那些被奉为"神圣不可侵犯的"私有财产却时常遭受损害或劫掠，但这些行为却又丝毫不能撼动前者所标榜的神圣和不被侵犯的特权。为何一边造"神"却又一边渎"神"？这是因为人们只注意到产权的绝对性，而忽视了产权的另一面——相对性。

尽管探讨起源问题并不是本书的重点，但追根溯源的目的在于正本清源。只有对产权及其制度进行合理廓清，才能准确把握和理解产权的概念，并在此基础上构建起相应的制度。就像人们首先应对人之初始的界定达成共识，才能对堕胎行为进行法律规制，产权的制度设计也不例外，只有搞清楚我们是在什么语境下探讨什么样的产权，才能确保制度设计的方向，而最大限度地避免"鸡对鸭讲"的尴尬。例如，在大陆法系的语境下，产权往往只涉及有形的物品，而在普通法系的语境下，产权还涉及如专利、版权和契约之类无形的权利。此外，产权问题还可能涉及与客户的关系、友情等一些可以通过自我履行机制予以保障的方面。

在此，我们姑且按照权利的绝对性和相对性两方面对产权进行划分，即绝对产权和相对产权。尽管从法理的角度看，这种划分方式也存在一定问题，但用弗鲁博顿的话说，这"对于处理产权问题的制度经济学家来说，我们相信这种区分是有益的，即使早期的产权分析方法以及后来的合约理论得以在产权的框架内提出，而且有可能就两种类型的产权的相似之处和不同之处描绘出一幅层次鲜明的画面"。一方面，绝对产权针对非所有者并规定着遵守和违反相关约定的成本，不仅涉及土地财产等有形物品，还涉及如版权、专利权之类的无形物品。另一方面，相对产权是指赋予所有者"能够施加于一个或多个特定人身上的权利"，它可以产生自愿达成的契约关系中（即合约性产权），也可以由法令强制执行。① 可以说，相对产权来源于自由契约或强制性法令，是对产权的行为考量。在新制度经济学家看来，研究相对产权的意义在于，通过事前防范避免事后可能的机会主义行为，因此着眼于契约和组织方面。有鉴于此，本章所论述之产权制度的起源和演进将以绝对产权作为指要。

绝对产权和相对产权的划分，体现出产权的意向性特征，这是导致制度起源和变迁的关键因素。在诺思看来，意识形态是理解人类行为的"钥匙"。他指出，正是人类的意识及其意向性导致了不同的制度结构，进而影响着社会绩效。要增加对于变迁过程的理解，必须将人类社会学经验研究得出的人类行为丰富的细节整合到由意识带来的自我意识的复杂性质所导致的符合的信念体系中。秩序不仅是长期经济增长的必要条件，同时也是建立和维持构成个人自由和产权基础的各种条件的必要条件。在人类社会早期，神话、迷信和宗教等意识形态在维持秩序和引导顺从中起着重要作用，但它们也成为阻止制度变革、惩处异端和诱发冲突的因素。这就要求反映共同信念体系的共享心智模型转化为公认合法的一套制度，这一制度可以为秩序提供有效的参与和激励机制。② 根据诺思的逻辑，探讨产权制度的起源必须与相应的思想和意识形态相结合。尽管诺思成功分析了史前农业的产权制度变迁史，说明了人口与资源技术之间的关系如何导致了排他性产权的产生，但这对于我们在此分析政治经济因素影响下的产权制度变迁问题并无多少助益。这就像我们在追溯长江源头时最好将昆仑山脉和唐古拉山脉之间作为起点一样，在人类的历史长河中我们将截取具有国家性质的一段则既是出于技术上的考虑，也是本着"思维经济"

---

① ［美］埃里克·弗鲁博顿等：《新制度经济学：一个交易费用分析范式》，姜建强等译，上海三联书店2006年版，第56页。

② ［美］道格拉斯·C.诺思：《理解经济变迁过程》，钟正生等译，中国人民大学出版社2013年版，第40、93页。

的原则。此外，对于那些涉及断代史工程的古代文明，由于考证缺失、争议颇多，我们也最好闭口不谈，只把它们作为一段延长线，提供浮想的空间。

纵观西方产权制度的变迁史，可以看到，产权制度从创设伊始便带有强烈的知识性和意向性，融合了人类在宗教、神学、哲学及审美等方面的认知与感悟。可以说，产权依附于物，体现着人权，是一种人格化的物权。所谓私有产权神圣不可侵犯，既有本体论的特征又有认识论的意旨，既是一个历史概念又具有现实意义，因此把握产权制度需要加入认知和时间的变量。

在人类历史上，基督教对西方世界特别是欧美诸国意义重大，影响深远。作为一种重要的意识形态，基督教为西方产权制度的初创提供了原动力。在《圣经》中，神对以色列人说，"地不可永卖，因为地是我的"。这意味着，从占有权角度看来，土地具有神圣不可侵犯的一面，而在使用权方面，以色列人（所有者）则被赋予了永久的土地排他权。在摩西十诫中，对信奉唯一神耶和华的排他性诫命以及"不可偷窃""不可贪恋他人的房屋"等的表述，则进一步明确了终极权力和私有产权的界定。可见，在《圣经》的语境下，拥有私有产权是一件理所应当的事。尽管如此，早期的一些基督教教父却仍将私有产权视为人类堕落之后的产物，主张万物公有才是上帝的本意。如此，为私有产权正名，已不再是宗教神学所能独立完成的了，而维系天人关系的真理观需要有世俗境界的伦理与价值观才能指导实践。私有产权的孕育和创生，需要借助神学的婢女——哲学。

在古希腊的城邦秩序下，统治阶层拥有公有产权，由于缺乏私有产权的保护制度，农民、手工业者等所谓铜铁阶层时常遭到前者的盘剥或劫掠。公私产权之间日益尖锐的矛盾和冲突，导致政局不稳，社会动荡，这激发了这一时期诸多智者先贤的思考，成为日后官学各界认识产权问题的渊源。其中，以柏拉图、亚里士多德、伊壁鸠鲁学派和斯多噶学派等的影响最大。

柏拉图提出，"人们说：做不正义的事是利，遭受不正义是害。遭受不正义所得的害超过干不正义所得的利。所以人们在彼此交往过程中既尝试到不正义的甜头，又尝到过遭受不正义的苦头。两种味道都尝到了之后，那些不能专尝甜头不吃苦头的人，觉得最好大家成立契约：既不要得不正义之惠，也不要吃不正义之亏。打这时候起，他们中间才开始定法律契约"①。可见，柏拉图开创了从契约关系梳理法律秩序的先河，对后期产权的契约理论影响深远。此外，他还构想出一种制度，在这一制度下掌握公权力者和追逐私利者都会受到约束，以致前者不能肆意攫取后者的私有权利，而后者亦不能干扰前者管理公共事务。

尽管柏拉图的思想表现出浓厚的理想主义色彩，但却实实在在地影响着12世纪的西欧神学家们，他们将柏拉图的思想与基督教义相结合，以彰显上帝存在的绝对性和先验性。其中，圣奥古斯丁以人神立约取代了世俗契约，聚焦于私有产权和财产原罪方面，将私有产权视为一种自然条件，这影响了后世的众多学者，包括霍布斯和洛克，而后者从自然权利出发，又使产权观念回归世俗。霍布斯以人性为基础，分析了君臣间契约和臣民间契约两个方面，反映出17世纪王权对私有产权进行干预的客观现实。同样，在看到国王屡屡侵犯贵族和平民权利，甚至激发内战后，洛克提出缔结契约的关键在于共同的同意。在产权的缔约过程中，委托人应保有事后判断权和解除委托权，这是确保私有产权神圣不可侵犯的基础。很明显，自然权利关照下的产权是绝对性的。

与柏拉图强调德行、鄙视私产的观念不同，亚里士多德则更为关注产权的占有权和使用权两方面，认为适当的私有产权也会带来一定的善行，并且有助于避免共有产权中存在的问题，这似乎可以视作现代新制度经济学的早期启蒙。亚里士多德提出，"现在我们谈起使用财产的意思是说自己使用它，或者把财产分配出去；获得与保存金钱，在我们的心目中与聚集财产的程度有关。""接受现行的（私产）制度而在良好的礼俗上和在正当的法规上加以改善，就能远为优胜，这就可以兼备公产和私有两者的利益。财产可以在某一方面（在应用时）归公，一般而论则应属私有，划清了个人所有利益的范围，人们相互间争吵的根源就会消除；个人注意自己范围以内的视野，各家的

---

① 柏拉图：《理想国》，郭斌和等译，商务印书馆1986年版，第46页。

境况也就可以改进了。"① 这表明，亚里士多德强调现实中的私有产权本身就不是一种理想化极端化的模式，私有产权中含有公有的成分，因此不会出现绝对私有导致的缺陷；此外，他实际提出了新制度经济学的一个核心命题，即"定纷止争"，通过界定个人权利来解决经济冲突；最后，他暗含了由个人自利向社会最优的过程，认为界定清晰权利后，个人对属于自己的自然财富的追求就可以实现所有人的改进②。

当然，亚里士多德的思想在很多方面与中世纪的基督教神学是相对立的，因此有必要"把亚里士多德'转变'为上帝的奴仆，并使其学说成为支持基督教神学的有机组成部分"③ 的使命便落在了神学家托马斯·阿奎那（Thomas Aquinas）的肩上。他提出，私有产权有利于公共利益，既是合法的，又是必要的。"公有制可以归因于自然法，这并不是说，自然法规定一切东西都应公有，不准有私有权存在，而是说，并没有以自然法为根据的所有权之分，只有通过人们的协议才有这种区别；而像我们已经指出的那样，人们的协议是属于实在法的。由此可见，私有权并不违背自然法，它只是由人类的理性所提出的对于自然法的一项补充而已"。"人们只应当在有利于公共幸福的情况下把有形的东西保留下来作为他们自己的东西；各人都愿意在必要时同别人共享那些东西。"④ 尽管阿奎那的思想中存在着宗教教义的局限，但其将亚里士多德的自然哲学理念植入经院哲学，指出私有产权符合自然法，是人性中所固有的，是理性的产物，这为私有产权在中世纪的存在提供了依据。诚然，公有和贫穷仍是这一时期某些宗教派别所谓效法基督的标语，但毕竟，"恺撒的当归恺撒，上帝的当归上帝"。阿奎那在《论王政》中写道，"如果推举国王是民众的权利，那么一旦他滥用王权，沦为暴君，民众将其推翻或者限制其权力，不应该不合乎正义"。1215 年，英国贵族、主教和圣殿骑士团

---

① 巫宝三：《古代希腊、罗马经济思想资料选辑》，商务印书馆1990年版，第154、161页。
② 苏志强：《产权理论发展史》，经济科学出版社2013年版，第68页。
③ 丛日云：《西方政治思想史（第2卷）》，天津人民出版社2005年版，第283页。
④ 马清槐：《阿奎那政治著作选》，商务印书馆1963年版，第142页。

的团长们迫使约翰王签署了《大宪章》,并详尽列明一系列的产权清单。于是,十字架与宝剑联手驯服了国家,英人获得了自由和产权,为其日后独领风骚奠定了坚实的基础。①

继亚里士多德之后,伊壁鸠鲁学派和斯多噶学派分别本着各自的哲学理念提出了不同的产权观。这一时期,旧制度瓦解,国家丧失独立性,公民职责降为单纯的服从。公元前146年,希腊沦为罗马的一个行省。混乱与沦丧,使人们将关注的焦点集中于人生的意义,这必然使得以快乐为至善追求的伊壁鸠鲁学派和以品性、律己为最高追求的斯多噶学派深受欢迎,成为这一时期的主流。

根据伊壁鸠鲁学派的观点,人的本性趋向快乐,因此快乐是至善。社会生活基于利己原则,个体出于自卫考虑而结成契约关系(集团)。一切法度要以个人安宁为准则,各国的法度当因地制宜。换言之,为避免每个人受自利因素驱使采取损人利己的行为,社会必须建立一种契约制度安排,而国家正是个体出于追求自身快乐的原因通过契约结合的产物。这体现着典型的功利主义色彩。用18世纪英国功利主义哲学家边沁的话说,财产是一种对功利的渴望,而产权制度的目的正是要使从物质或其他资源中所获快乐最大化。的确,如果我们本着整体效用最大化的理念构建秩序,或许任何纠纷都可以得到貌似满意的解决方案。然而,即使由剥夺所有者权利所获利益在功利上超过其损失,我们真的以为剥夺私有财产就如此行为坦荡吗?可以说,建立在功利主义基础上的产权观会使所有者对其财产的权利变得不确定。因此,分配公平同样是产权制度不可忽视的问题。亚里士多德认为,尽管每个社会的公平原则不同,但通过其包括产权观念在内的制度和法律来增强自己的分配公平的观念却是一样的。当然,如果以美德为标准分配财富,则独裁不均便成为正当,这正是亚里士多德所主张的。那么,这样的公平也同样意味着所有者权利的不确定。不过,在这条路上,斯多噶学派走得更远,直至影响了整个罗马帝国。

斯多噶学派强调德行本身是唯一的善,不道德是唯一的恶,真正

---

① [美]罗德尼·斯达克:《理性的胜利——基督教与西方文明》,管欣译,复旦大学出版社2013年版,第61页。

有德行的行为是有意识地导向最高目的或目标的行为。在大同的国家里，只有一种法律和一种权利，即天赋的法律和天赋的人权，因为只有一种宇宙理性。在这里，道德是区别公民的唯一尺度和唯一标准。与伊壁鸠鲁学派一味追求个人利益而漠视公共事务不同，斯多噶学派鼓励人们参与政事，认为每个人都应怀着一颗全球人道主义之心为自己的国家和人民谋福利，个别国家的法律必须植根于大同国家大同的法律和正义之中，天赋人权是成文法的基础。① 斯多噶学派的观点无异于打破了古希腊城邦间的边界，同时给产权制度赋予了自然法的理论体系，深刻影响了罗马法的制定，进而对17世纪的产权理论产生了深远影响。

罗马法在自然法的基础上建立起对私有产权一视同仁的法律体系，界定出公法和私法的界限，并将契约观念嵌入其中，以期通过协调个体间的产权关系形成良好的社会秩序。罗马法是绝对产权观的早期成功实践，而产权的绝对性则集中体现在对物的绝对支配方面。可以认为，"物权基本上是一个所有权制度问题，而继承权和债务实际上不过是由物权派生出来的，并由物权所决定的问题"②。在对物的处理上，又分为人法物和神法物。其中，人法物又有公有和私有之分，从而明确了公产和私产之间的界限。加之私法对私人权利的保护，使得公权力对私有产权进行干预在理论上变得不可行。值得注意的是，产权的保护在罗马法中主要包含返还原物、排除妨害、恢复占有等几个方面，这在实践层面上对于维护秩序稳定和私有者利益是有效的，但是这也暗示了在产权问题上，对绝对产权侵犯的结果应当是而且只能是侵犯方以某种形式补偿所有人的损失或者恢复原有的权利域，而这一思想，在很长一段时间内，不断影响着对产权理论的认识。③

综上所述，产权制度的起源不仅基于一定时期的经济基础，还取决于特定的意识形态，即社会意向性，包括宗教、哲学、政治、法律

---

① [美] 梯利：《西方哲学史》，葛力译，商务印书馆2003年版，第103—122页。
② 曲可伸：《罗马法原理》，南开大学出版社1988年版，第160页。
③ 苏志强：《产权理论发展史》，经济科学出版社2013年版，第91页。

等。如果以古希腊作为分析的起点，则会发现在城邦制下的私有财产是缺乏制度保障的，社会成员处于一种类似"囚徒困境"的非合作博弈环境中，这反过来又推动了新的社会意向性的形成。受古希腊思想影响，古罗马构建了绝对产权制度的雏形，为后期西方产权制度及相应法律体系的建立和发展提供了宝贵经验。受海德堡契约神学的影响，契约政治理念在法国和德国萌发，并被后期英国的洛克、霍布斯等人所发扬光大。17世纪中叶，威斯敏斯特会议的召开，则在政治上催生了英国的契约民主政治，拉开了现代产权制度变迁的序幕。

至此，我们已经探讨了现代产权制度的历史起点，尽管并不完全，但我们不会驻足于此，因为对于产权制度的变迁而言，每一次创新或变革都是一个新起点，探索其背后的成因实为必要。按照通常所说，产权制度的变迁大体经历了三个阶段，即排他性产权制度、可转让性产权制度和与各种组织模式创新相联系的产权制度等。首先，人类社会早期的历史在某种程度上讲就是建立排他性产权制度的历史。其次，在建立可转让性产权制度的阶段，产权的交易、转让与社会分工、市场制度的发展联系在一起。最后，在新型经济组织层出不穷时，产权关系的确立必须与之相适应，如股份公司制度的建立使产权的分割、转让、交易等更加容易，从而使产权制度效率不断提高。对各时期产权制度的变迁进行有效分析和把握，不仅要考虑经济因素，更要考虑政治因素。同市场一样，政府在产权的起源和演进过程中也扮演着举足轻重的角色。正如利贝卡普所言，认清建立和修订财产规则和法律背后的政治谈判过程对研究产权制度的变迁十分重要。

20世纪60年代，经济学家开始利用新古典主义经济学研究方法对产权起源问题进行分析，试图发现产权制度变迁的内在逻辑。早期的理论，逻辑起点建立在界定排他性产权的成本-收益比较和内在化成本问题上，而并未涉及法律规范和政治制度。随着研究的深入，经济学家引入利益集团和国家因素，逐渐丰富了该领域的研究。

1967年，德姆塞茨发表了《关于产权的理论》一文，提出"新的产权的形成是相互作用的人们对新的收益-成本的可能渴望进行调整的回应"，"当内在化的所得大于内在化的成本时，产权的发展是为了使外部性内在化。内在化的增加一般会导致经济价值的变化，这些变化会引起新技术的发展和新市场的开辟,由此而使得旧有产权的协调功能很差"。他以加拿大北部印第安部落土地私有产权的形成为例指出,毛皮贸易的发展增加了海狸皮的需求,在利润的驱使下(即收益大于成本的条件下),印第安人通过划分狩猎区建立了排他性产权关系,避免了无序竞争和过度狩猎。这一逻辑同样适用于美国西北部的印第安部落。相反,当建立排他性产权的收益小于成本时,这一尝试便会被搁置,这解释了为什么美国西南部的印第安人没有建立具有排他性产权性质的狩猎区,因为阻止那里的平原动物跑到邻近土地上的成本相对较高。对此,埃格特森(Eggertsson)指出,这种产权制度并没有对海狸数量提供长期有效的保护,因此德姆塞茨的理论是一种"幼稚的产权起源论"[①]。此外,沃依格特(Voigt)指出,德姆塞茨的思想中隐藏着两个有待商榷的假设:首先,政府在界定私有产权时是否具有仁爱之心。其次,是否存在着正的政治交易成本[②]。这意味着,对产权起源的分析需要引入国家和政府的因素。

值得注意的是,行为经济学领域的一些研究给德姆塞茨的"幼稚理论"提供了注脚。研究发现,在承认产权方面,人类和很多其他物种都存在"损失厌恶"的倾向,即所失之痛大于所得之乐。产权的观念或许不是现代文明的产物,而更有可能萌生于人类早期的采猎社会中。现代产权观念是建立在人类行为倾向上的,而这种倾向是我们与诸多非人类物种所共有的,因此不能忽视产权制度自我实施的"自然"行为。实验表明,孩子在认可和保护产权方面所采取的行为规则与某些动物行为类似。[③] 在一项对 11 个幼儿(12—24 个月大)和 13 个学龄前儿童(40—48 个月大)的群体观察中,研究者们发现,每个群体都形成了相当稳定的具有自主支配权的等级体系,且支配权和优先占有存在紧密的联系。其中,在幼儿组占有情节平均为 11.7

[①] Eggertsson, Th., Economic Behavior and Institutions, Cambridge, Mass.; Cambridge University Press, 1990.

[②] [德]斯蒂芬·沃依格特:《制度经济学》,史世伟等译,中国社会科学出版社 2016 年版,第 110 页。

[③] Furby Lita, "The Origins and Early Development of Possessive Behavior" Political Psychology, 1980, 1, pp. 30 – 42.

次/小时，在学龄前儿童组则为 5.4 次/小时。在幼儿组中，反抗与支配权是正向的，而在学龄前儿童组却是负向的。幼儿承认占有是主张控制权的基础，但对他人却并不尊重这种权利。学龄前儿童则会依据距离上的最近原则，来证明其占有的合法性并尊重他人的这种权利。[①] 可以说，正是这些自发的、分散化的和自我实施的"自然"行为倾向奠定了产权制度变迁和确立的基础。[②]

如果以上结论成立，那么诺思对远古时期人类由采猎向定居农业社会过渡时的产权变革逻辑则同样适用于现代社会。在他看来，当动植物资源相对于人口数量而言变得稀缺时，人类便有激励对前者建立排他性产权。不过，诺思更大的贡献还是将国家理论引入产权学说。1981 年，他出版了《经济史中的结构与变迁》一书，提出新的国家理论，对无效产权是如何产生的进行了解释。在引入国家理论后，针对产权制度的研究便突破了经济效率层面的局限，从"幼稚"走向"成熟"。

（三）产权制度与国家

美国政治学家亚当·普沃斯基（Adam Przeworski）指出，一个经济体只有在国家采取适当的政策时才能有效运作。即使是最激进的新自由主义者也认为国家应该提供法律和秩序，保护财产权，执行契约，防御外部威胁。而由于市场不完全和信息不完美，国家需要扮演更重要的角色。市场并不一定能够有效分配。即使政府和个体拥有同样的信息量，政府的某些干预无疑也会提高福利。通过政治过程分配资源和市场的自由运作相异，不仅因为市场不一定有效，而且因为人们也许会通过决策来追求不同的目标，这不同于作为经济行为人的效用最大化目标。通过政治过程所表达的偏好和真正通过市场所实现的偏好，会由于分配正义的考虑而有所不同。

[①] Bakeman R and Brownlee J R, "Social Rules Governing Object Conflicts in Toddlers and Preschoolers" in Kenneth H Rubin and Hildy S Ross (eds.) *Peer Relationships and Social Skills in Childhood*, New York: Springer-Verlag, 1982, pp. 99 – 112.

[②] [美]赫伯特·金迪斯：《理性的边界：博弈论与各门行为科学的统一》，董志强译，格致出版社 2010 年版，第 149 页。

第三章 产权制度的历史变迁

普沃斯基进一步指出，市场是分权机制，国家是集权机制。市场和国家总是由某种特定的方式被组织起来，而如何被组织至关重要。如果没有集权的执行机制作为后盾，那么广泛的匿名交易是不可能的。可以说，国家无处不在。资本主义是大多数生产资料归私人所有的系统。但在资本主义制度下，产权在制度上截然不同于政治权威：这种划分对于市场的存在而言是十分必要的。奴隶主或封建领主集生产工具所有权与政治统治者于一身。而资本主义雇主对工人不拥有超越劳动合同之外的权力。结果就产生了可以将资源配置于各种用途以及分配给家庭的两种机制：市场和国家。[①]

产权制度植根于一国的国家制度并与该国政治、经济、文化等环境相适应，其建立和发展受到国家和利益集团的制约。在奴隶制国家，奴隶是私有产权的一部分，而在废奴的国家里，奴隶变成了自由人，且不再是私有财产。由于产权对财富和政治权威的分配同时进行了界定，产权制度的变化不再单纯受到效率方面的影响，而更多受到来自国家和政府方面的影响。

国家作为一种特殊的制度安排形式，它与企业和市场一样，是一种组织形态，是调节资源配置的一种交易形式。新制度经济学认为，理解国家的关键是"解释由国家界定和行使的产权类型以及行使的有效性"[②]。作为制度的最大供给者，国家提供着政治、产权、司法和经济等各种制度形式，并在其领土内拥有宪法赋予的使用强制性制度的垄断权。然而，国家不是从来就有的，国家的起源是由非正式制度到正式制度、从低层级到高层级制度安排演进发展的结果，亦是制度安排发展到一定阶段的产物。从产权意义上讲，国家与企业有很多相似之处，因此在组织形式方面可以相互借鉴经验。但需要强调的是，国家更是一种政治制度，其以最高权威身份着眼公共利益的独特性是使之与企业相区别的重要方面。一方面，统治者有追求税收或社会产出最大化的激励，但在制定具体的目标时，国家的"战略决策者们"

[①] [美]亚当·普沃斯基：《国家与市场：政治经济学入门》，郦菁等译，格致出版社2015年版，第1—2、11—13页。
[②] [美]道格拉斯·诺思：《经济史中的结构与变迁》，上海三联书店1991年版，第21页。

◇　产权保护与经济增长

认知能力是有限的，往往部分目标相冲突。[①] 此外，一国社会关系的形成，则是靠个人在时间和精力方面的投入。[②] 就此意义而言，国家与企业（或经济组织）是相似的。另一方面，国家是最高权威，且能够制定自己的法律，而企业则受制于国家权力，必须遵守国家的法律，这是二者间最大的不同。

政府是国家的代理人，国家通过代理机制实现公共治理。政府通过行政权力行使国家赋予它的职能，并致力于在自由和权威中寻找平衡。刘易斯指出，政府可以对经济的增长产生明显的影响。如果政府处事正确，就会促进增长。然而，如果它们做得太少或太多，或处事错误，就会妨碍增长。政府靠服从来统治，否则因一再崩溃而重塑秩序的成本会很大。因此，不仅要建立正确的制度，更要以自己的行动使人民认识到服从是一种权利并甘愿服从。经济发展可能会使服从比较容易，因为可以把更大的权力集中在政府手里，并以相应的宣传工具来影响人们的思想。因此，一国应保持一支有效的警察部队、有效的法庭和一个忠诚的政府，以保护人民的财产和人身安全，维护社会秩序。

政府最重要的职能便是对产权的界定和保护，即建立产权制度。政府可以通过公权力变更所有权权属，确定产权的交易范围、交易方式和交易对象，控制产权分配的方式和资源配置的方式，并根据不同利益集团的诉求提供不同产权安排倾向的制度。不过，不同利益的诉求是来自多方面的，例如，竞争性的选民压力、利益集团冲突、政府的性质和自身的偏好、有限理性等。同时，政府也会通过垄断资源、制度限制等方式改变产权所属方向，当然如果不加约束，也可能沦为权力寻租和滋生腐败的温床。历史上，公共权力的特权是常见的，这些特权不仅使私有产权受到侵害，而且也是无效率的和不公平的。因此，产权制度总是需要在集体行动机制与保护者的权力间进行博弈。

诺思指出，国家是由社会中的个人所组成的政治组织，它作为社

---

① Eisenhardt K M and Zbaracki M J, "Strategic Decision Making" Strategic Management Journal, 1992, Vol. 13, pp. 17–37.

② Starr J R and MacMillan I C, "Resource Cooptation via Social Contracting: Resource Acquisition Strategies for New Ventures" Strategic Management Journal, 1990, 11, pp. 97–102.

会的"保护者"拥有垄断地位,并能建立和实施开展社会互动的法律框架。它是采取联合行动的组织。与其他任何组织一样,个人只是在其所贡献的资源份额意义上是组织的成员,国家的合法领域也只能够延伸到个人作为公民向国家权威所让渡的资源范围内。正如大多数组织中,受组织控制的资源和不受组织控制的资源之间的分界线可能是模糊的,对国家而言,私人领域和公共领域之间也会有所变动,因此二者之间的界限也会是模糊不清的。尽管如此,像大多数组织一样,对于大多数国家而言,我们仍然能够区分出哪些资源是作为公民的个人让渡给国家控制的,哪些是他们留下来由自己或由非国家组织处置的。当然,把国家看作一个组织并不是忽视国家与其他组织之间的区别。既然国家制定和实施"游戏规则",国家也就在很大程度上控制了制度环境。然而,尽管国家为整个社会提供了法律保护伞,作为公民的个人能做什么(或被要求做什么)与作为私人的个人在这一法律保护伞的约束之下能做什么之间仍然存有区别。

国家秩序的维系,必须以一定的契约关系为基石,而一种稳定的社会状态,则必然要求其中的一部分契约关系是自我实现的,即自我履约。新组织经济学将产权理论、交易成本和契约理论等新制度经济学研究范式相结合,将国家视为自我履约协议原理在人与人之间特别复杂的长期关系网络中的运用。该理论认为,对社会进行完全的统治是不现实的,因为这会带来极高的交易成本,社会秩序的维系必然要求人与人之间建立一种隐性(或显性)政治协议,而最低程度的自愿合作是必需的,这需要其中的部分协议是自我履约的。

首先,国家必须制定宪法并保障其得以贯彻执行。宪法规定了选民的产权结构,其目标是最大化国家的租金,而后者受政治和经济交易成本的约束。为达此目标,国家必须提供一系列的公共(或半公共)品和服务"以便降低作为经济交易基础的契约定义、判断和执行成本"。

其次,国家规定产权的目的是最大化其垄断租金。问题在于,当国家通过其代理人征税时,由于信息的不对称,必然出现道德风险。在任何国家制度下,委托-代理问题都是难以避免的,而国家的垄断租金在一定程度上有被其代理人挥霍的风险。如此,如何合理配置公私产权则成为国家治理的枢机。

最后,居民的资产专用性投资先天性地约束了其对母国的依赖,这使得国家或其代理人采取机会主义行为成为可能。国家之间和内部力量之间都存在着广泛的竞争,并且替代者越近,国家拥有的自由度越小,而居民在增加的收入中获得的比重就越大。尽管如此,一国居民要想改变现状或离开本国,则要面对高昂的机会成本,即居民的专用性投资(沉没成本)。受到语言、习俗、宗教和文化的因素的约束,本土化程度越高的居民面对的这一成本越高。此外,还涉及投入其家庭、朋友和业务关系中的成本。这意味着,大部分居民很难改变自己的处境或国籍,这便为政府的机会主义行为提供了可能。按照这一逻辑,随着一国经济的增长,居民财富迅速增加,使得一部分居民的迁移成本降低,在产权保护缺失的条件下,个人的"沉没成本"小于国家的"替代成本",进而造成人口和财富的外流。[①]

在既有的约束条件下,那些能够最大化社会产品的产权结构未必能够最大化统治者的长期垄断租金。这样,统治者会考虑首先满足于那些最接近具有"替代性"特质的利益集团以稳固其权力。此外,考虑到决定和征集税收的成本,统治者可能偏好效率相对低的产权结构以实现其收益最大化目标。这些都会影响有效产权制度的建立,甚至形成一种"路径依赖"。例如,法国通过国家创设经济制度的激励就同其经济绩效背道而驰。既然统治者的决策是由利益集团之间反复博弈的结果,那么你争我夺、针锋相对式的参与策略能否持续?对此,曼瑟尔·奥尔森(Mancur Olson)提出的"集体行动的逻辑"颇具洞见。[②]

奥尔森提到,在20世纪20年代的中国,战乱频仍,军阀与军阀、军阀与匪寇、匪寇与匪寇之间冲突不断,一些军阀在抢夺并控制了地盘后受到了当地百姓的拥戴。冯玉祥的军队就是这样。当他率军镇压了匪寇并控制了地盘后,便开始对当地百姓征收保护费。从此,

---

[①] [美]埃里克·弗鲁博顿等:《新制度经济学:一个交易费用分析范式》,姜建强等译,上海三联书店2006年版,第534—536页。

[②] [美]曼瑟尔·奥尔森:《集体行动的逻辑》,陈郁等译,格致出版社2014年版,第5—10页。

常规性的收费代替了偶发性的劫掠。统治者成为一隅之主，并将收益的一部分用于公共领域。同时，百姓免于劫掠之苦，获得了创造并保护财富的机会。正是这种"共荣利益"，使得当地百姓非但没有惧怕和反对他，相反却希望他能一直留下来。一方面，与大规模的劫掠相比，常规化的财富攫取只占百姓财富的一小部分，这不仅确保了当地生产力的持续发展，也保障了一个稳定的税基。另一方面，与流寇相比，坐寇相对稳定，这客观上激励着后者在最优窃税率下为其"纳税人"提供诸如公安、道路等公共品，直到其投入到公共品上的成本等于从产量增加中获得的最大收益为止。

可以说，坐寇，不是一匹捕食鹿的狼，而是一个要确保其所养的奶牛能够得到护养的牧场主。在奥尔森看来，这要比无政府状态好得多，而这也正是古罗马帝国、西班牙哈布斯堡王朝、波旁王朝获得显著经济增长的原因。但不幸的是，这些曾经不可一世的庞然大物，都要面对巨大的财政赤字和债务危机，政府无法有效运转，公共品严重匮乏，最终不得不以失败告终。这说明，仅凭激励的动机建立秩序是靠不住的，国家必须建立在社会契约和自愿交易的基础上。否则，巨大的信息黑洞将迅速吞噬公共领域的财富空间，进而威胁到私人利益。海中怪兽，不仅能够保护子民，也可以以后者为生。问题的关键在于，要用法治的牢笼约束好绝对的权力。只有那些能够将威权决策置于公共利益之下的制度才是经济增长的有效保障。他提出实现经济成功的两个必要条件，即要有对所有人都稳定的且界定清晰的财产权利和公正的契约执行权利，以及没有掠夺行为。对产权越是尊重的国家，经济成功的可靠性越大。产权保护的法律秩序是否健全，是经济增长的关键。在战后的日本和联邦德国，在占领者的主导下，制度开始重建，一些具有"共荣利益"的组织得以建立，如联邦德国的工会组织和日本的商会。正是这些因利益相连的复杂组织促成两国经济的高速增长和社会的相对稳定。

在对待公有财产问题上，奥尔森强调，公共品的非排他性和非竞争性本质提供了政府征税的正当性，从而可以避免军队、警察和法庭等提供权利保护时的"搭便车"现象。他认为，几乎所有的集团和组织都服务于其成员的共同利益。组织的实质之一就是它提供了不可分的、普遍的利益。一般说来，提供公共或集体物品是组织的基本功能。当然，任何组织，包括政府本身，都必须提供一些非公共品，如电力，以吸引潜在的成员加入。然而，成员对其所在组织的影响往往是微乎其微的，却总能享受其他人带来的好处。事实上，提供公共品正是组织得以存在和延续的必要前提，因为个体总会通过不同方式获得非公共品，而对于像国防、治安等公共品来说，通常是个体所无法承担的。尽管小型集团可能会采取类似集体行动的策略，但大型团体却不会自发地这样做，后者则需要国家的强制权力。流寇与坐寇之间的行为差异，正说明了后者的内在兴趣是如何导向非征税以及是如何导致与臣民共用公共品的。

奥尔森同时强调，集体行动是困难的且不容易成功，而广泛的讨价还价也很难促成社会的效率和公平。对于那些庞大的群体来说，如消费者、纳税人、失业者和穷人，他们不仅人数众多，而且缺少选择集体行动的激励机制，因此常常被排除在讨价还价之外。在这种情况下，既有集团则有激励制定一些损人利己的政策，让那些尚未形成组织且被排斥在讨价还价之外的人承担政策成本，而自己却可以从中渔利。尽管这些行为出于自利，但对社会整体而言却是缺乏效率和有失公正的。此外，讨价还价的成本以及缓慢的决策过程必定损耗社会的整体效率。[①]

在巴泽尔看来，奥尔森的"集体行动"假定制度是给定的，没有涉及制度和法律规则的源起，因此无助于解决绝对权力异化的问题。[②]他认为，国家是一群个体和一个疆域的集成，前者要求这些个体臣服于一个使用暴力执行合约的单一的终极第三方，后者则既是这些个体居住的地方，也是实施者权力所及的范围。国家范围，是暴力维系的第三方所实施的协议价值与一国境内总产品的价值之比，总产品包括输入的产品。在这里，核心是权力维系的第三方实施。

集体行动机制的长期存在，要求机制中的任何一个个体（或者由

---

① [美]曼瑟尔·奥尔森：《国家的兴衰》，李增刚译，上海人民出版社2007年版，第71页。
② [美]约拉姆·巴泽尔：《国家理论：经济权利、法律权利与国家范围》，钱勇等译，上海财经大学出版社2006年版，第31—35、167—168页。

个体组织的有组织的子群体）的权力在任何时候都不能大到超过组织的其他部分的权力。这个条件在组织生命周期中都应该满足。然而，群体成员的数量也不能太小。如果数量太小，那么，对于极少的个体来说，造成其权力增加的外生变化，就极易破坏为保持机体行动机制所需要的平衡。组织起来以采取集体行动的个体的数量较小，但是也要超过一定的最小数量。

尽管在集体行动机制和保护者之间存在权力均衡，但双方所面临的问题显然并不对称。一方面，保护者可以通过接管的办法改善自己的境遇。另一方面，集体行动组织需要保护者所具有的专业化技术，但它却不能接管保护者，因为接管违背了集体组织的初衷。同时，它还要尽力避免自己被保护者接管。英国的大宪章运动反映出集体行动机制拥有比保护者更大的权力。

在13世纪初期，英王约翰在法国拥有大量的财产，在战争中受到了两次沉重的打击。人们称那些战争为"国王的战争"而不称为"国家的战争"，这是因为这些战争直接影响国王的财产和权力，而对英国臣民的影响却相对较小。在被击溃之后，英王约翰实施了两个没收行动。其目的可能是重建他对英国贵族的权力。一个行动就是提高税率，并频繁地向贵族征收"惯例"税。这类税收以前是用于战争准备的，但是，人们并不清楚额外的费用在当时是否确实有必要；贵族们花了一些时间才认识到这些税收超过了正常所需。另一个行动就是以叛国罪起诉了一些贵族。尽管直到那时，法庭具有独立性，但是，国王依然对法庭具有很大的控制力。这些案件的结果就是对被起诉的贵族进行了判罪，没收了他们的财产。如果孤立地看，每一个没收行为，在无罪或有罪的确定问题上，以及在与罪案相关的惩罚问题上，人们似乎都可以用具有极大的随机性来解释（因为贵族与外国统治者都有联系，因此难以排除叛国的可能）。只有当那些对孤立贵族一边倒式的判决逐渐地累积起来的时候，贵族们才了解到这些判决中的没收实质，认识到其他的贵族也处于国王的围猎危险之中。

国王初期的成功，必定加强了他的权力，但也强化了人们的预期。如果他继续实行没收政策的话，人们就会担心其权力更加集中。尽管国王的赌博会成功于一时，但是，最终却不会成功。贵族们花费了一定的时间来激活其集体行动机制。虽然集体行动中会存在背叛的可能,但从整体而言,却形成了足以与王权相抗衡的强大力量。最终,国王被迫退却,被迫接受了他与贵族之间的新协议——英国大宪章。它要求在战争税的没收上要有一致同意,而且,它更清楚地界定了贵族的权力,因此,就更容易察觉那些与英王约翰所实施的没收行动一样的行为。由此,王权被削弱。大宪章所导致的后果说明,集体行动组织(贵族院)拥有比统治者更大的权力,但它只在统治者试图接管的情况下才会使用其权力。环境的变化,导致了保护者试图大规模的没收,而国王的这一没收企图随即激活了集体行动的机制,并最终以国王的投降而告终。

由此可见,产权制度的演变也是政体演变的一部分。摆脱集体行为的困境将有助于国家的稳定,"共荣利益"在这一过程中发挥着重要作用。的确,对具体的产权制度进行设计和实施,要求统治者将一部分权力让渡给代理人。例如,国王将一部分涉及资源或资产的权力让渡给特定的集团。于是,王权受到约束和制衡,政体的发展从绝对权力走向民主,但如果认为这会必然导致较高的经济效率和有效的政治市场,则未免有些一厢情愿。一方面,在利益集团获得垄断租金后,寻租活动随之而来,通过游说、法律、贿赂等行为利用稀缺性资源获取转移收入,进而造成较高的社会成本。另一方面,正如诺思所言,选民在大多数情况下是理性无知的,这使得不完全的主观认识对选举结果影响更大。事实上,集体行动的成员是没办法靠自身解决"搭便车"问题的,因此制度的变革往往出现在统治集团内部。最后,当新制度一旦确立,新的分权又会重新演绎,周而复始。那么,这是否又意味着,一方面国家由于具有规模效益优势而有效保护产权,但另一方面,国家在界定和保护产权时又不能保持中立,从而导致低效的产权结构呢?这便是所谓的诺思悖论,尽管它并非诺思本人发明。对此,诺思的回答是,要想取得交易成本低的经济市场和有效的政治市场,确立好的行为准则至关重要,并且它必须是诚实的和理性的。[1] 这意味着,在建立和完善产权制度方面,一国最重要的行为

---

[1] 见《经济学消息报》1995年4月8日第4版。

准则——宪法发挥着根本作用。

布坎南（Buchanan）指出，宪法性的解决方法往往是长期解决方法。在静态世界里，人们原则上可以制定永久产权和管制机制（regulatory mechanisms）来解决大部分外部性问题，把寻租的活动减少到最低限度。例如，对于只有在对角线上的解决方法才是帕累托最优方式的活动，人们可能采用积极的集体管理方式。在其他情况下，公地和外部性问题可以得到避免，这要通过提供可交易性的使用权，并用有效司法体系中实施的处罚和侵权行为条例加以限制。可能受到地方政府组织调整的个人或群体之间的自愿交换能够把那些资源的产出值最大化。资源的违法使用可以通过正常的民法和刑法加以惩罚。然而，当科技变革或其他种种变化影响到产生外部性的行为的收益或产生新的不可预见的可能有情况时，理想中的模式、幅度和使用权范围都会以无法预料的方式随着时间的推移而发生变化。只要政治决策是以这种方式达成的，那么普遍性原则作为指导制定政策的方针就仍然会发挥其重要作用。[1] 丹尼斯·缪勒认为，"立宪式契约"关系可以确立每个人的产权和行为约束，进而为制定"后立宪式契约"提供先决条件，正是后者构成了自愿交换的制度。[2]

统治者与选民之间的关系正是一种建立在契约基础上的委托－代理关系。民众通过一系列法律程序选举其部分成员作为代理人来管理公共事务，即他们的"主权"。不过，与企业治理不同，公共事务的管理者不仅享有委托人所授予的权利，还具有向委托人发号施令的权力。用摩尔（Moe，1990）的话说，代理人可以叫他们的委托人如何如何。[3] 威廉姆森强调，在这种契约关系中，建立一套"契约的事后支持制度"尤为重要。[4] 因为在代理人同委托人达成协议的前后，信

---

[1] [美]詹姆斯·布坎南等：《原则政治，而非利益政治——通向非歧视性民主》，张定淮等译，社会科学文献出版社2004年版，第107—108页。

[2] [美]丹尼斯·缪勒：《公共选择理论》，杨春学等译，中国社会科学出版社1999年版，第15页。

[3] Moe T M, "Political Institutions: The Neglected Side of the Story" Journal of Law, Economics, and Organization, Special Issue 1990, 6, pp. 213 – 253.

[4] [美]奥利弗·E.威廉姆森：《治理机制》，石烁译，机械工业出版社2016年版，第424页。

息既不对称也不完全,潜在的机会主义行为始终存在。一旦协议达成,一种高度的资产专用性投入便在选民和统治者之间产生了。换言之,将集体行动的"囚徒困境"转变为"信任博弈"不是没有成本的,而是费用不菲。这就使得委托人对代理人事后兑现其事前承诺产生疑虑。这样,无论是立法、司法还是行政机构,其决定都无法用规则进行完全的约束,委托人为其不得不信任的代理人留有一定的"随即行事"空间。这就要求政府对人民建立可信的承诺。

承诺的可信度必须借助于适当的制度安排,而不同利益集团的代理人之间存在的政治交易会影响信任的建立方式。布坎南和图洛克认为,议员之间的投票交易起着作用。诺思指出,"今天的立法只有通过对未来做出一个承诺才可以通过"。例如,在美国,总统的选举和连任都需要考虑对其选民的承诺和兑现问题。在四年任期内,在后期采取较为宽松的经济政策是较为明智的选择。一方面,前期从紧的政策可以为后期留有充足的政策腾挪余地;另一方面,在接近选举的时期那些立竿见影的效果(如就业率的短暂提高)更能够成为其赢得连任的政治资本。当然,这势必也会造成事后的通胀压力。在美国的历史上,民主党总统的连任概率总是小于共和党,这与其政策主张及顺序安排有着很大关系。

宪法作为一国的根本大法,对夯实委托人和代理人之间的信任基石发挥着不可替代的作用。美国宪法第五修正案写道,"没有适当的赔偿,不能将私人财产挪作他用"。宪法相当于政府给权力机关套上了法律的"紧箍咒",向民众承诺对私有财产的法律保护——不进行剥夺,不对显赫领域进行不加赔偿的占用。这似乎有助于解决巴泽尔提出的国家治理问题,使私人产权免受公共掠夺。[1]

一旦一套合理的规则得以建立并受到遵守,承诺和信任就有所保障。现实中,社会选择并不是杂乱无章的,而是通过制度的建立使得承诺可信。用摩尔的话说,事实上,"它们是相当稳定的。它的解释是社会选择不仅由多数规则所决定,而且也由限定多数规则如何运作

---

[1] [美]埃里克·弗鲁博顿等:《新制度经济学:一个交易费用分析范式》,姜建强等译,上海三联书店2006年版,第539页。

的多种制度所决定……由于不同制度扮演着不同的角色，因而政治是稳定的"。① 英国的光荣革命就充分说明了这一点。诺思和韦格斯特（Weingast）指出，1688 年的光荣革命的五个显著的制度变化使得英国政府能够做出维护产权的可信承诺。第一，它消除了权宜的潜在来源……第二，通过限制了国王的立法和司法权力，它限制了国王不经同意就修改规则的能力。第三，议会确保了其对税收话题的主导权，消除了国王单方面改变税收水平的能力。第四，他们确保了自己在资金配置及使用上的地位。国王现在不得不同议会平等地打交道……第五，通过在议会与君王之间形成一个平衡——而不是像国内战争那样铲除后者——议会确保了对他们自己的武断行为进行限制。这些东西加在一起，很大程度上加强了政府决策的可预见性。②

同样，建立信任需要规劝和教化，道义和意识形态起着重要作用，因此培养一种稳定的组织文化是必不可少的。代理人为能让委托人相信其在事后能够坚守自己早先的承诺，特别是对于不确定性问题的合理解决，他们还应当把这些想法及实施办法具体化。人们常说，问题一问就具体，一具体就总会有办法解决。同样，以实事求是的态度，说真话的行为逻辑打动委托人并使他们能够接受，这是对代理人的基本要求。当然，这种做法的前提条件是，委托人必须检查其事后的满意度，并且相信代理人有足够的把握实现其计划。在非对称信息下，为了避免逆向选择现象的发生，一方面需要委托人制定标准对候选代理人进行甄别和筛选，另一方面也需要代理人传递出足以令委托人信服的信号，以增强后者对前者的信任。可以看到，在历届美国总统大选中，每一个总统候选人都好像一个兜售债务的销售员，通过各种类似企业营销的手法向选民传递具有足够吸引力的"产品"。竞选演说、竞选辩论，以及铺天盖地的竞选广告，都旨在强化选民的信任，增加自己获胜的筹码。

克雷普斯（Kreps，1990）认为，公司文化的一个重要作用是使

---

① Moe T M, "Political Institutions: The Neglected Side of the Story" Journal of Law, Economics, and Organization, Special Issue 1990, 6, pp. 213 – 253.

② North D C and Weingast B R, "The Evolution of Institutions Governing Public Choice in 17th Century England" Journal of Economic History, 1989, 49: pp. 803 – 832.

员工有归属感。任何一个经济组织都会意识到，只有团结一心，才能众志成城。① 但对于更大规模的经济组织——国家来说，无论是在选民之间还是在选民与政客之间，都只存在一种"微弱的团结"。② 随着组织成员数量的增加，"关系"在维系组织框架中的重要性日益显现。可以将这种现象理解为一种关系型的资产专用性投资。只有在政客们坚守"原则"的情况下，某些特定的国家政府行为才会被接受，进而一般意义上的国家行为被接受。

二百多年前，为了说服纽约的选民批准宪法，詹姆斯·麦迪逊、亚历山大·汉密尔顿和约翰·杰伊等人先后出版了一系列文章，其中一部分被誉为"联邦10号"。对派系问题，麦迪逊予以激烈抨击。他认为，派系现象的存在是对社会的严重破坏，只有通过宪法才能对其进行有效的遏制。现实中，每一个派系都存在不同的规模，主要问题在于如何控制这些派系的利益，使其不能凌驾于公共利益之上。

派系问题是客观存在，它源于不同的价值观、信仰和目标。从财产角度而言，所有者和使用者之间的利益诉求就存在很大差异。具体而言，企业股东和总经理、选民和总统（或国会议员）、房东和租房客、地主和佃农，等等，都存在着不对称信息下迥异的利益诉求。政治派系，有如市场垄断，都需要动用行政力量进行遏制，这也是一个成功政体建立的标志。政府作为公共部门，本应面向纳税人，为纳税人服务，而不是以牺牲公共利益为代价造福某一方。然而，较为悲观的情况是，"政府强大到足以保护财产权利和强制执行合同的时候，也就意味着它已经有了没收其公民的财富的能力"。③ 换言之，政府总是在促进经济增长和没收资产之间权衡取舍，前者可以运用契约理论进行解释，而后者可归结于掠夺理论。在历史上，国家同时扮演着

---

① Kreps D M, "Corporate Culture and Economic Theory" In J E Alt and K A Shepsle, eds., *Perspectives on Positive Political Economy*, Cambridge: Cambridge University Press. 1990, pp. 90 – 143.

② Lindenberg S, "Contractual Relations and Weak Solidarity: The Behavioral Basis of Restraints on Gain-Maximization" Journal of Institutional and Theoretical Economics, 1988, 144, pp. 39 – 58.

③ Weingast B R, "The Economic Role of Political Institutions: Market Preserving Federalism and Economic Development" Journal of Law, Economics, and Organization. 1995, 11, pp. 1 – 31.

这两种角色，但这两个模式之间还是存在着差异。契约理论指出，经济的增长需要一定的时间，国家通过建立一个可行的税收制度能获得长期的收益。而掠夺理论是一种获取短暂利益的理论，忽略了这样一个动态激励效果：通过商品和服务的生产，民众可以增加自身的财富。当统治者着眼于短期效益或急需收入（如为战争融资）的时候，掠夺理论将盛行；当税务体系崩溃、最有效的财富来源是直接没收的时候，掠夺理论也将盛行。相比之下，对于一个具有长远目标、拥有充足的收入来源、存在良好运行的税务体系的国家来说，契约理论将更加可行。现实中，"盛世古董、乱世黄金"的说法就形象地反映出民众对私有产权能否得到有效保护的担忧。

此外，时间不一致问题也是无法使承诺可信的原因。按照长期契约理论，一国固然可以声称其长期国策的不变性，但却永远无法保证其对未来不确定性事件的处理。当人们担心自己在未来积累了大量财富后可能会被充公时，就会想方设法转移财富，或者干脆不干。预期，是人类具有的特质。理性预期会引导人们"以史为鉴"、面向未来，而适应性预期则会帮助人们审时度势，顺势调整自己的行为。从根本上讲，效用函数归结于人们的心理活动。如果说供给和需求之间的逻辑关系取决于成本和效用，那么其背后的实质则肇始于心理的预期。凯恩斯将经济危机的根源归结于三大心理规律，即边际消费倾向递减、资本边际效率递减和流动性偏好。这是这些方面造成了有效总需求的不足。因此，如果经济增长决定于投资（私人和政府）、消费和外贸这"三驾马车"，那么强化人们的心理预期，使人们对未来经济和自身财富有所期冀，才是经济增长的根本保障。界定和保护好私有产权，正是出于这样一种考虑。

契约理论为政治体制的长期有效运转提供了优秀的理论基础。它使人们思考究竟什么样的政体能够适应并促进经济增长，而后者是一国长治久安的必由之路。通过发展发现问题，用发展的眼光看待问题，用发展的方式解决发展中存在的问题，正是适时调整制度结构的指导思路。只有建立在产权保护基础上的政治和经济体制，才能够达到协调一致的效果，同时也有利于激发创新，形成熊彼特式的"创造性破坏"。这就要求政府必须让人民相信，国家是坚决遵循契约理论的政治制度。大力发展市场经济，充分发挥价格形成机制的作用，是政府获得财富和支持的最佳路径，也是唯一可行之策。

在长期契约关系中，人们可以选择兢兢业业、积极进取，也同样可以选择懒惰卸责、消极避世。一个良好的制度可以培养和激发企业家精神，而一个不好的制度所豢养的可能是犬儒者和盗贼。因此，代理人要想博得委托人的支持与合作，信任是关键。

为评价百姓对政府的信任，主权债务是一个很好的标准。一般来说，征税和发行公债是政府收入的主要来源，前者带有强制性特点，后者以自愿为主。当然，就税收而言，建立在不信任基础上的征税体系也同样可能促使潜在的纳税主体以各种可能的方式进行规避，甚至包括一些违法行为。同样，强制性的公债等同于税收。由于政府公债的发行力度取决于百姓的认购意愿，因此这在很大程度上测度了百姓对政府的信任度。有限政府，要求政府的融资行为必须在法律界定的范围内进行，有法可依、有章可循，这样的政府公债总会得到百姓的认可。相反，如果政府存在巨大财政赤字或拖欠巨额外债，那么其债权发行就会遇阻。英国历史上的债务发行情况就反映这一点。1688年之前，英国国债总规模徘徊在200万英镑左右，但1688年以后，规模迅速攀升，于1790年达到24400万英镑，这不仅增强了英国的财政实力，更提高了国家的综合国力和战斗力。究竟是什么原因导致了英国政府具有如此强大的发债能力？关键的原因在于光荣革命的胜利。通过这场革命，英国的政体由君主专制转变为君主立宪制，政府权力由无限转变为有限，进而大幅提高了国王在违约后可能面临的惩罚力度。[1]

对此，张维迎教授解释道，光荣革命前的君主专制政体下，尽管英国国王的行为也在一定程度上受到议会的约束，但国王可以随意单方面修改借款条件，拖延甚至拒绝支付，或者利用外国商人瓦解本国债权人之间的联盟，所以债权人非常不愿意向政府贷款。光荣革命使

---

[1] North D C and Weingast B R, "The Evolution of Institutions Governing Public Choice in 17th Century England" Journal of Economic History, 1989, 49: pp. 803 – 832, 转引自张维迎《博弈与社会》，北京大学出版社2013年版，第99页。

英国的政治和经济制度发生了重要变化，私有产权得到更有效的保护，决定国债的权力转到议会，议会主要由潜在的大债权人组成，他们可以推翻国王；英国银行同意协调债券的行动，通过优先权的规定限制了政府"离间"债权人的可能。因为对违约的惩罚变大了，政府举债的能力提高了。[1]

可以说，约束公权力似乎要比依赖它们更为关键，也更为棘手。历史上，无论是伯里克利时代的雅典，还是共和时代的罗马，国家权力都通过制度予以约束。历史一再证明，一个有限而有为的政府是产权制度建立和完善的必然要求。所谓有限，指政府在经济发展中坚持市场导向，发挥服务型政府职能，避免过度干预市场行为的发生。所谓有为，指政府在制度变迁（特别是强制性制度变迁）过程中发挥其规模和权力优势，通过法律手段建立健全产权制度，从而为经济增长提供坚实基础。正如奥尔森所言，一个能够创造和保护产权并强制执行各种契约的政府，同样需要受到约束，以避免剥夺或侵害私有产权，即"强化市场型政府"。

在现实中，政府并非全知全能，相反，它同样受到信息、交易成本和利益集团等多方面的影响。这意味着，解决实际问题的关键在于抓住主要矛盾，并根据具体情况加以实施。这就好比压力和压强，前者是后者的动力源，后者则规定着前者的效果，而效果的产生不仅与前者的大小有关，还与受力面积的大小有关。公权力的实施也是如此。放之四海而皆准的法则并不存在，而要想使权力有为，就必须加以约束。

有限政府的逻辑起点是，政府应保持充分的激励以管理经济。公共管理者并不真正拥有其控制的资源，而且他们也无法完全占有其管理行动所带来的收益。对于公共财产的价值来说，没有人对其拥有所有权，并且任何增量资产或价值都会分散在整个经济之中。压力集团，包括其各种各样的拥护者，仅关心他们从政府支出和转移支付中

---

[1] North D C and Weingast B R, "The Evolution of Institutions Governing Public Choice in 17th Century England" Journal of Economic History, 1989, 49: pp. 803-832, 转引自张维迎《博弈与社会》，北京大学出版社 2013 年版，第 99—101 页。

能获得多少，却对项目付出的成本漠不关心，因为成本由他人承担。这样一来，在缺少奖惩机制的背景下，公共管理者对公共品的经济绩效缺乏认识，激励机制缺失。尽管管理者们总会带有敬业、诚实、勤奋等特质，但从整体而言，社会缺乏效率。

有限政府的建立有赖于宪政设计。一方面，没有市场经济便没有真正的宪政，良好的宪政必须以健全的市场经济为前提。另一方面，市场经济不是万能的。市场经济本身存在着诸多缺陷，这些都需要政府加以弥补，并对市场盲目发展予以限制和约束。历史表明，宪政建设可以不断地修正市场经济自身盲目发展所造成的社会问题。有限政府的行为准则在法律，这要求政府应将行政权力引入法制化轨道。[①]宪政制度必然要求政府在法律允许的范围内制定规章制度，并有效运用行政权力。这方面的例子包括法国密特朗时期的社会主义实践、德国的社会市场经济模式、瑞典的福利国家、美国里根时代的"债务经济学"，等等。

产权保护，是现代宪政和有限政府的必然要求。如果没有明确界定和有效实施的宪法，如果没有稳固的制度来保护以产权为基础的个人权利，那么有限政府、真正的宪政、宪政意义上的民主就行不通或不可能实现。

一个有效的产权界定取决于三个方面的因素。首先，保护产权免受盗窃、暴力和其他掠夺行动之害；其次，保护产权不受政府随意性行为之害，包括不可预见的特殊规章和税收以及彻底的腐败；最后，建立较为公正的和可以预见的司法体系。当今世界，很多国家的产权制度无法满足以上三个条件，从而在产权保护方面存在这样或那样的问题，这被世界银行称为"法律缺乏综合征"。根据世界银行的调查，很多国家不具备使企业能够去创造财富的制度条件。法律基础条件薄弱，已经限制了世界各地的企业的发展。其中，位列前三位的是产权不明和判断行事方面的阻碍、腐败以及犯罪（世界银行，1997）。

市场经济的特点在于持续反复的商品交换和瞬息变幻的市场行情，这必然要求有稳定可靠的产权制度为依托，建立相应的产权和契

---

① 钱弘道：《从市场经济到有限政府的必然逻辑》，《浙江学刊》2004年第4期。

约体系。这一体系的内涵是，以契约为中介，以产权的取得为归宿。在这一制度安排下，商品的所有者对其打算出让的商品拥有绝对的、排他的所有权。只有这样，所有者的意志才能够在商品上得以实现，受让人的事前预期在取得商品后得以满足。此外，还应强调的是，产权的使用权比所有权更为重要的特点。但求所用、不求所有。租赁却不购买，这势必增加了在不对称信息下使用者对所有者的道德风险，因此对私有产权的法律保护就更显重要。

建立有为的政府，并不意味着以牺牲政府权力的有限性为代价。在美国，联邦党人所寻求建立政府就兼顾着有为和有限两个方面的特征。一方面，他们要建立强有力的中央政府，以克服地方分裂的局面。另一方面，要加强行政权力，以平衡立法权力。麦迪逊指出，有限政府的最大问题在于，政府不仅要有能力控制被统治者，更要具备约束和控制自身的能力。就前者而言，可以通过赋予政府一定的权力，使其能够对被统治者发号施令。而后者的实现更应通过法律和权力制衡实现。首先，必须实现州政府与联邦政府之前分权，使州政府的权力与联邦政府的权力互相平衡。同时，在州政府和联邦政府内部实现立法权、行政权和司法权之间的平衡和相互控制。

分权与制衡，是宪政制度的重要组成部分，它存在于中央政府和地方政府之间，立法、行政和司法三种独立的权力之间，既相互协调，又相互制衡。在这方面，世界各国的形式有所不同。例如，英国实行的是议会至上或议会主权原则，这就与美国的"三权分立"的制衡不同。在这一制度下，政府由议会产生，并向议会负责，而议会与内阁之间形成制衡。议会可以迫使内阁下台，内阁也可以解散议会。议会中的多数党或执政党具有更大的权柄，他们组建内阁，并实质上实际上控制者议会和政府。如此，议会和政府之间更多表现出合作而非制衡。在美国，"三权分立"和"相互制衡"是其宪政体制的原则。宪法规定了立法、行政和司法这三个独立机构的职能，并赋予它们各自制衡其他机构的手段。例如，总统可以对立法动用否决权，国会又有权推翻总统的否决，法院则有权独立审理案件并可通过对其他两个机构行使司法审理权来制衡国会与总统。这种制度安排，不仅是横向的，而且是纵向的，即联邦政府与州政府之间的制衡。

◈ 产权保护与经济增长

产权的法律保护，是宪政国家的必然要求。司法独立可以有效防范立法和行政权力对私有产权的侵犯，并为私有产权提供法律救济。在美国，联邦法院承担着保护私有产权的重要责任。当政府或立法机关的行为与宪法相抵触时，联邦法院可以宣布其无效。今天，人们逐渐淡化了绝对产权观，而强调产权的政府管控。在这种情况下，司法审查制度便成为保护私有产权的最重要工具。通过司法审查制度，政府权力和私有产权得以平衡。例如，在一些西方国家，宪法规定了诸如"财产不得侵犯""财产根据公共利益得依法受限制""在合理补偿的条件下，可用于公益目的，国家可以征收、征用"等条款。[①]

总之，现代产权制度必须建立在与经济发展相适应的宪法和法律基础上。在人类历史的早期，对产权的界定和保护往往需要付出高昂的成本，而在法律环境缺失的条件下，只有通过交易双方的谈判力来决定。随着国家法律的出现，法律提供了一种基本的制度安排，人们可以在法律上清楚地界定资产的所有权并为其提供保护，这种有规可循、有法可依的制度安排便是产权制度。从这个意义上讲，产权保护制度的建立和完善，不只是代表着一国对劳动和财富的尊重和保护，更是其制度文明程度的集中体现。在一系列规则安排下，经济制度将以产权为依托，合理地界定、保护和行使产权。依靠这一系列规则使人们承认、尊重并合理行使产权，如果违背或侵犯它，就要受到相应的法律制裁。

二　西方历史上的经验和教训

（一）欧洲早期的封建制

庄园经济

公元 5 世纪，古罗马帝国崩溃，文明秩序随之瓦解，欧洲进入无序状态。在那些罗马法保留下来的地区，秩序逐渐形成，为产权的建立提供了基础。此间，经济活动大都在欧洲的庄园和城镇里进行。从

[①] 蒋永甫：《西方宪政视野中的财产权研究》，中国社会科学出版社 2008 年版，第 305 页。

此，庄园制（或称领主制）大约在欧洲延续近千年。

欧洲旧时的庄园与中国古代井田制中的"公田"颇为相似，但也具有其自身的独特性。在中世纪以前，欧洲的土地治理从属于封建领主制，贵族是土地的所有者，领地中的居民依附于领主并逐渐演变为封建制下的农奴。但贵族们并不拥有农奴的全部权利，前者会给予后者部分剩余土地进行自耕，这就是农奴们具有了一定自耕农的权利。在中国古代的井田制下，土地会被分割成不同大小的地块，然后授予农民，这实际上在某种程度上赋予了土地的私有权，这与欧洲"土地共有、合作公耕"的场景不同。简言之，贵族拥有土地，而农民必须依附土地，这是欧洲庄园制有别于中国之处。直到18世纪欧洲封建庄园制遭到破坏后，土地才开始进行分割。虽然奴隶制在某种程度上延续到了中古时期，但特有的庄园组织是在佃农和自由人的基础上建立的。对于欧洲的庄园经济，《剑桥中世纪史》如此记载。

> 英国的"庄园"是最有特色的庄园乡村，虽然其分布范围最狭小，然而是组织得最严密、也最持久的形式。它包括经济的和行政的这两种完全不同的部分，并力求达到两个密切相关的目标，即维持村民的生计及领主的收益和权力。在整个基础之上，是乡村共同体。在简短的描述中，受无数参差不一的情况所限，只能得出一个平均数。在正常情况下，村民（villanus villein）拥有30英亩庭院地和条状地（或其一半，bovate），这些土地，一条条稀疏地散布在庄园的两三处敞地上，庄园的土地可能与乡村大小正好相当，也可能只是乡村的一部分。村民对其条状地的栽培、耕作、播种和收割都遵照庄园的规定（"习俗"），在敞地上，几乎不可能随意耕作。每年两三块地中轮流有一块地（看情况而定）休闲，不加圈围，用来放牧牲畜；已耕地四周则要圈围起来。他自己的牲畜有一定数目，在"荒地"上自由放牧；他有自己的一份草地。庄园领主自己掌握的条块地即领地与敞地上承租人的条块地相间。不过有一种强大的趋势，将庄园自用农场的领地分出来。村民为承租土地，得在这种领地上提供很大一部分劳役。每个佃农家庭（一个劳动者）通常一周有三天要在领地上

从事耕作，包括提供其年份的犁、牛和各种劳动运输工具。雇农（cottars）（其财产相当少）交付的劳动当然少一些。在最繁忙的收割期，还需要各种帮工（boon work），这时自由民、佃农和其他人（在交付租金或履行其他自由契约条款下占用地产的人）还得提供部分劳役。不过，自由民可以按佃农占有条件拥有土地，反之亦然。开垦的荒地通常不用负担荷重的租佃税。庄园佃农和自由民承担的各种税用家禽、鸡蛋或其他特殊的给付来缴纳。佃农除被束缚于土地之外，其女儿结婚需缴纳婚嫁费（merchet）和依附金（formariage），他死了要征收他最好的牲畜作为遗产税（heriot）或称死手权（mainmorte）；他要按领主的意愿交付货币税金；他的谷物要在领主的磨坊里碾磨；在法国，领主的烤炉和酿酒榨汁机是封建领主的专利品。佃农可能被选为采邑管理人和乡村庄园经济的其他小头目。其处境由于庄园习俗的发展毕竟有所改善，无论如何，使他苦恼的那些勒索被固定下来，从而使他能保佑自己的遗产。他像自由民一样，出席庄园领主将管家和代理人派到各地去收取利润、征收农产品，作为他在定期居住的给养。总之，村民除维持生计外，他们的劳动为好斗的统治阶级和有关的教会上层人士提供生活资料，通常他们都把自己所得到的短暂的和平、正义和启蒙归功于以上那两种人。[①]

在拉丁语中，"邮政业"（angaria）专指在阿契美尼亚波斯为国王送信的人，罗马人用它来描述为邮政服务进行的征税，后又指对国家提供的所有义务。到了中世纪，这一措辞便用来指向庄园主提供服务的义务。可以说，庄园组织有些类似"邮政业"，不过它是以帝国的崩溃为代价成长起来的。

公元2世纪前后，罗马帝国里很多大庄园的土地被分割成一个个小块，形成了不同的小型庄园组织，隶农（colonate）由此产生，并通过法律逐渐成为帝国的一项根本土地制度——隶农制。在这一制度

[①] [美] 道格拉斯·C. 诺思等：《西方世界的兴起》，厉以平等译，华夏出版社2009年版，第16—17页。

下，隶农及其后代不能离开他们的土地，而他们对土地的权利也不可以被肆意剥夺。一方面，隶农仍依附于土地无法脱身；另一方面，他们获得了法律意义上的自由。

一直到12世纪以前，欧洲的产权保护制度主要有两种形式，涉及两大阶层。一方面，农民寻求领主的保护；另一方面，领主也要寻求更高阶层的保护。农民先将土地交给领主以换取后者的保护，然后农民收回土地，并在土地上进行劳作，交付钱财。可以说，农民已在某种程度上沦为了农奴，而且地位越卑微，交付的利益就越多，甚至包括后代的利益。如此，大农场获得了大量土地保有权，并逐渐形成了广泛分散的网络。随之，人们也就不再希望自己及后代在大庄园中委身为奴。同时，日益庞大的分散网络也难以为继。到了13世纪初，法国、意大利、英国的农奴都已不再是奴隶，而成为实际意义上的佃农。此时，这些人已拥有了自己的财产，而与领主之间的关系也不过是一种约定俗成罢了。

可以认为，欧洲的庄园制延续了古罗马的田庄制，农奴则是隶农的延续，因此庄园制度实际上是建立在封建农奴制基础上的。值得思考的是，按照公共品的逻辑，欧洲这种"土地共有、合作公耕"的产权制度本应造成土地的过度使用和资源的耗竭，但事实却是，资源未被滥用，公耕者也没有卸责，"公地的悲剧"没有发生。相反，在相对稳妥的财富积累中给后期的经济和社会发展做好了准备。

美国经济学家埃莉诺·奥斯特罗姆（Elinor Ostrom）提出，对公共事务的管理未必要采取"非市场即政府"的二选一策略，而应考虑制度的多样性，即"多中心自主治理理论"。奥斯特罗姆将研究对象限定在小范围的公共池塘资源上，其位置坐落于一个国家的范围内，受其影响的人数在50人到15000人，这些人的经济收益极大地依赖着该公共池塘资源。这些公共池塘资源主要有：近海渔场、较小的牧场、地下水流域、灌溉系统以及公共森林。[1]

她认为，在不存在外部强制或者诱因的情境中，人们可以通过内

---

[1] ［美］埃莉诺·奥斯特罗姆：《公共事物的治理之道》，余逊达等译，上海三联书店2000年版，第48—50页。

部激励来相互合作，以避免集体行动中的"公地悲剧"。当然，这要求参与者之间的行为是一种在小规模内进行的重复博弈。一方面，重复博弈可以通过可能的奖励或惩罚措施为参与者持续的合作提供激励；另一方面，规模足够小还可以使参与者以较低的成本发现其他当事人的违规行为。进而，激励制度的供给、可信承诺的实施和相互监督的制约机制，是促成这一"多中心自主治理"的关键。

由于收益呈现出分散化特征，这使得激励制度的供给成为可能。"许多制度变迁过程由许多小步骤组成，初始成本并不高。……在需要进行更大的投资前，初步成功已经取得，初始投资的中期收益已显现出来。制度变迁的每一步都改变了激励结构，而这种结构正是未来决策的依据。"

作为规则本身，既要考虑激励的正向作用，也要考虑其逆向作用，即奖励和惩罚机制。这一制度，既要使人们"受益于此"，又要使其"受制于此"。在理性人的假设前提下，人们会更多地偏好快乐而非痛苦，这意味着，人们会更愿意从制度中"受益"而非"受制"。这必然要求建立一种强化承诺的制度安排，即"如果你遵守承诺，我也遵守承诺"，"如果你违背承诺，我也违背承诺"。这便使得合作成为可能。如果多数人都遵循此道，那么社会的境况会比不合作所带来的得益要高。

如果机会主义行为超过了最低限度，遵循权变的人们作出权变的策略承诺，就会产生监督他人的动机，以确信大多数人都遵守规则。[①]

奥斯特罗姆的观点，在一定程度上解释了欧洲庄园这一"自主治理"的经济组织。可以说，在庄园这一"公地"范围内，无论是领主还是农奴，都意识到尊重权利的重要性。为了保护产权，他们自行制定规则，形成了以习惯法、庄园法为主的行为规范。同时，他们还通过经济共同体的组织形式合作生产，产生了一定的规模经济效应。制度化的规则和有效的经济组织规定了这一时期所依赖的发展路径，延续千年。其间，领主受托抵御外戚入侵的职责更具形式化和象征

---

① 张振华：《当奥尔森遇上奥斯特罗姆：集体行动理论的演化与发展》，《人文杂志》2013年第10期。

性，对内则慷慨大方，不以独占庄园为借口侵犯私人产权，包括私有的放牧权、伐木权、采掘权、渔猎权，甚至于林地放猪的权利。

经验表明，公有的土地并非像人们想象的那样会必然遭遇"悲剧"。例如，在英国北部的奔宁山区（Pennine），居住于此的摩尔人至今仍然保持着一种叫"限制牧场放牧头数"的规则。摩尔人允许任何一只羊随意走动，但不予许任何一个人私自增加羊群数量。一些规定要求，牧羊人每拥有一群羊，就有权放牧一头母羊，而这头母羊必须出生在摩尔人的部落中，随同一群羊有一块固定的草场。这一办法有效避免了牧羊人过度繁育羊群而造成"悲剧"。对于林地上的矮林来说，砍伐权也是私有的。英国森林历史学家奥利弗·拉克海姆（Oliver Rackham）指出，"共同体的成员并非傻瓜，他们对哈丁所提出的问题有着深刻的认识和体会，他们事先就预见到了悲剧的来临并及时采取措施化险为夷，他们制定出了一系列的规则以防止团体内的任何成员对林地的滥砍滥伐。英国领地法庭的租佃登记册表明，这种规则不但存在而且根据情况的变化及时采取措施进行调整"。可以说，这种公有产权的模式是与哈丁所谓的共有产权有着本质上的不同。①

庄园制的意义不仅是历史性的，也同样影响着现代英国社会。直到今天，英国仍存在着很多遗留的庄园公地。保护这一传统的自治模式也是对英国文化传统的尊重，而任何以"公共利益"为名进行的强行干预则会产生背道而驰的结果。例如，1965年，英国颁布了《公地登记法案》，希望通过设定权利的方式将公共土地划归国家统一监管，改变传统的分散自治和各自为政的管理模式。然而，英国的公共土地历史悠久、使用人数众多，所有权归属错综复杂，这使得产权的界定十分困难。加之使用人可以在不经调查核实的情况下，仅凭声明的方式便可进行产权登记，而该法案对其登记的使用行为又不做要求，于是造成了对产权的过度声称和产权登记的无序。适得其反，这一权利"泛滥"极大地阻碍了国家对公共土地的统一监管，随之而来的便是产权纠纷不断、公地过度使用。造成《公地登记法案》

---

① ［美］麦特·里德雷：《美德的起源：人类本能与协作的进化》，刘珩译，中央编译出版社2004年版，第260页。

执行未果的原因在于，在土地产权改造之初不仅没有对权利进行清晰界定，也未对这些权利进行有效约束和限制。权利登记的杂乱无章给权利的声称人和使用人任意圈定其土地的机会，而外部又缺乏矫正机制，这使得一贯松散温和的传统管理办法无法应对权利的"泛滥"。

2006年，新"公地法案"采取"产权转让"方式，并建立了"公地委员会"（commons council）制度。该委员会是一个自治性组织，代表全体公地使用人的权利，其成员由使用人投票选出。在内部治理问题上，委员会有权制定土地使用规则，监督土地使用，并对违反规则的使用人予以惩罚。同时，委员会全权处理对外事务，包括与其他组织或个人就土地使用事宜进行谈判等。这样，公地委员会作为土地使用者的代理人，承担了与政府对接的任务。这同时也提高了政府土地管理工作的效率。经过双方谈判，政府通常会以对价方式获得部分土地使用权，土地补偿款则由公地委员会以内部决议的方式分配给各个使用人。在这一过程中，公地委员会类似于昔日的庄园主，不仅避免了共有资源的过度使用，也疏通了政府和土地使用者之间的沟通渠道，促进了谈判，降低了成本。①

农奴制和封建契约

当罗马帝国的奴隶制出现重大危机时，一些破产的自由农民、被解放的奴隶和部分被俘虏的日耳曼人形成了新的隶农群体。随着西罗马帝国的灭亡和新兴日耳曼帝国的兴起，西欧大庄园上的隶农数量也超过了当时的奴隶。

帝国的崩溃后导致欧洲社会长期混乱，建立一个稳定而有序的制度是每个欧洲人的向往。不过，秩序的形成是通过自上而下的指令，还是通过自下而上自发运动，则是问题的关键。缺少了帝国统治者的绝对权威，自上而下的制度重构恐怕是不现实的。于是，在欧洲，个人依靠家庭，家庭依靠小团体，小团体依靠庄园领主，从而自下而上形成了欧洲封建领主制。

在地广人稀的北欧大陆，小团体彼此独立，并紧密围绕在各自的

---

① 那力、杨楠：《对公共环境资源上私人权利的限制——奥斯特罗姆的"自主治理理论"与英国的公地法》，《社会科学战线》2013年第8期。

领主下寻求保护，抵御外侵，可谓"小国寡民"。随着新封建秩序的出现，混乱局面渐渐消失，人口逐渐恢复增长，进而推动了欧洲的殖民运动。从公元10世纪起，为了获得更多的耕地以适应不断增长的人口，越来越多的处女地获得开发，推动了经济的发展。彼时，社会的"公共服务"由封建贵族负责提供，农奴们通过提供劳动换取这些服务。人口的扩大，有利于财富的增加，刺激了土地开发，但同时对公共管理也提出了挑战。[①]

在中世纪早期的庄园中，劳动者的结构包括奴隶、隶农和各种依附的自由人，他们的经济地位彼此相近，而且都有主人。根据当时仍在通行着的罗马法原则，即人或为奴隶，或为自由人，二者必居其一，于是那些原来只用于奴隶的字眼儿（如"servitus""servitium"）便逐渐统统用在他们身上，指称各种形式的依附关系及有关义务。

大约在公元11世纪，这些词被农奴（serf）一词所取代。法国著名史学家布洛赫曾说，"农奴就是世代相传的人身属于主人的人"。在法国，农奴是一种不自由的人，其人身属于主人，且这种依附关系世代相传。不过，他已经不再是主人之物，而已成为了主人之人。除了生命和身体受到保护外，农奴们的婚姻和部分财产权利受到了认可和保护。

在英国，封建制度建立直接由原始社会过渡而来。由于受到罗马制度影响较小，英国没有采用古典式的剥削方式，而是将整块土地分成小块，让村民们在其中独立经营，并为主人纳贡服役。据《棋盘署对话集》记载，"按照这个国家的习惯，村民不仅可以由他的主人从这一份地转移至另一处，而且他的人身也可以出售或用其他办法处置，因为他本身及他为主人耕种的土地均被认为是领主自营地的一部分"。12世纪末，亨利二世进行司法改革，英国农奴制形成。受这一改革的影响，村民被排斥于国家法律保护之外，地位日益恶化。[②]

隶农和农奴的本质区别就表现在产权关系方面。隶农在土地关系

---

① ［法］亨利·勒帕日：《美国新自由主义经济学》，李燕生等译，北京大学出版社1985年版，第64页。

② 马克尧：《西欧农奴制初探》，《世界历史》1980年第3期。

和人身关系上都完全依附于大土地所有者，且可以连同土地一起被出售。他们没有自己的生产工具、牲畜、种子和住宅，更不得在未经主人允许下出售物品。然而，农奴的产权关系则在某种程度上类似于佃农。他们有自己的家庭、牲畜、各种简单的农具和少数土地。生产的农产品除了缴纳给领主的那部分外，其余可以自行支配。他们对土地使用和生产工具的占有，有着较大的稳定性和可靠保障。此外，他们还有自己的院地和菜园。

西欧的农奴有别于中东欧，尤以在私有土地开放方面的不同为最。在西欧，拥有和控制大面积土地并使用佃农进行劳作的大庄园主是极为少见的。通常情况下，庄园为农场所分割，而农场与乡村相混合。很多农庄被分割成一个个大小不同的农场，并散布于各个乡村之中。在一个乡村，可能散布着来自不同庄园的农场。有些庄园的农场则过于分散，与庄园相距甚远，难于集中管理。在德国东部、波兰和波西米亚等中东欧地区的情况则有所不同。在那里的很多乡村，全部村民会属于同一个土地所有者。虽然也有一些相距甚远、零星分布的农场，但它们之间往往相互独立并同属于一个所有者。在俄国，拥有的土地面积大并不意味着其所能够掌控的经济组织规模大，大庄园的领地也会被农民的小块土地分割开来。在德国的中部和东部，存在着一种庄园雇工制。在这一制度下，领主和农奴形成了一种强制性雇佣关系，农奴被要求必须使他们的所有子女在领主家中做1—4年的仆人。

严格意义上说，中世纪时期欧洲的所有权概念是模糊的，无论是农奴还是权贵都没有明确的土地所有权。所有权必须是一种契约关系发展的结果。只有在一定经济作用力下，封建制度下的"社会营利性"才会被逐步瓦解，所有权概念才有确立的条件。的确，农奴依附于领主的土地并为后者提供劳动，但这并非基于协议，而是基于惯例，并一劳永逸地延续下去。一方面，惯例约束着农奴，规定了农奴在领主土地上每年应提供的劳动量；另一方面，惯例也约束着领主，使其不能随心所欲赶走农奴或改变规定。

其时，地广人稀的环境使劳动相对于土地而言更为稀缺。于是，农奴们提供劳动并非出于获得工资或实物回报，而更是为了获得一定的公共服务，如安全保障。躬耕之余，他们仍有大量的时间做些家务。如此，领主们既非采地之主亦非农奴之主，他们必须坐拥大量财富，并以此为筹码获得君主的"授权"，从而保护自身权利，并提供安全保障的公共服务。其中之一就是世袭权利，这可以使领主们排他性地独占封地内的部分土地及其收益，而这些土地往往分散于乡村集体耕地中。

总之，封建制条件下的契约关系建立在惯例和习俗基础上，具有很大的模糊性和不确定性，它较好地适应了分散的权力框架，并为其提供了灵活性和包容性的制度。但是，随着中世纪欧洲人口的增长，既有的利益格局被打破了，产权制度在非均衡状态发生新的跃迁，特别是对土地和农业祖产的使用权造成了冲击。

农奴制的瓦解

12世纪末，西欧的人口增长使收益率下降，劳动价值下降，而土地价值提高。进而，土地的增值又促使人们尝试以各种可能的方式规定专一产权并进行转让。在这种情况下，如果所有居民都有同等的机会进入庄园，那么很有可能会使庄园公地被过度利用，出现"公地悲剧"。在正式制度尚未出现时，一些习俗惯例等非正式的制度安排发挥着重要作用。例如，通过约定俗成，庄园的进入权受到了一定限制，包括公地畜牧。

到了13世纪，英国出现了土地法的萌芽，以圈地为开端，并最终实现了土地的转让。对于自由人而言，庄园法庭已名存实亡，取而代之的是国王法庭。同时，司法裁判权也由庄园让渡给王权。在法国，布尔戈尼和香巴涅的土地价值不断上升，并最终导致土地产权制度的改变。到16世纪前，产权制度的变迁一直伴随着权力单元间的冲突与融合。

从13世纪到16世纪，民族国家崛起，规模不断扩大，且相互间的竞争日益激烈，进而造成巨大的财政压力。为解决财政困难，国王寄希望通过征税扩大财政收入。于是，充公、借债、用公用品交换是摆在统治者面前的三大选项。不过，充公和欠债都不是长久之策，一个无异于杀鸡取卵，另一个如同火中取栗。佛罗伦萨等地大量银行的倒闭就是王室欠债不还所致。显然，英明的君主总爱穿着华丽的盛装,它不仅美丽而且充满想象,尽管它也可能不过是"国王的新装"。提供公共服务并以此换取收益是最好的策略,而国防支出最为王室所垂涎,关键是要让子民确信这是必要的,甚或紧要的。无论真实与否,国王必须要使他的子民相信外敌入侵已变得如此紧迫,从而他便可以征收一种强迫性的借款。与这一行为相对的,正是国家对民众产权的保护。如此,产权保护便由分散的团体行为转变为国家意志。

不仅如此,对外商提供担保和保护,甚至排他性的优惠政策,也是这一时期的主要措施之一,因为关税也是国家财政收入的主要来源之一。商事法庭仲裁制度为贸易商提供了公平交易原则,而城镇的兴起也为商人们提供了转让或代理产权的平台。如此,城镇享有贸易垄断和设定关税的特权,作为回报,它们须向王室纳税。

土地的使用和转让能够为国王带来可观的财政收入,但"用益权"的广泛遗赠则会损害王室的既得利益。在英国,土地转让权分别于1290年和1327年被授予自由农民和贵族,以抵补封地分赐政策造成的财政损失。除英国外,在法国、香巴涅和昂儒等地也颁布了相关法令规制遗产继承。这不仅有效阻止了财政收入的流失,还通过土地转让税的征收扩大了税基,可谓一举两得。但这一系列的权宜之计事实上是"一举多得",因为这引起了一系列广泛而深远的结构变迁——从保护外商,到合并行会规则和商法使之成为国家强制实施的法律,再到英国国会(parliament)、法国三级议会(Estates General)和西班牙或葡萄牙的议会(Cortes),等等。①

这一明显带有现代色彩的税制同样解放了农奴。通过缴税,农奴们完成了他们的"捐税"义务。同样,作为回报,他们也获得了自身劳动力的所有权,部分甚至全部。这一转变意义重大,被视为现代权利观的始祖。人权的获取必将导致产权的索取。那些逐渐解放了自己的"农奴"开始向采邑的领主提出获取小块土地的使用权。通过缴纳年租,他们希望能够进行自由而独立的耕种和经营,

---

① [美]道格拉斯·诺思:《理解经济变迁过程》,钟正生等译,中国人民大学出版社2004年版,第117—118页。

而不是像之前那样打义工。这种地租，已不再出于"捐税"义务，而是一种以货币形式体现的建立在土地所有权和经营权基础上的契约关系。农民与领主之间的关系愈加类似于一种劳资契约关系。最终，劳动力得到解放，产能得以释放，农业摆脱了庄园的自给自足逐渐走向市场化。

到13世纪中叶，欧洲正式开始向现代产权制度过渡。13世纪初，经济增长带动了人口增长，但后者明显高于前者，生产力水平难以维系人口生存。大饥荒、流行病蔓延欧洲，造成恐慌。14世纪50年代的黑死病更导致大量人口的死亡。到1400年，欧洲的人口减少了约1/3。

生存压力面前，制度变革势在必行。建立在专有经营权基础上的土地产权制度逐渐形成，加速了封建制度的瓦解。人口的下降，改变了土地-劳动力之间的比率，使封地人手不足，导致庄园之间对农民劳动力的激烈竞争。土地和农产品价格下降，农民价值增加，这些情况都削弱了封建领主的势力。为了得到并留住农民，贵族们往往被迫延长"租约"的期限，甚至于把自己尚存的传统地产权也交给了"租户"。这样，"终身租约"实际上变成了可以世代相传的租约，而每次继承租约时，只要付一笔补足金即可。最终，封建庄园组织和农业组织发生了变化。

15世纪后半叶，人口出现了新的增长，资源使用权的变化导致了严重的通胀。以英国为例。在不到一百年的时间里，英国农产品价格上涨了4倍。随着土地价值的急剧上升，地租也相应提高，贵族势力大增。同时，对于那些继承了"终身租约"的农民而言，通货膨胀对他们是有利的，因为这极大地减少了租金和补足金的真实价值。但对于那些建立新租约的农民而言，通胀意味着使用和经营土地的价格不菲，这客观上挫败了潜在承租者的积极性。此外，与物价相比，工资是偏低的，因此贵族们更愿意使用雇农而非农奴，这又促进了封建农奴制的瓦解。

到16世纪，佃农或雇农构成了农村土地主要的劳动力，他们都享有相当的自由决定权。在一定程度上，有些佃农此时已差不多相当于准地主了。可以说，现代产权制度所必备的要件此时已基本具备，包括经营权、(分成)收益权、租佃关系等。而自耕农的出现表明个体劳动者对自身劳动力索取权利的开始。庄园制大多被废除,国家取代领主和贵族,正式制度影响渐增,封建农奴制度最终解体。

需要指出的是,这一制度的变迁并非整齐划一,部分庄园制仍有残存,甚至延续很久。在法国,庄园制在1789年和1792年的法国大革命期间仍存在。在中欧,庄园制直到1848年的民主运动时才最终消失。在德国和低地国家,直到它们被法国占领后庄园制才彻底废除。而在英国,一些"庄园现象"则直到1926年1月1日才从法律中取消,尽管它们早已名存实亡。

与西欧发生的事背道而驰的是,从15世纪开始,正当西欧一些国家出现资本主义萌芽的时候,中欧和东欧各国却加快了建立农奴制度的步伐。而这种农奴制正是西欧各国封建社会早期(公元5—11世纪)盛行的剥削形式,因此被恩格斯称为"农奴制再版"。在17世纪至18世纪,农奴们被剥夺了一切权利却没有丝毫反抗能力,并完全受控于作为他们命运裁决者的土地所有者,而政府则放弃了所有的裁决和管理方面的权力。18世纪下半叶,农奴制的建设更是在俄国达到了顶峰。在那里,土地所有者还承担了征税和为军队招募士兵的义务。相应地,农奴则无任何权利可言,他们像牲畜一样被买卖,不知道自由为何物,而他们继承的唯一财产就是各种义务负担。伊里亚·列宾的名画《伏尔加河上的纤夫》正是俄国农奴制下劳动者悲惨命运的生动写照。最终,整个中欧和东欧地区都进入了一个农民频繁进行反抗和起义的年代。这些特征在俄国、波西米亚、奥地利、波兰、西里西亚和上劳济茨等地尤为显著。

在这一时期,尽管西欧也面临着同样的大范围贫困问题,但其通过高度发达和多样化的分散化农业经营体系,在一定程度上弥补了贫困问题,并为后来的工业文明和社会进步提供了物质和精神上的准备。在俄国,直到1861年农奴制被废除后,农奴才获得了自由,可以离开土地到城里务工,并为工业的发展提供了自由雇佣劳动力。此后,俄国开始效法英、法等国的经验,开始了自己的工业化历程。在19世纪80年代俄国工业革命基本完成时,仍有大量的农奴制残余存在于其国内的城市和乡村。①

在汤普逊看来,欧洲的封建制度是一种以土地占有制为基础的经济制度,其根源在于罗马世袭的所有权制度和日耳曼个人忠诚的古老概念。罗马贡献了财产关系,日耳曼人贡献了人身关系,它们的结合形成了封建制度的主要性质。佩里·安德森认为,欧洲是自动产生工业化的唯一地区,其决定因素正是欧洲封建主义独特的政治制度和法律体系。②

在诺思看来,荷兰和英国成功的原因在于,它们都率先在欧洲确立了产权保护制度和所有权体系。该体系可以有效地发挥个人积极性,保证把资本和精力用于对社会最有用的活动。产业革命不是经济增长的原因,它不过是一种新现象,即经济增长现象的一种表现形式,一个能说明问题的迹象。经济增长的起源可以远远追溯到前几个世纪产权结构的缓慢确立过程,该结构为更好地分配社会财富的社会活动创造了条件。这说明,经济增长与产权制度密切相关。良好的产权制度会促进经济增长。相反,不适宜的产权制度会伤害经济体,并阻碍经济增长。同期,西班牙和法国未能实现现代意义的经济增长,便是这一逻辑的反面印证。

(二) 荷兰和英国的成功

荷兰

在人类社会的历史上,第一次真正意义的经济增长并不是出现于幅员辽阔或资源丰裕的国度,而是一个小国——荷兰。正是这个被誉为"海上马车夫"的国家,同时实现了人口增长和经济繁荣双丰收。荷兰的成功不啻是一种宣告,即人类完全有能力解决好自身生存与发展问题。

出于常识,人们通常将跳出"马尔萨斯陷阱"的成功归功于技术进步,但这是不充分的,证伪的例子不胜枚举。例如,人类在 11 世

---

① 于国石:《论中欧与东欧的农奴制再版》,《辽宁大学学报》(哲学社会科学版) 1992 年第 6 期;杨翠红:《俄国早期工业化进程解析》,《贵州社会科学》2013 年第 9 期。
② 刘成:《欧洲中世纪三大特性与现代化起源》,《史学月刊》2009 年第 11 期。

纪也曾有过农业技术革新，但并没有解决这一问题。资源禀赋和技术革命本身并不必然导致经济增长，前者只是后者的必要非充分条件。17世纪，荷兰和英国相继出现了新一轮农业革命，但这次变革却成功实现了经济增长，更为第一次工业革命做好了准备。对比11世纪和17世纪的两起农业革命可以发现，技术和资源的确重要，但产权制度才是使二者分道扬镳的根本原因。只有在私有产权得到有效保护的前提下，技术和资源的潜力才能被发掘和调动，进而推动经济高速发展。这期间，土地制度的法律结构起着重要作用。换言之，无论是农业还是工业革命都不是经济增长的原因，而是经济增长的表象。经济增长的源泉在于产权结构，一个好的产权结构能够为更好地分配社会财富的社会活动创造条件。

11世纪的农业技术革新之所以未能导致经济增长，主要存在两方面的原因。第一，低效的决策机制。当个体的发明或发现需要推广使用时，需要经过庄园或城镇的集体决策，一致同意原则造成了高昂的交易成本，阻碍生产发展和技术进步；第二，收益共享机制。由于缺乏对发明创新者的收益保护，集体共同分享成果所带来的一个显著结果是，创新和企业家精神的缺失。相比之下，17世纪的自耕农则拥有了更多的自由生产和经营权。他们尽管仍然受制于惯例或习俗，并且自身权利有限，但他们的确已经获得了一定的自由创造和独立分享的权限。实际上，任何伟大的壮举都源于点滴、始于毫末，技术变革也是长期积累的结果。如此，有限的权利萌生出微小的创造，日积月累汇聚成引领经济和技术变革的力量。一项能够提高生产效率的技术一旦被发明和引进，就会引起集体内其他成员的竞相效仿，而更大范围内的推广和使用则必然导致旧有集体经营制度的重新安排，这最终反映在对社会结构的影响。当更多的人希望通过更加排他且更具专属性的经营权结构提高自身收益时，个人经营制度便应运而生，而这也正是对旧有封建农奴制的一次"创造性破坏"。通过大量个人和集体谈判，每个人在土地使用和分配方面的权利和义务得以重新规定。进而，这一尝试逐渐由乡村进入城镇，成为一种新型契约关系。荷兰的成功，机理正在于此。作为欧洲第一个建立起良好产权保护制度的国家，荷兰的经验值得学习和借鉴。

第三章　产权制度的历史变迁

一方面，在需求端，勃艮第王朝的遗产以民族国家新王权的形式变革了贸易经济组织，极大地提高了市场的活力。另一方面，在供给端，土地和人都免除了庄园义务，农业组织产权结构的完善催生了以技术革新为推动力的新型农业革命，极大地释放了农业的生产力，并为该国的工业发展奠定了坚实的基础。进而，荷兰在纺织、造船、捕捞等在内的工业经济方面处于领先地位。这一相互配套、联系紧密的一体化工农业生产体系，是其他任何国家所不具备的。商业一直是荷兰最大的收入来源，也是该国的立国之本。在这一领域，垄断受到有效遏制，旨在降低交易成本的商业创新获得法律承认，生产要素的流动得到积极的鼓励。尽管存在地方行会的反对，外国商人和有专业技艺的手工业者仍可获准继续从事他们的职业。

在早期，乡村社会的经济组织在低地国家处于支配地位。那些建立在羊毛制品贸易或金属贸易基础上的繁荣城镇，则是这一时期促成城市化和市场化机制的关键，如布鲁日、根特、里兹。生产，是这些城镇增长的不竭动力之源，因此生产率的提高至关重要。然而，地方垄断却是使这一动力源泉枯竭的罪魁祸首。城镇内部的激烈斗争，反映出贵族和同业公会之间日益紧张的关系和在努力创建地方垄断过程中的持续冲突。勃艮第统治的全部影响就是阻止了限制贸易的行为。尽管勃艮第公爵们鼓励经济发展，鼓励新的和自由的工业和商业，因为威胁和激怒了那些享有特权的老市镇，但它们是在未取代省议会或市政长官的地方权力的情况下发展的政治行政机构。1463年，"好人菲利普"（Philip the Good）创建了一种代议制机构——全国性议会，它允许各省的议会代表组成国会制定法律，也有权投票支持统治者征税。这一议会体制，不仅促进了贸易和商业的增长，更是将征税权转让给统治者。勃艮第家族（和后来的哈布斯堡王朝）的统治者致力于统一和贸易事业，以促进经济繁荣并巩固王权。在查理五世于16世纪发动的整个战争中，17个省一直属于王室，并为不断扩大的帝国的征服提供愈来愈多的岁入。同时，统治者们不顾强烈的反对，积极取消行会的垄断特权和贸易限制，诸如布鲁日和根特等纺织城镇中的贸易限制。由于法规和产权中的良好激励作用，新兴工业中心不断涌现出来，统治者得到了他们的支持。低地国家的繁荣带来了大量的税收，成为勃艮第家族和哈布斯堡王朝的聚宝盆。然而，统一所取得的成功，本身也为联合它的反对派提供了基础。到了腓力二世时期，低地国家已不再对王权的苛刻税制报以容忍，出现了一系列的斗争和叛乱。安特卫普的陷落导致阿姆斯特丹的兴起和北方联合七省的独立。在阿姆斯特丹领导下出现的共和国给它带来了在勃艮第人统治下业已培育和发展了的法律和产权结构。从此，荷兰，特别是阿姆斯特丹，成为现代经济增长的发源地。[①]

在农业革命方面，荷兰的基本农业制度成为其他国家借鉴和仿效的先例，包括产权私有、自由劳动力和市场化等。与欧洲其他地区的庄园主不同，荷兰的贵族虽也拥有土地，但并不占据主导权，农民也因此不会受迫于合作或混合所有制的限制。到12世纪和13世纪，农奴制在一些地区已不复存在。在布鲁日等地，市场逐步兴起，附庸结构逐渐消失。此间，庄园则被割分，成为小农财产，于是小农土地所有制普遍流行，加之劳动力增长和土地收益递减，促使农业生产规模的不断扩大。不过，在荷兰，农地的扩大还要考虑一个特殊问题——围海垦田。可以说这决定了农地扩大的范围。围海垦田需要大量资本，因此必须有能力确保投资者的资金安全和收益的保障。土地私有制是最有效的手段。

私有制有利于专业化的提高，增进了市场的自由竞争。荷兰较欧洲其他国家有着悠久的农业专业化历史，在各种经济作物的生产中形成了较为稳定而相互独立的农场。面对16世纪的旺盛的国内外市场需求，荷兰加强了农业生产的专业化程度，私有制是主要手段。一方是城镇中的自由市场，另一方是农村的自由劳动力。当自由市场在价格机制作用下呈现出多变的供需关系时，只有及时调整农产品和生产要素的价格和产量才能获得更多盈利。可以说，这套机制的运行正是在荷兰的土地私有制条件下进行的。在一定意义上，17世纪荷兰的经济成功与其北部小农农业的革命是密不可分的。

[①] [美]道格拉斯·诺思：《理解经济变迁过程》，钟正生等译，中国人民大学出版社2004年版，第119页。

英国

17世纪以前，较之于荷兰高效的经济组织、西班牙强大的财政实力和法国的规模，英国在这些方面都明显相形见绌，在经济增长方面更是力有不逮。在这里，无论是民族国家的出现还是现代企业制度的形成，都似乎比荷兰慢了半拍。不过，取得经济成功向来都是好事多磨。在14世纪和15世纪期间，英国历经百年战争和玫瑰战争，随后动乱、叛乱接踵而来，司法管理不善与贵族权势削弱相伴发生。这意味着，民族国家在英国出现必将是一个漫长而代价很高的过程。在都铎王朝时期，英国的经济和经济政策仍然保留着中世纪的遗风，那些与传统社会相联系的障碍普遍存在，这些都阻碍着企业的发展。统治者更在意短期的经济稳定，而对工业化可能带来的失控局面心存忧虑。只是在17世纪后期，这些障碍才逐渐消失，这为企业的自由竞争开辟了道路。可以说，对英国的企业家而言，17世纪实际上是旧的约束和新的自由之间的分水岭，这在意识形态和法律上都有所表现。

如此，英国的改革从一开始注定是跛足前行的。然而，跛脚起步也使得英国必须以稳妥的方式推进改革，这于是又成为这个国家的一种优势。毕竟，经济的增长，不仅要求对私有产权的有效保护和公平自由的市场竞争，还需要完备的民主和法治环境。从这个意义上讲，英国都走在了前面，成为先进国家的表率。进而，新的农业革命在这里发生，随后又产生了人类历史上第一次工业革命。最终，英国的经济霸主地位得以确立。

在与其他强国的竞争中，英国逐渐探索出一条适合本国国情的强国之路。一方面，圈地运动给英国带来了一种崭新的产权制度，这一制度促进了知识的创新和传播，使新的农业革命广泛铺开，进而为日后的工业革命播下了种子。另一方面，在孤立荷兰的同时，将尼德兰的产权和制度规定运用于本国实践。

圈地运动，是产权变更的必然结果。根据奥斯特罗姆的观点，"公地悲剧"得以避免是有条件的。一方面，外部的强制或者诱因不足以刺激人们过度使用资源；另一方面，参与者之间的行为是一种在小规模内进行的重复博弈，这使得合作可以通过内部激励成为可能。如此，激励制度的供给、可信承诺和相互监督等三方面因素一起使"多中心自主治理"的模式得以实现。这意味着，一旦以上条件发生变化，资源的所有者将不得不面对"悲剧"。圈占牧地在习惯法中已有先例，如1236年的默托法令。最初，在养羊的村镇，人口密度大大低于以农耕为主的地区，从而达成一致协议的费用比较低。尽管人们同意共同限制公地上容许放牧的牲畜头数，但监督和管理这类协议既困难而且昂贵。解决的办法是，在个人之间划分牧场，并通过圈地给每个人以经营专属权。这显然有利于拥有最大牧群、因而是最关心这一新动向的人。相反，只拥有少量牲畜的小农则处于不利地位。这一措施在人烟稀少的地区进展比较迅速，因为这些地区当事人少，组织费用也就低一些（人少就容易达成一致）。但在圈地含有对财富进行重大再分配的地方，圈地运动遭到了广泛反对，进展十分缓慢，甚至骚乱、叛乱频发。都铎王朝的统治者是予以反对的，这成为圈地的主要成本。到了16世纪，羊毛价格的大幅上涨导致了牧羊收益的增加，这使得人们过度畜养牲畜，进而村镇牧场的人口变得相对过剩。产权未来收益的变动，必然引起产权结构的重新调整。其间，自主程度越高者获益也越高。尽管在此前的几个世纪里，村镇牧场这一"自主治理"的经济共同体运转良好，但在牧场占有权专属性缺失的情况下，牧羊收益的大幅增加势必造成人们竞相放牧的混乱局面。特别是对于具有更大自主性的自耕农群体，竞逐资源的动力更为充足。公地拥挤不堪，地力迅速衰竭，而羊主人事实上无法获得基于市场变化的预期收益。圈地运动，正是对这一产权变更压力的反应。

到了17世纪，斯图亚特王朝出于政治上的原因，停止反对圈地运动，这使得这一运动很快席卷全国。同时，另一种产权安排也得到了王权的支持。这便是对新作物耕种土地的专属所有权制度。1565年，荷兰移民将芜菁引进到诺里奇。新作物要求在长条地上栽种的敞田农民中间达成复杂的协定。共同放牧必须予以限制，于是为了获得这些作物的增益便发展出了无数折中妥协的办法。这些协定之所以必需，是因为土地所有权的形式达不到专属所有权的缘故。要解决的第一个问题是利用庄园土地的权利给谁，而后必须做出的一个决定是应当怎样利用庄园土地。这就要求建立一整套对新作物耕种土地的专属所有权制度。由于 16 世纪羊毛价格相对上升并没有持续到 17 世纪，因此将耕地变成牧场的刺激下降了。同时，17 世纪栽培作物价值的相对上升，鼓励了新作物从美洲的引进。这样一来，来自新世界和荷兰的新产品及新生产活动在英国出现，这促使农业放弃了一部分畜牧活动，并把牧场变为能够获取更多价值的新耕地。于是，各种自愿协定相继出现，一系列针对新作物耕种土地的专属所有权制度得以建立。圈地运动和各种自愿协定，消除了地权中的许多共有制成分并提高了耕作者利用更有效的技术的收益。18 世纪，新的农业革命在英国发生，现代农业生产方式最终诞生。从严格意义上讲，这也成为现代产权制度的起源。

对私有产权的有效保护通过国会与王权的权力制衡得以实现。这一切，还是和羊毛及与羊毛有关的税收相关。和欧洲大陆一样，英国传统的封建税收占总税收收入的比例不断下降，而得自外贸的税收（包括对酒、日用商品和羊毛织品的征税）占比却不断增长。羊毛，成为英国国际贸易的大宗出口品，更是国王收入增长的支柱。与欧洲大陆不同的是，英国没有城镇、教士和贵族的划分，整个国家只有一个议会且没有地区等级。大宪章规定了国王无权干涉贵族、城镇、外商和农奴的传统自由。长期以来，统治者获得税收的最好办法莫过于以产权换岁入。相应地，私有产权的所有者便可以支付税款的方式使财产得到保护。如此，城镇获得了贸易特权，外商获得法律权利且不再受行会的限制，而行会则被授予了排他性的垄断权。这意味着，不同利益集团在权力的争夺中都有相当实力的话语权。终于，在 15 世纪围绕羊毛贸易控制权的争夺中，王室、大宗羊毛出口商和代表羊毛生产者的国会这三个利益集团展开了一场势均力敌的角逐。博弈的结果是，王权获得了税金岁入，国会赢得了规定征税水平的权利，而商人得到了对贸易的垄断。尽管后来羊毛垄断消失了，羊毛税也成了政府税收的次要来源，但代议制的国会却保留了专有的征税权，也因此成为斯图亚特王朝时期制衡王权的象征。国会，以限制王权垄断的方式保护了私有产权和竞争，而转让产权的权力也自然赋予了这一代表商人和土地贵族的集团。①

在对羊毛利益的争夺中,一种新型组织形式出现了——"受管制的公司"。1248 年,出于控制羊毛出口的目的,伦敦纤维协会成立。1357 年,作为资助爱德华三世对法战争的回报,纤维协会取得了收取羊毛出口税的权利。1466 年,同样是作为财务支援的回报,亨利六世授予该协会在加来港的特权,包括对输往欧洲大陆的羊毛征收关税。这些公司像行会一样利用学徒制训练新人,并定期举办同业审查,淘汰表现不佳的成员。根据伦敦行会的规定,一个人只要靠行当了七年学徒,就可以换得自由身,除了免役,还可以在伦敦自治市内开业做生意。如果说行会更像工会,那么这种"受管制的公司"则更像是公司的雏形,但并不自由。它们由可独占特定外国市场做买卖的独立商人所组成,有时还联合起来为原料或运输而议价。尽管对法人组织的让步曾令君王们提心吊胆,但君王的态度仍决定了法人组织的发展。政府提供的保障也使商人们没有了后顾之忧。在伊丽莎白时代及斯图亚特时代早期,还维持着对这类"公司"的控制,包括伦敦的眼镜制造商、马车制造商和枪支制造商等,但新兴行业则可以在王室特许授权下成立公司。当这些特许公司足够强大时,便会得到皇家许可从现有公司中分立出来,并在更大范围内实现了垄断。例如,专门出售进口毛毡的商人于 1604 年获得许可进行合并。钟表制造商和枪支制造商从铁匠中分立出来,锡制盘子制造商也从五金商中分立出来。逐渐地,"控制"在不断弱化。为了帮助退伍的士兵找到工作,克伦威尔暂缓了学徒制。在伦敦,大范围的解雇进一步削弱了学徒制,国会给予自由人特权使其凌驾于那些到伦敦寻求重建家园的手艺人之上。

领料加工制,通过保留所有者的产权,降低了交易成本,以等级制组织取代了市场交易。这一制度可追溯到都铎王朝和斯图亚特王朝时期,最初主要集中在纺织业,是一种"早期的企业"。直到 1820 年,仍然在英国制造业中占据着支配地位。与手工业制造不同,领料

---

① [美]道格拉斯·诺思:《西方世界的兴起》,厉以平、蔡磊译,华夏出版社 2009 年版,第 209—220 页。

加工具有任务越来越分散的特点。在从原料到成品的制造过程中，原料包给各地，工资（主要是计件工资）按阶段支付。由于中央商人制造业主在整个制造过程中保留了对材料的产权，因此他们可以在生产的每个阶段都实行不变的质量标准，这比在各阶段实施一系列的市场交易具有明显的成本优势。随着直接监督和控制的发展，技术改进办法的发明费用降低了。而随着对个人贡献的衡量手段的日益改善，发明取代人工操作的机器的成本也下降了。可见，有效的产权保护降低了交易成本，激发了知识的创新。

正如史学家所说，随着公司的演进，那种预示着现代组织形式的特征，最早出现在英国。尽管与荷兰相比，英国的企业花了较长的时间才成熟起来，但它却是建立在稳定得多的国内财富基础上的，它最终由那些对荷兰的商业同样重要的因素所塑造。在制造业经济组织的演进中，从手工业到领料加工制再到工厂制，经历了三个多世纪。解释这一变迁过程的关键在于，市场规模扩大和质量控制问题。市场规模的扩大使组织发生变革，脱离了家庭和手工业生产那种纵向合并而进入到专业化。衡量投入产出的交易成本随着专业化而增长。为改进质量而相应加强的监督和对投入的集中控制，从根本上降低了发明新工艺的成本。其中，工厂纪律成为质量控制的手段，机器代替人手形成新的生产组合。在这一过程中，交易成本和技术变革相互作用，即专业化扩大引起了组织创新，组织创新导致了技术变革，技术变革反过来需要进一步的组织创新来实现新技术的潜力。最终，工业革命在英国发生。

到18世纪，英国的制度框架为经济增长提供了一个适宜的环境。工业管制的衰败和行会权力的下降使劳动得以流动和经济活动得以创新，稍后又进一步得到了专利法的鼓励。资本的流动受到合股公司、金首饰商、咖啡馆和英国银行的鼓励，它们都降低了资本市场的交易成本。更为重要的是，国会至上和习惯法中所包含的产权将政治权力置于急于利用新经济机会的那些人的手中，并且为司法制度保护和鼓励生产性的经济活动提供了重要的框架。英国在不利的开端之后到1700年经历了持久的经济增长。它发展了一套包含在习惯法中的有效的产权。除排除了在要素和产品市场上资源配置的障碍外，英国已经开始用专利法来保护知识的私有权了。

1688年,詹姆斯二世的统治被推翻。次年,议会通过了《权利法案》,国家权力由国王转移到议会。这场不流血的革命被誉为"光荣革命"。尽管英国人在这次革命中所建立起来的并非真正意义上的民主政体,而是一种代表贵族利益的君主立宪制,但其对于英国的民主化进程意义重大。从此,王权受到严格约束,国王统而不治。如果说议会对王室行为的限制使英国赢得了百年战争,那么"光荣革命"则可以说最终奠定了英国的霸权地位。"光荣革命"以后,王室对司法权的控制被废除,创制了"司法独立";议会获得了相当大的权力和权利,诸如掌握它本身的选举、作为唯一代理人控制税收的权利、至少每3年进行议会选举和限制议会会期的权利、在政府决策和拨款方面的新职能等;通过《兵变法》,军队由议会控制;没有议会的同意,《婚姻法》的实施和集资募捐都是非法的;《容忍法》保证了一定程度的宗教信仰自由;而《王位继承法》排除了天主教徒成为国王的可能。

可以说,英国的现代化是以革命开始,以改革完成的。"光荣革命"宣告这样一个时代的到来,即对本国产权、经济活动、信仰自由以及个人自由提供更多的政治保护。这些新的安排产生了一个强国,它足以在一个前所未有的程度上以有效的方式获取资源,并且促进了英国在国际关系中的强势地位、一个世界性大帝国的产生以及最终形成无人匹敌的格局。在疾风骤雨的革命背后,却是英国社会有条不紊的宽松环境。正如恩格斯所说,"英国无疑是地球上(北美也不例外)最自由的,即不自由最少的国家。因此,有教养的英国人,就具有在某种程度上来说是天生的独立自主的权利,在这一点上法国人是夸不了口的,德国就更不用说了"。正是这种"宽松的"社会环境,为英国下一步进行的渐进性改革提供了"人和"。君主立宪制将以前国王的全部权力集中到议会,国王成为"统而不治"的点缀品,国家由下议院多数党组成的内阁治理。选举权的扩大最大限度地体现了英国的民主政治,而这一民主制度则是通过英国近代史上的三次著名的议会改革来实现的。18世纪末,法国大革命的爆发和其后延续20余年的反法战争,促使英国社会在政治上日趋保守,两党制开始萌芽。在重大问题上,托利党和辉格党之间的分歧与对立逐渐明晰化,使得两党联合之争的基础逐渐丧失,内阁的排他性逐渐显露出来,与此同时,正当议员在议会下院的主导地位逐渐确立并日益增强,这些都为即将到来的议会改革提供了条件。1832 年,第一次议会改革打破了贵族寡头在政治上的长期垄断局面,为工业资产阶级提供了参政的机会。1867 年的议会改革将选举权扩大到中产阶级、小资产阶级和上层工人,使贵族寡头不得不从盘踞了上百年的下议院做出巨大的退让,工业资产阶级从此居于政治上的主动地位,议会的寡头政治开始让位于资产阶级的议会民主制。1884 年议会选举权的改革进一步扩大了选举权,范围涉及农业工人和矿工。伴随着三次会议改革,英国的两党制度逐渐形成,文官制度经过改革逐渐确立,资产阶级实现了对社会的全面统治。至此,英国的政治现代化以资产阶级的议会民主制的确立和完善为标志,基本完成了。[1]

(三) 法国和西班牙的失败

法国与西班牙在政治发展上有着惊人的相似性。在这两个国家,议会机构为得到稳定和秩序都放弃了对征税的有效控制,这使王权逐渐获得了一定程度的垄断权力,能单方面改变税收结构和规定应交付款。在政治统一方面,两国都用了很长时间才完成,有些地区还顽强地保留了一定程度的地方自治(因为在这些地区王室没有垄断权可言)。此外,这两个地区都经历了叛乱,贸易都遇到了来自内部的障碍。加泰罗尼亚没有与西班牙(卡斯蒂利亚)经济连为一体,而且在经济上时常受到歧视;它于 17 世纪才进行了实际的革命。低地国家在近代初期也起而反抗哈布斯堡王朝。革命时改变政府的手段,也是对专制主义的抑制。潜在的革命为专制权力规定了界限。

两个国家在天赋资源上的差异和税收来源的显著不同,为大相径庭的经济发展模式提供了重要解释。在法国,缺乏显而易见的税基,

---

[1] 杨光斌:《政治的形式与现代化的成败——历史上几个前现代化国家的经验比较》,《中国人民大学学报》2005 年第 5 期;王彦敏:《英国、法国、德国现代化的比较及思考》,《理论学刊》2004 年第 1 期;刘金源:《法国革命时期英国政党政治的发展》,《学术研究》2014 年第 10 期。

从而要求初期交易成本高，以便造成一个直接征税的官僚结构，一旦官僚结构造就，税金便可以增加，而成本在王权享有的垄断限度内却所剩无几。这一模式与西班牙的销售税有某些相似之处，但在西班牙王权的三大岁入来源——羊主团交付的税金、低地国家和其他领地的款项、新大陆的财富——之中有两种都是外部的。这决定了西班牙的命运。外部来源提供了一种现成的和不断增长的岁入来源，不仅揭示了查理五世和腓力二世统治下西班牙政治权力和哈布斯堡帝国的兴起，而且同样解释了在腓力二世统治下已初露端倪的西班牙权力的衰落——这一趋势在腓力三世和腓力四世时由于那些岁入来源丧失而急转直下。西班牙帝国依赖于非西班牙的岁入并随之而盛衰。

在法国和西班牙，专制的王权居于垄断地位，私有产权不能得到有效保护，而限制性的产权又造成它们在人口增长面前无法通过市场机制有效适应要素比例变化。结果，在 17 世纪，法国的经济增长明显落后于英国，而西班牙，这个昔日欧洲最强大的国家，则最终沦为绝对衰落的国家。

法国

1422 年，查理七世登基，法国在名义上成为一个国家。此时，国王面临的严峻任务是重建法律和秩序，从英国和勃艮第人手中收复他要求拥有主权的一大半王国。这些都要求以充足的财政收入为保障。征税是王室的首选，并为此成立了一个叫作三级会议的代表机构。不过，查理七世还受到法国占领者们的限制，主要是英国和勃艮第。在与勃艮第达成妥协后，法国撵走了英国人，并取缔了各地的非法组织。随后，三级会议的征税权也丧失了，这意味着法国的代议制机构失去了权力，而缺乏制衡的法国王室随即将征税作为其拥有的特权。到了路易十一时期，王权制衡的缺失则更为严重。

可以说，这种出于国家竞争需要的短期利益而确立的征税权，虽然解决了一时的财政困难，但长期而言，王室的征税特权排斥了地方势力和代表机构的制衡，这是不利于经济发展的。

百年战争以后，法国经济表现出鲜明的地方性，其经济单元分散，经济发展区域性特征明显。对此，王室的征税之举就不可能是全国性地一以贯之，而是因地制宜地按类别征税，这不仅需要建立一个大型官僚组织,还需要各种自发组织作为辅助。行会是此时最好的选择。受14世纪和15世纪不景气的经济所累,法国的行会得以发展,它们试图利用垄断限制来保护不断缩小的市场免受外部竞争。出于增加财政收入的考虑,王室对日益壮大的行会青睐有加。王权为地方垄断担保,以增强行会的实力,作为回报,行会须向王室纳税。就这样,国王凭借王权巩固起地方垄断,并借此换来了稳定的税基。同时,贵族和教士被排斥于征税系统之外,一个庞大的行政官僚组织建立了起来,这使得王室征税变得更加容易。借用诺思的话说,"法国在设计产权制度方面可谓老谋深算"。这套"以产权换岁入"的权宜之计仍需要监管,这就要求有一套复杂的代理机构,它不仅耗费了财政收入,还成为法国政治结构中的顽固派。

法国的财政收入的确增加了不少,但这是以牺牲其长期经济增长为代价的。地方垄断加深了国民经济的地方性程度,牺牲了市场扩大所增加的好处。此外,地方垄断还阻碍着创新和竞争,消磨着市场活力。

诺思指出,除诺曼底外,法国没有发生大规模的圈地运动。一个有限市场带来的刺激和变革使官僚充塞的合法制度的费用超过了任何单个地主或自愿团体所得的收益。尽管一些遗留下来的公地和荒地被圈占了起来,但小面积的条块地则成功地抵制了种种圈地企图。这造成在近代初期的法国,农业中仍大量保留着中世纪的特征,而且在更有效地组织其耕地上没有什么进展。① 社会收益不仅面临着收益的递减,而且缺乏来源的实现机制。结果,法国未能摆脱17世纪的马尔萨斯危机。

集权性、官僚性、垄断性的制度不但抑制了经济增长,而且阻碍着现代化的进程。专制的王权和庞大的官僚体系,控制着法国的产业,指挥着国民经济的运行。低效的产权制度安排抑制了经济增长,而绝对专制主义的王权又激起了革命的不断发生,进而打乱了工业现代化的步伐,使其呈现出一种间歇式跳跃的特征。

---

① [美]道格拉斯·诺思:《西方世界的兴起》,厉以平等译,华夏出版社2009年版,第177—178页。

◇ 产权保护与经济增长

臃肿的官僚体系以对王权的绝对效忠为己任，垄断的地方势力控制着产业的入口，这是法国经济面临的问题。行会是法国产业组织的基础，在柯尔柏以法令形式将其置于麾下后，一种行会和产业官员相结合的双重管理机制相继建立。这一机制的触角可以说伸向了法国经济的方方面面。例如，对织物染色的管制条例就达 317 项之多。不仅如此，条例的落后、决策的滞后，都给产业发展带来了极大障碍。除行会对产业发展的阻碍外，艺术品和奢侈品行业以及一些外贸公司也长期依赖于王室资助，继而成为经济增长的障碍。

诺思将法国产业制度的经济效率后果总结为四点：（1）劳动的流动性到处受到限制，结果进入一个行业即使不是不可能也是困难重重；（2）资本的流动性也同样受到限制；（3）那些不得违背习俗的烦琐的生产过程条例使创新到处受到抑制或禁止；（4）在许多场合如 1571 年敕令，各种织物的价格都是固定的。①

伴随产权不稳的是政局动荡。与英国革命一样，法国大革命也是由国王与议会的斗争作为开始的，但结果却大相径庭。大革命发展得太迅猛，在创造了那个时代政治革命的最高峰后，却回到了原来的起点——1815 年波旁王朝复辟。大革命留下了丰富的遗产，但也使整个法国都相信，无论是革命还是反革命，只有暴力才是政治斗争的决定形式。于是法国历史出现了一个"革命－复辟－革命"的怪圈。从 1789 年法国大革命到 1879 年共和制最终确立，革命、动荡连绵不断，仅重大的政治危机就 13 次，相当于平均不到 7 年发生一次，这严重挫伤了经济增长的基础。

结果，大革命打乱了开始于 18 世纪的经济增长进程，远远拉开了与英国的差距，直到 1815 年法国工业生产才进入一个蓬勃的增长期，但发展很不稳定，经历了一个"快－慢－快"的经济发展过程。1815 年至 1860 年为法国经济的加速发展时期，1860 年至 1895 年是法国经济增长缓慢和止步不前的时期。1895 年，经过调整后的法国经济重振雄风。1896 年至 1914 年，法国经济增长的速度史无前例。

---

① ［美］道格拉斯·诺思：《西方世界的兴起》，厉以平等译，华夏出版社 2009 年版，第 181 页。

但这所谓的经济快速增长是比不上英国的,更赶不上后起的德国,被称为"没有工业革命的工业化"。按照美国经济学家罗斯托的理论,工业革命总有一个"起飞"阶段,可法国工业不存在明显的起飞阶段,被称为"没有起飞阶段"的工业化,其工业化的特点,是渐进式的。还有,法国整个工业化过程中,小农经济长期存在。另外,法国工业部门中最具竞争力的奢侈品生产不适合大批量、大规模的机器生产,只能靠能工巧匠的精雕细琢,这导致长期大中小企业并存现象。这些虽就法国国情讲有一定合理性,但最终还是影响了工业的发展,使得法国的工业水平在19世纪末很快被德美赶上,从世界第二位降到世界第四位。①

西班牙

在整个16世纪,得益于大西洋贸易,西班牙一直保持着欧洲第一大国的地位。事实上,西班牙在许多方面优于同期的英国。首先,西班牙较早掌握了先进的远洋航海技术,并先于英国开始跨大西洋远洋贸易,甚至于在很长一段时间内主导甚至垄断了大西洋贸易。其次,西班牙在南美洲建立了殖民地,其资源条件优于北美洲,这为其提供了较大的资源优势。最后,与英国殖民地的自治治理方式不同,西班牙的殖民地都没有议会,且各殖民地收缴的税收大部分被送回宗主国。尽管西班牙具有很多优势,但为什么工业革命没有发生在这里?现代意义的经济增长为什么与这一昔日的欧洲霸主失之交臂?进一步讲,甚至于作为英国曾经的殖民地的美国今天一跃成为世界霸主,而南美洲的绝大部分国家如今却不得不面对经济动荡和政局不稳。西班牙的衰落,与它一度的兴盛一样,令人振奋,发人深省。

在诺思看来,西班牙人最初都强烈地希望受到保护和实施基本产权,以致国家能够获得对征税的管制权。对越来越大的财政岁入的需要,催生了以产权换税收的模式,但由于权力不受约束,产权的转让并未促进效率,而是适得其反。正是绝对征税水平和获取财政收入方式的无效,使西班牙同法国一样,没能跳出"马尔萨斯陷阱",而前者比后者的境况更糟。美国麻省理工学院的约翰逊(Simon Johnson)

---

① 王彦敏:《英国、法国、德国现代化的比较及思考》,《理论学刊》2004年第1期。

◇ 产权保护与经济增长

等人在《欧洲的兴起：大西洋贸易、制度转变与经济增长》一文中提出，正是大西洋贸易的利益催化着西班牙的制度转变，而这一转变的前提条件则与国王和皇室专制权力的强弱有关。查理五世所继承的专制体制不能确保产权得以有效保护，是工业革命未能在西班牙发生的症结所在。[①]

探究西班牙经济增长问题的制度根源，仍然要从羊毛生意开始。早在西班牙历史上土地还很丰裕的时候，羊毛业便已发展起来了。作为一种定式，牧羊人在夏季会把羊群赶往高地，而到了冬季则会转场至低地牧养。羊毛，是西班牙王权的三大税基之一，而另外两个却都是外部的（分别来自低地国家及其他领地和新大陆）。在王权与摩尔人征战的岁月里，羊毛发挥了无可替代的作用。与英国不同，西班牙王权的专制主义属性天然赋予了国王对征税权的垄断。在英国，王权只是获得了税金岁入，而规定征税水平的权利属于国会，对贸易的垄断则归于羊毛出口商。但是在西班牙，产权制度的安排显然是走向了另一个方向。

在西班牙，阿尔方斯十世于1273年将地方牧羊同业行会（亦称羊主团）合并成一个行会，称作卡斯提尔牧羊主荣誉会。毕竟，把羊主团集中起来，并授予垄断特权，更有利于税金的征收。更何况，征收牲畜税比征收人头税容易得多。1476年前后，西班牙处于极度无序的状态，这使人们更加担忧财产的安全。那时，"在西班牙大部分地区，没有一人能够说'这是我的''那是你的'，因为一场战斗的运气、君主的好恶，甚至某些情况的变化都可能使一个人的财产遭到没收或出让给别人"。1484年，王权遭遇财政危机。"由于宗教裁判所的迫害加剧，先是异端分子手中的资金抽逃，而后是犹太人于1492年复遭驱逐，这样需要很快加以补救；另外，没有什么比出口羊毛更容易严密照管的了。"

牧羊主团作为王权重要的岁入来源，资助了王权与摩尔人的战争，而得到的回报是享有在西班牙来回迁徙羊群这一扩大了的特权。

[①] 杨光斌：《政治的形式与现代化的成败——历史上几个前现代化国家的经验比较》，《中国人民大学学报》2005年第5期。

1480年，王室的文告命令撤销农民在公有地上圈占的土地；1489年，文告对格拉纳达牧羊场的界线做了重新规划（扩大了）；1491年的敕令禁止在格拉纳达圈地；1501年的土地借租法实际上允许到任何地方放牧羊群，而以往只在几个月内可以随时占用，并允许羊主永远按最初规定的租金支付；如果羊群放牧不为主人所知，则可以不交付租金。

"16世纪，牧主团会议已经成为一种特权制度，穿过王国的路线受到保护，每年羊群由巡回的执法人员和武装警卫陪同，有权凌驾利益冲突各方之上，阻止在羊群行经的道路上圈占土地，有权与最有势力的地主进行集体议价，免交销售税和地方销售税。牧主团会议拥有其他制度不曾涉及的司法权和种种经济特权。"

继几个世纪与摩尔人的冲突和几乎无休止的封建领主间的内战之后，民族国家在斐迪南和伊萨贝拉统治下出现了。以损害地方领主为条件，权力渐渐集中于君主制度。出于民众对贵族们发动的恐怖的内乱的厌恶，西班牙的代议机构卡斯提尔国会将征税管制交给了王权。此举，意味着代议制在昙花一现后退出了西班牙的历史舞台，而一个"有秩序的专制政府"应运而生了。专制君主制在敛财方面的效果可谓立竿见影。从1470年到1540年，西班牙的税收增长了22倍。可以看出，垄断权的转让不仅有利于牧羊主团，而且也为王室带来丰厚的收益。然而，这些却是以西班牙土地所有权发展的停滞为代价的。好奇的人们或许会问，如果费迪南德和伊萨贝拉当初剥夺了羊主团的垄断特权而鼓励发展可耕地的所有权，那么农业的繁荣本该在这个国家出现。但是历史是不能假设的。正如诺思所言，统治者与选民之间谈判力量的对比是变革的直接原因。当赢弱的议会尚不足以对王权构成威胁时，集权的君主政体和官僚制度的产生则是必然。在后来的几个世纪里，发展有效的土地产权一直遭到反对。1539年，对小麦实行最高限价时，可耕地农业的发展遭到了进一步削弱。在价格上涨16世纪里，土地租金固定和小麦实行最高限价的必然结果是，乡村人口锐减，各地不断发生饥荒。因此，从事可耕农业简直没有什么刺激，而对农业和农业组织进行改进就更缺乏动力了。这便是西班牙未能跳出"马尔萨斯陷阱"的根本原因。

1516年，查理五世登位，标志着西班牙极盛时代和对欧洲大部分地区称霸的开始。同时，西班牙在美洲建立起了一个庞大的殖民帝国，并且存活了300余年，影响深远。在今天的拉丁美洲，有18个国家就是在它的统治下生长起来的。在以国王为核心的家长式专制体制下，西班牙得以迅速聚集起巨大的外部财富，并维持和扩大帝国的版图，而这也为其日后的衰落埋下了种子。而其身后的殖民地国家，也因路径依赖的惯性，步其后尘，即使在几个世纪后仍未走出宗主国的制度阴影。

这个时代初期非常繁荣，来自阿拉贡、那不勒斯、米兰特别是繁荣的低地国家的财政岁入有巨大增长。在那些年，来自其他各种自愿的岁入包括来自西印度群岛的财宝，增长了10倍。不过，由于查理五世在欧洲维持了一支最大的（也是训练最好的）军队和海军，其经费的增长也与岁入的增长不相上下。查理五世及其继承人腓力二世为了维持这个帝国，每年都要耗费许多经费。当荷兰的税收由于低地国家的反叛而停止以及来自新大陆的财富而减少时，就更需要有新的岁入了。为了增加岁入，将专一的地方垄断权转让给了城市行会。地产被充公征用，贵族身份（可免除征税）被出售。然而，即使采用了这孤注一掷的应急办法，也未能使王权免于破产。在1557年之后的近一个世纪里，王权至少发生过六次破产。

随着王权财政困难的加剧，侵占、没收或是单方面改变合同便成为屡见不鲜的事情，最终影响了从事商业、工业以及农业的每个团体。结果，人们被迫放弃了生产性的职业。不过，这个时期，教会、政府部门和贵族成为唯一不受王权危害的群体。有学者认为，这可能与下级贵族对教会、政府和军队有所偏爱，而对贸易和商业心生反感有关。其结果，在对政府的财政政策的反应中逐渐形成的产权结构，只鼓励那些不受国家影响也对社会没有产出的活动，而阻止个人去从事各种生产性活动。因此，由于产权保护的缺失，经济停滞便不可避免。正如埃利奥特所说，"经济制度的性质就是这样，一个人不是学者便是僧侣，不是当乞丐就是当官僚。舍此而外别无其他"①。

由此可见，西班牙的专制王朝不仅不能促进资本主义的发展，反而"尽力阻碍取决于全国分工和国内交换的多样性的共同利益的产生"，从而导致了城市和工商业的衰落，也使专制王权失去了最可靠的保障，因为"这种共同的利益正是建立统一的管理体系和统一的法律的唯一可能基础"。正如马克思所说，"（在西班牙）贵族政治虽趋于衰落，却保持着自己的最恶劣的特权，而城市已丧失自己的中世纪权力，却没有得到现代城市所具有的意义"。

三 案例分析

（一）李约瑟难题

英国生物化学家李约瑟曾提出，为什么现代科学，即伽利略时代的"新的，或者说实验性的"哲学只兴起于欧洲文化，却不见于中国或印度文化；为什么在科学革命前的大约14个世纪中，中国文明在发现自然，并将自然知识造福于人类方面比西方有成效得多。② 这便是著名的"李约瑟难题"。

在一些科技史学家看来，中西方科技文明的发展遵循着各自不同的轨迹和规律，因此二者孰优孰劣本不具有可比性。当然，仅从技术层面考虑，确如这些学者所言，甚至对于一些涉及重大发明的归属问题也尚存诸多学术争议。事实上，李约瑟提出的问题，已不限于科学技术本身，而是对科技制度的深入探讨。其旨归正如他本人所说的，"无论谁要阐明中国社会未能发展近代科学，最好是从说明中国社会未能发展商业的工业资本主义的原因着手。……如果没有资本主义、资本主义社会的兴起和封建社会的衰亡，那么近代科学、改革运动和

---

① ［美］道格拉斯·诺思：《经济史上的结构和变革》，厉以平译，商务印书馆2013年版，第171—173页。

② 文贯中：《中国的疆域变化与走出农本社会的冲动——李约瑟之谜的经济地理学解析》，《经济学（季刊）》2005年第1期。

◇ 产权保护与经济增长

文艺复兴都是不可想象的"①。曾长期和李约瑟一起研究该问题的历史学家黄仁宇在其著作中宣称,从传统意义上讲,有效率的私有产权历来不为中国法制所支持,而法庭审案的目的在于保全传统社会组织而非为民服务。②

人们发现,中国早在14世纪的明朝初年就已经具备了英国18世纪中叶才具有的资本主义萌芽,但工业革命却没有在中国发生。相反,中国经济却迅速落后于西方。社会学家马克斯·韦伯(Max Weber)问道,工业革命为什么没有首先发生在中国?③ 著名经济学家王亚南认为,"中国社会的长期停滞问题,事实上,无非是中国典型的或特殊的封建组织的长期存续问题;又因为中国特殊的封建组织在政治上是采取集中的专制的官僚的形态,于是,我们那种特殊封建社会体制的长期存续问题,自始就与专制官僚政治形态保有极其密切的联系"④。因此,无论是李约瑟难题,还是韦伯之问,都指向同样的命题,科技的发展是为增进人类福祉还是走向科学主义,什么样的制度更有利于科学的创新和技术的进步,进而为经济增长带来不竭动力。

在诺思看来,知识存量和技术存量扩大人类福利的范围,但它们不决定人类在那些范围内怎样达到成功。决定经济绩效和知识技术增长率的是政治经济组织的结构。人类发展的各种合作和竞争的形式及实施将人类活动组织起来的规章的那些制度,正是经济史的中心。这些规章不仅阐明了指导和决定经济活动的激励制度和抑制制度,而且决定着一个社会基本的福利和收入分配。理解结构有两个必不可少的工具,即国家理论和产权理论,前者之所以不可缺少,是因为国家规定着产权结构,并最终对产权结构的效率负责,而产权结构的效率则导致经济增长、停滞或衰退。他进一步指出,英国的工业革命是创新率的一种加速度,其起源可以回溯到1750—1830年这一传统年代以

---

① 皮建才:《权威委托机制与李约瑟之谜:基于文献的批判性思考》,《经济科学》2009年第6期。
② 黄仁宇:《资本主义和二十一世纪》,上海三联书店1997年版,第24—25页。
③ [德]马克斯·韦伯:《儒教中国政治与中国资本主义萌芽:城市和行会》,转引自黄宪起等《韦伯文集:文明的历史脚步》,上海三联书店1997年版,第62页。
④ 王亚南:《中国官僚政治研究》,中国社会科学出版社2005年版,第136页。

前。规定得完备的产权,不是像自由放任那种情况,改善了生产要素和产品市场。由此而来的市场规模扩大了,又引起更大的专业化和分工,从而增加了交易成本。为了降低交易成本而设计了组织变革,结果不仅大大降低了创新成本,而且,同时扩大的市场规模和对发明的规定完善的产权还提高了创新的收益率。正是这一系列发展为技术革命——第二次经济革命(它将科学和技术结合起来)——铺平了道路。正是19世纪后半期的这后一种发展,产生了新知识的弹性供给曲线和史无前例的发展。[1]

就李约瑟和韦伯问题,中国学者给予了高度关注。张宇燕和高程认为,中国传统的官僚制度是一种官商合作的产权保护制度,而非建立在宪法约束下的法律制度,官商之间的亲密程度决定了商业家族财产的稳定和增值,这必然挫伤制度创新的激励并造成产权的不稳定状态。商人和政府官员更多追逐短期利益,市场环境呈现出勇于私斗、不胜不止的局面。[2] 艾德荣从政治制度和产权关系方面进行分析,解释了"为什么宋代中国的早期工业革命到了明清时期会变成停滞的农业经济"的问题。他认为,中国古代的省制改革降低了行政压力,造成地方有地精英对产权的侵占,挫伤了资本主义生产关系的形成。资本的流动性和增值性使商人的财富增值不再仅仅依附于土地,这对以士绅为主的地方有地精英构成了重大威胁。1370年,明太祖进行的制度改革,减少了上层省级官员对县层政府的行政和财政权力,使中国的治理体制由之前的强省制变为弱省制。弱省制使有地精英有机会以较低成本阻碍专业化生产和科技创新,他们限制那些可能威胁到其权力、影响力和社会地位的人的产权,并以种种手段利用他们的财富和社会关系来维护自身利益。[3] 在林毅夫看来,中国古代始于隋朝的科举制度,以儒家经典学说为主要内容并以高级汉字游戏为载体,严

---

[1] [美]道格拉斯·诺思:《经济史上的结构和变革》,厉以平译,商务印书馆1992年版,第21—24页。

[2] 张宇燕、高程:《海外白银、初始制度条件与东方世界的停滞——关于晚明中国何以"错过"经济起飞历史机遇的猜想》,《经济学(季刊)》2005年第1期。

[3] 艾德荣:《职权结构、产权和经济停滞:中国的案例》,《经济学(季刊)》2005年第1期。

◈ 产权保护与经济增长

重扭曲了一国人力资本的构成结构。"学而优则仕"之风盛行，社会缺少对科学创新和实验的激励。由于科学革命未在中国发生，技术在原始科学的条件下达到一定的高度后进一步发明的瓶颈不能被打破，没有技术的不断进步，资本也就无法不断深化，资本主义生产关系的发展受到限制，以至于当19世纪西方用舰炮打开火药发明国度的大门时，中国仍停留在资本主义萌芽时期。①

林毅夫教授的观点，还可以作为另一个命题的注脚。2005年，时任总理温家宝在探望病重中的钱学森时，谈了未来15年科技工作的指导方针。钱老提出，"现在中国没有完全发展起来，一个重要原因是没有一所大学能够按照培养科学技术发明创造人才的模式去办学，没有自己独特的创新的东西，老是'冒'不出杰出人才。这是很大的问题"。随后，国内媒体将其归纳为"为什么我们的学校总是培养不出杰出人才？"，即"钱学森之问"。如果说古代的科举制度曾严重扭曲甚至破坏了中国人力资本的产权结构，那么1977年恢复高考至今，中国在现代化大学建设中的投入不可谓不多，985工程、211工程及各级各类项目层出不穷，但为什么仍未培养出"杰出人才"？似乎是教育出现了问题。2015年，英国广播公司BBC播出了一部系列片《我们的孩子足够坚强吗？中式学校》，片中记录了5名中国老师在英国汉普郡的一所普通中学采用中式教学法向英国中学生授课的过程。结果显示，与英式教学法相比，中式教学法使学生获得了更高的分数。此外，一份由艾瑞深中国校友会网发布的调查数据显示，在1952—2014年中国各地区省级高考状元中，大部分在完成大学本科学业后选择欧美等发达国家留学深造，而选择在国内就业或创业的高考状元比较少。调查发现，昔日的高考状元尽管在学术界、专业技术领域职业成就最高，但较少成为出类拔萃的行业"顶尖人才"和"领军人物"。2015年9月，屠呦呦获得诺贝尔生理学或医学奖授予，成为第一位获得诺贝尔科学奖项的中国本土科学家，而她的灵感正是来源于1700年前东晋葛洪的《肘后备急方》。在一片盛赞之余，

---

① 林毅夫：《李约瑟之谜、韦伯疑问和中国的奇迹——自宋以来的长期经济发展》，《北京大学学报》（哲学社会科学版）2007年第4期。

人们却发现这位低调的女学者居然没有留洋背景,没有博士学位,没有院士头衔,因此称她为"三无"科学家。

事实证明,中国自古以来从未缺少一流的智慧和思想,知识存量丰厚,能工巧匠众多。然而,知识的积累并不必然引起生产力的提高,将知识转化为生产力,使中国制造转型为中国创造,亟须制度做保障,制度创新势在必行。钱德勒(Chandler)认为,美国工业中的规模经济更多的是制度创新的产物,而不是技术变迁的结果。在新发布的《统筹推进世界一流大学和一流学科建设总体方案》中,"创新"一词出现达33次之多,包括科学创新、创新人才、创新团队等。方案中强调,应将学生培养成为"知识发现和科技创新的重要力量""保护创新、宽容失败,大力激发创新活力""推动重大科学创新、关键技术突破转变为先进生产力",等等。

制度创新,是知识创新的根本保障。探索符合中国国情的产权治理之路,则是经济发展的制度保障。发展,归根结底是人的发展;产权,归根结底是人的权利。对私有产权的尊重和保护,正是对人权的捍卫。建立和完善合理的产权保护制度,正是对人的权利的有力保障。良好的产权保护制度,能够激发人类对知识的积累和创造,提高科技和管理水平,为经济增长提供不竭的动力源泉。

尽管近代中国未能跟上工业文明的步伐,但这并不表明中国没有保护私有产权的历史传统。与海洋文明所侧重的人与物的产权观不同,大陆文明强调人与人之间的关系。如果我们将人类早期的氏族和村社制度视为一种公共品,那么私有制的产生则是对这一公共品的瓦解。所不同的是,西方的经济组织和社会关系因循着法律和契约而建,而中国则逐渐演化为一种建立在宗族和乡里基础上的社会形态。就像我们对"轴心时代"东西方所给予的共同的文明动力报以"啊哈"(惊喜)之情一样,同样令人惊讶的是,当西罗马帝国灭亡之时(公元476年),北魏时期的中国则开始推行均田制(公元485年)。此后,一个进入了漫长的黑暗期,另一个则开辟出繁荣盛世。但是,中国的私有产权制度是"不稳定的"[1]。"普天之下莫非王土"的意识

---

[1] Reade Winwood, *The Martyrdom of Man*. London: Watts, 1925. p. 108.

◇◇ 产权保护与经济增长

形态决定了臣民所谓的"公"不过是皇权统治的"私",而自上而下的政治格局又意味着宗族和乡里"假公济私"的道德风险。如此,一系列宗法家规、道德戒律构成影响产权安排的一组非正式制度因素。显然,在这一背景下,公权和私权是不明确的,私有产权也就不能得到有效保护。

从另一方面说,建立在非正式制度条件下的产权安排尽管并"不稳定",但却适应了传统的道德伦理观,进而推动了农耕文明的发展,这也是中国作为一个农业大国治理的成功所在。法国重农学派的创始人魁奈就十分推崇中国的伦理治国之道,并将中国几千年农业社会的治理经验引入欧洲,开创了近代欧洲政治经济学的新纪元,被誉为"欧洲的孔子"。也正是受到魁奈等人的影响,亚当·斯密于1776年发表《国富论》一书,奠定了现代经济学的基石。可见,经济思想本没有东西方之别,中国的经济思想与世界经济思想一脉相承。制度创新,首先要打破思维的局限和意识形态的藩篱,立足本土,博采众长,探索适合中国国情的产权保护制度。

从1840年爆发的鸦片战争开始,中国受到崛起的西方世界的有力冲击,开始了被动的现代化转型。转型并不顺利,可以说是艰难坎坷,屡遭挫折。转型之所以艰难,是因为传统的负担太沉重,有重重阻力。最大的两个阻力,来自思想意识和既得利益集团。[1]

现代转型,是一个从传统社会转变到现代社会的系统工程。转型的关键,是突破"国家困境",使国家权力符合现代文明的要求。"国家权力是一把'双刃剑'"。今天的人类社会,如果缺乏必要的国家权力,社会公共事务难以得到有效处理,正常的社会秩序难以维持,必要的社会公共产品和公共服务难以提供,社会成员难以过上安宁、安定、幸福的社会生活,基本的人权也就难以保证。但是,另一方面,如果国家权力不受到有效的制约和监督,不把它关进制度的笼子里去,其势必会滥用和扩张,基本的人权同样难以保证。"同样,人民的代理人也是一把'双刃剑'。在人民主权原则下,人民无法直

---

[1] 洪振快:《亚财政:制度性腐败与中国历史奕局》,中信出版社2014年版,第221页。

接行使主要的国家权力,而必须由自己选举的代理人代表自己行使国家权力。因此,如果人民没有自己选举出来的代理人,国家权力实际上无法运行;但另一方面,人民的代理人即使在选举时道德品质是优秀的,也无法保证其在实际掌握国家权力以后,面对由国家权力所带来的巨大利益诱惑时仍然能够通过自律保持优秀的道德品质。""在国家权力和人民的代理人均称为'双刃剑'的情况下,如何使国家权力有效运行而又不至于滥用、如何使人民的代理人拥有必要的权力而又不至于扩张,成为国家出现以后摆在任何人类社会面前的巨大难题。以宪法和法律的形式,既保障国家权力的有效运行又不使其滥用和扩张,既保障人民的代理人拥有一定的权力又不使其能够谋取私利,可以说,这是近代以后,人类寻找到国家治理和社会治理的最佳方式。"[1]

(二) 传统与创新

在中国,非正式制度对经济和社会发展影响深远。如何基于中国现实,结合国外产权制度的发展经验,创造性地提出适合中国国情的产权保护机制,是一个面向当前、着眼长远的问题。理论上讲,非正式制度环境意味着产权改革应以诱致性制度改革为主要手段,这较之于"疾风骤雨"式的强制性改革手段能够有效缓解各类利益之间的矛盾冲突。在实践过程中,中国的家庭联产承包责任制改革获得了巨大成功,便是一种典型的诱致性制度变迁,其初期表现较为激进,而后期则表现为渐进性特征。此外,民营企业的发展也表现出明显的诱致性制度变迁特征。相反,国有企业的产权改革则主要是通过国家行政手段进行,是一种渐进式强制性制度变迁。无论制度变迁的方式是诱致性的还是强制性的,以上产权制度改革都指向同一个方向,即建立和完善现代产权保护制度。在这一进程中,农业成为领头羊。

在中国历史上,商业资本总是源源不断地向土地资本转化,而不愿意转化为产业资本。从春秋战国时期商业资本初露端倪到明朝中叶资本主义萌芽显现,在近两千年的岁月流转中,中国积累了丰富的资

---

[1] 胡锦光:《论宪政的基本要素》,《财经》2013年10月13日。

本和强大的生产力，但封建社会一直长期延续，不仅未出现工业革命，其资本主义也"萌而不发"，这与商业资本大量流向土地而不能有效投资产业生产有很大关系。

在汉代，货币借贷的年息约为 20%，而投资土地的年息约为 15%，这意味着资本应从收益率较低的土地向收益率较高的商业领域流动，但事实却是资本的反向流动，土地变得资本密集，进而引起西汉中叶以后商人与地主、官僚合流的情况。[1] 到了近代后期，尽管商业资本平均收益率高达 40% 左右，远远超过了土地资本 13.3% 的平均收益率，但依然没有改变资本向土地集中的窘态，结果推高了土地的租值。[2] 到 1949 年以前，在南方甚至出现了大量的不在村地主现象，即土地的实际所有者居住在城镇而非乡村，而工商企业由于资本匮乏不能得到有效发展。这与欧洲工业文明早期大量资本集聚于工业领域的情况是不同的。[3] 在非正式制度中，农本思想、宗法观念、重利轻义等涉及道德伦理和意识形态方面的形式起着重要作用，它们对中国经济和社会发展影响深远，是建立和完善符合本国国情的产权制度必须正视的问题。

对非正式制度，既不能搞"一刀切"，也不能放任自流，对其中的合理部分，应尊重其历史传统，科学规划和引导，而对其中的落后部分则必须加以改造。在这一方面，新中国成立后的改革实践积累了大量经验和教训。1949 年后，在农村中存在的一些非正式制度被一概视为陈腐而遭到批判和废弃，代之以一套自上而下的正式制度，从"互助组"到"初级社"，再到高级农业生产合作社，形成了"金字塔"式的大一统国家治理建构。于是，一直到改革开放前，整个社会变成了铁板一块的"刚性结构"，农村发展缓慢，既不存在独立选择生存发展方式的余地，也不存在独立生存发展的可支配资源。1978 年实行改革开放后，一度曾被否定的风俗、习惯和信仰等"非正式制度"重获生机，并逐步取代了以前高度集权模式的行政管理体制，成

---

[1] 施新荣：《试论两汉商业资本之流向及其对汉代社会之影响》，《新疆师范大学学报》（哲学社会科学版）1999 年第 3 期。
[2] 曹幸穗：《旧中国苏南农家经济研究》，中央编译出版社 1996 年版，第 47—48 页。
[3] 姚洋：《高水平陷阱——李约瑟之谜再考察》，《经济研究》2003 年第 1 期。

为中国农村社会的改革动力源。以家庭联产承包责任制为核心的体制改革拓宽了农村社会的空间,启动了以经济发展为中心的农村社会内生变迁过程。如果将农村社会视为中国改革的前沿阵地和试验田,那么其有效发挥非正式制度在改革中的作用并取得成功,则为工商企业的改革实践提供了宝贵经验。[1]

在中国,非正式制度在商业企业领域集中表现为家族企业和商帮文化,这对现代企业制度的建立和完善提出了挑战。诚然,基于伦理的治理方式在一定时期(特别是初创阶段)的确可以对组织绩效起到促进作用,这一点已由中国本土企业的崛起所证实。但长期来看,如果缺乏对产权的清晰界定,由于产权的动态属性,组织未来的效率和秩序会受到影响。以中国传统的座次文化为例。在传统文化中,座次的排序往往象征着地位和等级的差异。例如,在《水浒传》中,梁山一百单八将的排座次,就是一种典型的科层组织降低交易成本的产权制度安排。尽管没有正式的书面条文,但座次的安排赋予每人相应的权利,从而促进了梁山集团整体效率的提高。对于梁山座次的排列,是可以有不同的标准的,如功夫高低、年龄长幼、上山前的官职大小,以及未来所负责"执事"的不同,等等。最终,从降低交易成本的角度考虑,以每个好汉政治地位的高低和在梁山活动中作用的大小为依据排座次是最佳的选择。这也是原著中的排序逻辑。[2]

梁山排座次,折射出这样一个道理,即产权的界定和范围的划定是可以有很多种方法和标准的,应基于现实情况,本着最大限度降低交易成本的原则,选择最佳的产权序列,进而提高组织的整体绩效。但是,梁山排座次的问题在于,座序完全由顶层设计,甚至于有可能仅取决于寨主一人的偏好,这一逻辑意味着在未来不确定的环境下,面对动态的产权变迁,组织结构不能够进行灵活且合理的调整,因此这一治理模式只能适用于短期内小规模的家族式经济组织,对于现代大型组织的内部治理而言并无益处。座次的安排不能体现"选贤任能",缺少"能上能下"的规章制度,这对组织在空间上的拓展和在

---

[1] 李怀:《非正式制度探析:乡村社会的视角》,《西北民族研究》2004 年第 2 期。
[2] 曲家源:《再谈梁山泊排座次问题》,《辽宁师范大学学报》1985 年第 3 期。

时间上的延续是极为不利的。从这个意义上讲,"招安"不过是梁山把自己"逼上梁山"的结果。

改革开放以来,中国的企业如雨后春笋般大批涌现,国有企业、家族企业、合伙制企业和个体工商户等占很大比例,治理水平参差不齐,制度引进良莠不分,这势必给企业的产权纠纷埋下隐患。在企业做大做强的同时,"中国合伙人"何以变为"中国散伙人"?在企业控制权之争问题上,万通是一个绕不过去的例子,甚至被称为"万通模式"。1991年,王功权、冯仑、潘石屹等六人共同创立了海南农业高科技投资联合开发总公司(即万通公司的前身),被誉为"万通六君子"。按照冯仑的说法,公司创始之初,公司股份的确定是按照《水浒传》中"座有序、利无别"的方式进行的。在这一模式下,尽管职务有别,但利益均分,董事长并不重要,座次排序模糊不清,创始人权力相当。公司在完成原始积累后开始招聘新人,于是才有了真正意义上的上下级关系。由于座次排得模糊,且六人权力均等,这自然造成员工自觉不自觉地开始"站队",形成各式各样的派系,导致组织运行效率低下。随着业务的扩张,公司实力不断增强,个人和派系的实力也各自壮大,分歧也日益严重。在产权制度缺失的情况下,江湖式的治理结构已无法满足公司发展的需要,解体便成为必然。三年后,万通管理层终于在合伙人的严重分歧下宣布解散。有媒体评论说,冯仑以江湖义气和事缓则圆的方式聚合众雄的价值观,已经开始与企业的发展出现了某种不平衡。[①] 近年来,"宝万之争""国美之争""王老吉诉加多宝案"等,从一个侧面反映出本土企业在产权治理中仍存在很多问题。

与民营企业的"野蛮生长"形成鲜明对照,中国的国有企业则严重缺乏竞争力。在经济学家张维迎看来,有效的市场经济是建立在私有产权制度和公平竞争基础之上的,而在国有企业主导经济的情况下,这种公平竞争的市场环境是缺失的。国有企业归政府所有,而后者正是市场游戏规则的制定者。结果是,政府为避免人们对其政策提出质疑,将倾向于在制定政策时偏袒其自身所涉的国有企业。国有企

[①] 《中国"散伙人"》,《新商务周刊》2013年6月24日,第28—29页。

业的独特优势,使得其在与民营企业竞争过程中处于政策性优势的地位。在国有企业和民营企业发生纠纷时,法院会更宜于偏向国有企业。在投融资问题上,银行会给予国有企业更为优惠的信贷支持。在劳动力市场上,劳动者对国有企业稳定的工作环境会青睐有加。如此种种,事实证明让国有企业和民营企业之间进行公平竞争是不现实的。此外,在国有企业主导经济的市场环境下,不同的民营企业之间也不可能有公平竞争。由于特权寻租的问题存在,与国有企业或政府有特殊关系的民营企业,较之于没有这种特殊关系的民营企业则更易于获得市场的特殊优势地位。例如,国有参股的民营企业比纯私营的民营企业会更易于获得矿产资源的开采权。如此一来,对所谓公平竞争的市场环境的建立则被扭曲成民营企业竞逐特权的游戏。退一步讲,即使经济体中只存在国有企业,在张教授看来,公平竞争也是不可能实现的。在政府层面,由于存在中央和地方两级政府的差异,其下属国有企业则不可避免地处于各自上级政府部门的庇护之下,享受不同的特权。在市场层面,国有经济必然存在进入过度(即"重复建设")和兼并不足(即"退出困难")的问题,而当政府允许国企之间"自由竞争"时,国企经理人则有激励将价格定得低于边际成本,进而造成市场中的恶性竞争。因此,那种认为"企业所有权不重要,重要的是竞争"的观点既缺乏理论基础,也没有事实的佐证。张教授预见到,如果将国有企业所拥有的特权取消,允许民营企业在市场准入、经营牌照、税收、信贷、土地政策等所有方面都享有与国企完全同等的待遇,则国企必将在竞争中消失。[①]

事实证明,在激烈的市场竞争中,企业要想做大做强,必须以现代企业制度为根本保障,否则,根基不牢就会造成"呼啦啦大厦将倾"的危局。现代企业制度,说到底,就是将所有权和经营权分离,通过外部法律法规和内部规章制度,清晰界定和有效保护产权体系,并通过一系列科学合理的制度安排,不断完善产权治理结构,进而提

[①] 张维迎:《理解公司——产权、激励与治理》,上海人民出版社2014年版,第10页;张维迎:《控制权损失的不可补偿性与国有企业兼并中的产权障碍》,《经济研究》1998年第7期;张维迎、马捷:《恶性竞争的产权基础》,《经济研究》1999年第6期。

高企业绩效，增强经济组织的核心竞争力。"生存，抑或死亡"，也是一个产权制度改革不得不面临的问题。

在我国，无论是对于民营企业还是国有企业来说，都存在着明显的产权问题。产权，根本上是一种基于财产而建立的人际间经济权利关系，一个合理的产权结构应内在地体现出排他性、可分割性、可交易性、有限性等性质。市场经济的活力取决于企业的竞争力，将知识转化成生产力的动力来自有效的产权结构。不同的产权之间必须有清晰的界限，而且任何产权必须规定特定权利的行使范围。对同一财产而言，不同权利如果发生分解或分离，其各自也必须明确界限。如果产权得不到清晰界定，权能的行使就无法有效进行，利益也无法实现，进而造成产权纠纷不断，产权的交易无法顺利进行。任何产权都必须有限制，没有限制的权利是无用的，它既可能是完全的权利并由此侵占他人的权利，也可能是不受任何保护而被任意侵害的权利。这就好比说，在两个主体对同一块土地各有一半产权的情况下，如果划分为两半的分界线在哪里得不到确定，那么势必会造成两个产权主体之间的一定矛盾。在矛盾激化时，很可能谁也不能有效使用其一半产权，也不可能进行交易。可以说，有纠纷的产权既不可能交易，也不可能被有效利用。产权纠纷问题，在转轨经济体中表现十分突出。这一方面是由于发展中国家在产权的初始界定方面本来就不清晰，另一方面，在转轨过程中，产权的变迁产生了很多新的模糊地带，这是产权纠纷频发的主要原因。

综上所述，国内外的历史经验表明，经济的增长和繁荣无不是建立在对私有产权进行有效保护的基础之上，包括对人、财富、物产和知识等的保护。评价经济增长对社会福利的贡献，不仅要考虑人们财富的绝对增加量，还要考虑在多大范围内给人们提供了选择的可能。事实上，对产权的保护，就是对人们的努力加以保护，这对保持经济长期向好至关重要。

第四章 产权和法律

一 产权的法理基础

(一) 宪法与法律

产权保护，宪法是原则，法律是手段。缺乏法治条件的产权保护不过是镜花水月。宪法，是一国的根本大法，其宗旨在于通过一整套原则性的条款，保障人民拥有与享用自己的权利，并且这些权利神圣不可侵犯。其中，最为关键的是对基本人权和私有财产权利的保护。所谓基本人权，是指社会中的每个人或者群体在各方面所享有的人所具备的关于人格、人身、生存和发展等方面的基本权利和基本自由。所谓财产权利，是一种通过社会强制力来保证实现的对各类经济物品的多种用途进行选择的权利，可以通过转让来换取对其他物品的相同权利。换言之，产权说到底是人权。任何一个政府，在确定法律体系时，都必须首先保障基本人权的行使，确定财产权利并保护私有产权。

在法律法规的制定和执行方面，市场和国家之间应分工明确，但这恰恰是法律形式主义和现实主义的分歧所在。在法律形式主义者眼中，法律是独立于其他政治和社会制度的规则和原则，是一套封闭的逻辑自洽体系，司法过程应将法律规则适用于客观事实。相反，对于法律现实主义者而言，法律不是一套规范，而是一种活的制度，靠法官、律师等法律从业人员对法律案件主观能动的所作所为构成。因此，现实主义的司法过程，应建立在法律规则的基础上，法官的判决取决于他基于自然理性所认定的事实，而非客观事实。也就是说，既然人人都有与生俱来的"自然理性"，那么法律人是否一定要由具有

◇ 产权保护与经济增长

相关执业资格的权威人士担纲？如果不是，那么统治者是否也可以同时具有法官身份呢？首先举两个发生在英国和法国的例子。①

1608年，应坎特伯雷大主教班克罗夫特的奏请，英王詹姆斯一世召见了英国各法院的法官。其目的是寻求法官们认可大主教给他提出的一个建议，即对于法院的法官审理的案件，如果有疑问的，无论案件的性质如何，概可以由国王自己"以王者的身份"直接进行裁决；因为法官不过是国王的代理人而已，国王有权按照自己的喜好裁决案件。针对国王的这一要求，时任高等民事法院首席大法官的爱德华·柯克（Edward Coke）爵士回答说，"由英国全体法官、财税法庭法官见证，并经他们一致同意，国王本人不能裁决任何案件，不管是刑事的，比如叛国罪、重罪等，还是各方当事人之间有关其遗产、动产或货物等的案件；相反，这些应当在某些法院中，根据英国的法律和习惯来决定和裁决"。

国王对此的回应是，既然法律是以理性为基础的，那么除了法官之外，他和其他人也一样具有理性。柯克接着说道，"确实，上帝赋予了陛下以卓越的技巧和高超的天赋；但陛下对于英国本土的法律并没有研究，而涉及陛下之臣民的生命或遗产、或货物、或财富的案件，不应当由自然的理性，而应当依据技艺理性和法律的判断来决定，而法律是一门需要长时间地学习和历练的技艺，只有在此之后，一个人才能对它有所把握：法律是用于审理臣民的案件的金质标杆和标准。"

闻听此言，国王感到受到了极大的冒犯，说道，"那么，如此说来他将处于法律之下，要知道这种说法是构成叛国罪的"。此时，柯克大法官引用了"英国法学之王"布拉克顿的名言，"国王不应当受制于任何人，但应受制于上帝和法律"。②

与英国的故事不同，在法国，1661年3月，马扎然去世，已故首相的阁僚问路易十四："今后我们有事找谁？"国王回答："找我。"

---

① 杨霄：《〈柯克的故事〉的法理学解读》，《法制与社会》2013年第21期。
② 于明：《法律传统、国家形态与法理学谱系——重读柯克法官与詹姆斯国王的故事》，《法制与社会发展》2007年第2期。

第四章　产权和法律

他随即宣布自己不需要首相,单独行使王权。在路易十四看来,他"代表整个民族",因此"朕即国家","法律出自我",亲自理政乃是"国王的职业"。他毕生将自己的信条付诸实践。路易十四的时代由此开始,其所依据的乃是17世纪在欧洲流行的"君权神授"观念。[1]

英国和法国的故事本质上反映出产权保护的宪政制度设计问题,即产权制度的建立和完善应遵循怎样的法理和逻辑,国家在保护产权问题上应发挥怎样的作用。在中世纪,法律被视为一种传统或习惯,"人们从来不认为国王拥有创立新法的独立而专断的权力。事实上,法律观念本身主要被看作民族的恒久习惯,它不是被国王创造的,而是国王面对的约束条件,是他可活动的畛域"[2]。随着近代国家的建立,法律被视为一种统治工具,"统治者可以通过行使其统治意志制定新的法律并通过他自己日益扩大和有效的宫廷体制得以用强力实施的观念完全是革命的"[3]。

作为世界上最早实行宪政制度的国家,英国于1215年颁布了《大宪章》(*Magna Carta*),用以限制国王的绝对权力。其中规定,未经合法审判,不得扣留、没收自由民的财产,不得剥夺其受法律保护的权利,并且规定凡自由人的土地、城堡等财产被非法剥夺者,国王将保证予以归还[4]。美国是颁布世界第一部成文宪法的国家,其宪法第五修正案和第十四修正案中的相应表述正源于英国普通法并可追溯至《大宪章》。美国宪法第五修正案明确规定,"非经法律正当程序,不得剥夺任何人的生命、自由或财产","非经公平赔偿,私有财产不得充作公用"。第十四修正案规定,"不论何州……不经正当法律程序,不得剥夺任何人的生命、自由或财产",更是将私有产权的保护推行到州一级层面,突显了产权法律保护的平等原则。1789年,

---

[1] 刘文立:《路易十四时代述评》,《法国研究》1988年第3期。
[2] [爱尔兰] J. M. 凯利:《西方法律思想简史》,王红笑译,法律出版社2002年版,第95页。
[3] [美] 贾恩弗兰科·波齐:《近代国家的发展》,沈汉译,商务印书馆1997年版,第73—74页。
[4] 法学教材编辑部:《外国法制史资料选编》(上),北京大学出版社1982年版,第254—255页。

◇ 产权保护与经济增长

法国颁布了《人和公民权利宣言》,第十七条规定"财产是神圣不可侵犯的权利,除非合法认定的公共需要所显然必需时,且在公平而预先赔偿的条件下,任何人的财产不得受到剥夺"。可以说,"私有财产神圣不可侵犯"在很多国家的宪法中都得到了不同形式的宣示。①此外,还体现了对个人主义和主权至上两种哲学观的调和。

(二) 自由与财产

康芒斯指出,自由是有价值的,自由就是财产。就自由和财产这两个法律概念的经济或意志方面而言,一种涉及选择的机会,另一种是对较大或较小经济力量的选择。当这两个方面结合在一起的时候,它们就构成了所谓的扩展原则,因为它们通过与其他人发生联系而实现了经济力量的扩大。② 可以说,自由选择体现着机会成本,而财产本身体现着会计成本,二者共同构成着产权的价值。因此,保障自由选择的权利同保护财产同样重要。

刘易斯强调,制度是促进还是限制经济增长,要看它对人们的努力是否加以保护;要看它为专业化的发展提供多少机会和允许有多大的活动自由。除非努力的成果确实属于他们自己或属于他们承认有权占有的人,否则,人们是不会做出努力的。社会改革者们的努力,很大一部分是针对不断变化的制度的,以便使制度为努力提供保护。③

人类对于产权的认识是一个由自然权利观到法律权利观的过程。从17世纪到18世纪,人们对于产权的认识主要建立在自然权利学说的基础上,但同时也出现了像霍布斯、卢梭等人所倡导的产权的法律权利观。18世纪以后,随着欧美各国宪政改革的结束,人们对产权的自然权利观产生了更多的质疑,如斯密和休谟。自然权利观随着自然法理论的衰落而衰落。人们对产权的理解,也从权利的自然属性转

---

① [美] 路易斯·亨金等:《宪政与权利》,郑戈登译,上海三联书店1996年版,第155页。
② [美] 约翰·R. 康芒斯:《资本主义的法律基础》,寿勉成译,商务印书馆2006年版,第37—38页。
③ [英] 阿瑟·刘易斯:《经济增长理论》,周师铭等译,商务印书馆1999年版,第66页。

第四章 产权和法律

变为一项法律权利。直到 19 世纪,当功利主义取代自然法成为主流观念后,产权便不再被视为一种自然权利,而成为一种法律的创设。

同样,人类对于自由的认识也经历了由个人权利向社会正义的转化。罗尔斯在 1971 年发表的《正义论》便是这一转化的标志。他提出,"正义是社会制度的首要价值,正像真理是思想体系的首要价值一样"。[1] 三年后,诺齐克发表了《无政府、国家与乌托邦》,成为战后又一部捍卫私有财产权的重要著作。按照诺齐克的说法,财产的再分配如果削弱了竞争的效果就意味着不公。因此,对于依法保护产权而言,不仅要求建立自由竞争的市场秩序,还需要构建公平、正义的法律体系,建立起一套评价各种初始财产禀赋的独立标准。[2] 可以说,矫正正义,是法律的价值取向,这不仅涉及签约或执行合约时当事人双方的共同允诺,侵权行为出现后的救济或纠正,还涉及豁免事由。

现实中,由于交易成本的存在,通过法律矫正正义需要考虑成本和收益二者间的关系。例如,与现代社会相比,在原始社会,单位土地上的人口和畜牧资源相对稀缺,且土地增值能力差,技术相对落后,等等。在这样的条件下,产权保护往往得不偿失。相反,现代社会的产权保护则在以上几方面具有优势,因此较为易于推广。诚然,即使是现代社会,保护野生动物的成本也较家畜为低,特别是对像麻雀、野兔之类极为分散的野生动物而言,确立产权并予以保护几乎不具有可行性。那么对于经济价值较高的野生动物应如何确立产权并加以保护呢?法官波斯纳以河狸为例对此进行了解释。

由于河狸的皮毛具有明显的经济价值,如果不加限制,就很可能出现因过度捕杀而几近灭绝的情况。尽管猎人们会想到,留下一只母河狸并让它繁殖后代会成为一笔核算的买卖,但他却不能保证其他猎人也会如此仁慈。基于这样的考虑,在短期利益驱动下,没有猎人会选择留下这只母河狸。不幸的是,对野生母河狸确立产权是困难的,且成本极高。为了保住它的性命,也可以对它未来产下的幼崽确立产

---

[1] [美]约翰·罗尔斯:《正义论》,何怀宏等译,中国社会科学出版社 2001 年版,第 1 页。

[2] 蒋永甫:《西方宪政视野中的财产权研究》,中国社会科学出版社 2008 年版,第 286—288 页。

◇ 产权保护与经济增长

权,但这会更加困难,其成本或许会远超收益。对此,考虑两种办法。首先,用管制替代产权。通过国家行使管制权将狩猎减少到动物被猎最佳比率的适当水平,以矫正私人和社会的成本和收益间的偏差。其次,也可以考虑允许个人买下某块河狸栖息地,且从此地获取的全部收益归该人所有。这样,通过对私有产权的确立和保护,同样可以起到良好效果。

美国东西部水法制度的差异,反映出矫正产权和稀缺性之间的关系。在东部,由于各州的水资源丰富,用水权在很大程度上归地方团体所有,其基本规则是河岸所有者(即水体滨岸的所有者)都有权对水资源进行合理使用,这种使用不得不正当地干预其他河岸所有者对水资源的使用。在西部各州,那里的水资源匮乏,排他权可通过占用(使用)而取得。

波斯纳还提到对物的产权确定问题。经常有些非常有价值的物(如失事船残骸中的财宝)过去曾经为人所有但现在却已被抛弃。在此,普遍规则是发现者就是保管人。在某种意义上,这与野生动物所有权规则是一样的。这些物的所有权是通过将之变为实际占有而取得的。然而,在那种物为人所有之前(未产的河狸、被遗弃的船),这种所有权间隔(gap in ownership)——即无人对此有所有权的阶段——是经济问题的根源。

但这问题在这两种情况下有所不同。就野生动物而言,主要问题是过快的开发;至于被抛弃的财产,其问题是开发成本过于昂贵。假设失事船残骸中财宝的价值为100万美元,而雇用潜水员打捞的成本是25万美元。由于这一冒险行动的预期利润很高,所以有人也仍可能决定雇用自己的潜水员并以此在打捞事务上将第一个小组打败。这样,还会有第二个、第三个、第四个小组也试图参加,因为如果每个小组有着同样的机遇(25%)先搜寻到财宝,那么,这一行动对每一小组的预期价值为100万美元×25%仍然会抵销他们的预期成本。但是,如果4个小组参加打捞,获得100万美元财宝的成本将是一个小组参加时应付成本的4倍。实际上,由竞争造成的社会净损失将少于75万美元,因为竞争可能将会使财宝比在只有一个小组参加打捞的情况下更快地被发现。但是,时间上的收益可能是有限的,并且也难以弥补为加速搜寻而添加设备的成本。

如果财宝没有被抛弃，就不会有成本过渡这样的问题。因为，如果那样的话，所有者就会简单地用 25 万美元雇用 4 个之中的一个打捞小组了。但是，我们在法律意义上称被抛弃财产时，是指使财产恢复到原所有者的原状的成本过高而具有抑制作用，这不仅由于在合理的成本下原所有者难以找到，而且因为他认为这财产的价值低于寻找和使用它的成本（也许是错误的估计）。有价值资源开发成本昂贵的问题，和过快开发问题一样，其最终的根源有时在于对财产权的实施成本过高而对这类开发具有抑制作用。

他进一步强调，法律能对抛弃问题起点作用，而且在某种程度上已经起了作用。有时，普通法将搜寻的权利给予第一个已在搜寻这类财产的人，而制止其他人进行搜寻，只要前者的搜寻正在认真进行。普通法的另一规则是，使已被发现的被抛弃无主财宝（货币和金银）转归政府所有，而非变为发现者的财产。这一规则在政府认为适当的无论什么水平上都减少了对搜寻的投资，政府根据应给发现者多少补偿而决定其适当的投资水平。就货币而言，其最佳水平是很低的，甚至可能是零。发现货币并不增加社会财富，而它只是使发现者比其他人拥有更多的社会物品的份额。由此，其最佳报偿可能是非常低的，甚至是零。普通法中的这一倾向是为了将已被发现的被抛弃财宝转归政府所有的原则（the escheat principle of treasure trove）扩展到被发现财产的其他领域，并由此给予发现者报偿而不是财产本身，这在经济学上是很有道理的。

可能会出现这样的情况：即沉没财宝和专利发明没有多大差别，而且专利权引起的经济问题与被抛弃财产引起的经济问题具有惊人的相似之处。思想在一种意义上是被创造的，但在另一种意义上是被发现的。假设，如果通过赋予专利权而允许其他人使用，那么无论哪一位新产品的发明者都能将其专利权出售给厂商而获利 100 万美元。再假设该发明的成本是 25 万美元。其他人也将竭力抢先发明这种新产品。竞争会使它能被更早地发明出来。但假设它只是早了一天，那么，早一天拥有这种新产品的产值将比在发现上重复全部投资的成本小。①

因此，对产权保护的法理认知必须从价值评判入手，建立在信任的基础上。所谓，人无信不立，法律的根基正在于诚实守信。尽管普通法存在概念界定上的模糊问题，但就其实体部分而言，主要由物权法、合同法和侵权法等三部分组成。其中，物权法涉及财产权的创设和界定，而财产权是对有价值资源进行排他性使用的权利；合同法涉及促使财产权向最珍视它们的那些人那里自愿转移的问题；侵权法涉及财产权的保护，包括人身不可侵犯的权利。

（三）信任与承诺

在霍布斯所描述的自然世界里，个体间的相互怀疑势必使当事人各方陷入单边的"囚徒困境"之中，并最终造成整体信任的塌陷。尽管这一假设并不现实，但如果当事人在交易中彼此怀疑，出于对对方可能的机会主义行为的预防，互相背叛的均衡状态仍是很有可能的。特别是在交易涉及的经济价值愈大时，信任的作用愈大。那么，重复博弈是否有助于当事人走出"困境"呢？经济学家发现，在一般情况下，重复交易理论依赖于交易次数的无限重复，否则"合同将会在最后一轮交易中被破坏"。② 相应地，这会影响其倒数第二轮的选择，以此类推，最初的第一轮选择也会受到影响。因此，法律在建立和强化信任方面发挥着不可替代的作用，尽管也存在着诸多非正式制度约束的可能情况。

由于存在私人信息，法律无法确保交易的可靠性，但却可以通过可信而有力的惩罚塑造可靠性，这正是契约经济所仰赖的重要因素。例如，如果契约当事人可以无成本地违约，那么建立在契约条件下的交易就无法顺利实现，其结果是要么没有交易，要么交易额很小、时间很短。当法律规定受损方有权起诉违约方并提出索赔，甚至有权撤销合同，且违约方必须承担相应赔偿时，当事人双方则有信心达成

---

① ［美］理查德·波斯纳：《法律的经济分析》，蒋兆康译，法律出版社2012年版，第43—44页。

② Dixit A K, *Lawlessness and Economics*, Princeton: Princeton University Press, 2004, 16.

第四章　产权和法律

协议。

惩戒的措施主要包括"事前"禁令和"事后"赔偿两种方式，前者旨在解决盗用、侵入或干预他人财产等问题，后者则意在处理违约或意外事故等纠纷，且又细分为"向后看的（法律赔偿）"和"向前看的（衡平赔偿）"两种不同的赔偿方式。法律赔偿是对过去已发生损失的补偿，衡平赔偿意在对未来可能发生的损失进行阻止。换言之，赔偿金是合同法和刑法中的常用方式，而禁令则是物权法中的常用方式。

当然，我们并不能过度夸大法律在建立信任中的作用。毕竟，在法律环境缺失的条件下，利他行为也时有发生。另外，在关系型合同中，当事人彼此间的信任也构成交易的基石。同样，我们也不能因此就认为是法律破坏了合作或侵蚀了信任，这是典型的后此谬误。那种类似《镜花缘》中"君子国"里的利他和信任与现实世界相去甚远。当利害关系不断加剧，信息愈加不对称时，信任似乎很容易会被风险和不确定性所侵蚀。

应当看到，真实的世界不只有天使，还有魔鬼。法律总是在道德的制高点和底线间徘徊。试想一场考试，考官是否应将全体考生视为君子，抑或视每一个人有作弊嫌疑呢？姑且不论某些示范性的"诚信考场"是否可行，那种无论是在事前、事中还是事后都缺乏监管的考场总归是缺乏说服力的。特别地，当作弊的收益远远大于不作弊的损失时，总会有人铤而走险。缺失监管的考试，不仅无法确保其机会的平等，更无法证明其结果的权威。再比如，对航空业的监管也是如此。如果有一天，对航空业的监管被解除，航空公司不再为航空事故承担责任，那么又会有多少善良的人购买机票呢？

法律，正是通过建立信任，进而确立市场的。但法律绝不是铁板一块，执意要求交易者刻板地恪守着合同中的条条框框，相反，它不过是为当事人提供了安排交易的另一种可能。就像《道德经》中所说，"凿户牖以为室，当其无，有室之用。故有之以为利，无之以为用"。所谓法网恢恢，疏而不漏，讲的正是这个道理。尽管当事人会将重要的约定以细致的文本方式写入正式合同中，但法律并不强迫他们必须如此行事，而只是告诫违规者可能的惩罚。只有在这种自愿选择和可能性的选择的前提下,市场才会更有效率。

特别是对于长期合同而言,那些受到法律认可和保护的合同更容易博得交易双方的信任。以投资为例。投资方对项目投入大笔资金的同时,也预示着自己将被高企的资产专用性所束缚,进而更容易遭受被投资方的"胁迫"。这样,在信任缺失的情况下,投资风险是巨大的,因此投资者会对项目前景顾虑重重。这种情况在经济衰退期间表现尤为突出。当交易双方都面对较大的风险和不确定时,如果没有信任作为基石,投资的倾向就会减少,经济整体表现出失速局面。此外,投资方还要对管理者进行大量的前期调研,不仅耗时费力,而且很容易得不偿失,这势必要增加交易成本。法律的目的,就在于解决上述问题。通过权威建立互信平台,使交易双方按规则"出牌",从而降低交易成本,提高经济绩效。

在 19 世纪,美国的商业企业从非正式的法律治理逐渐演进到正式的法律治理。在 1840 年到 1920 年,以关系型信托为基础的治理渐渐被以法律为基础的机构信托取代。在 20 世纪后期,取得经济成功的东亚国家很大程度上就是依赖于社会关系间的投资。但它们并不是典型意义上的关系型信托,而是在强势政府指引下的关系型信托。在这样的背景下,商业伙伴间的连锁关系型投资成为主要模式,这与英美依赖不记名股票市场的情形迥异。但随着经济的进一步扩张,关系型治理缺乏透明性和高成本的弊端逐渐显现,而日显脆弱的关系体系则成为经济危机的诱因。结果,投资者"直到危机到来的时候也不能发觉这些关系的变化,于是恐慌迅速蔓延"。从靠关系到靠法律的转变,经济绩效得以提高,这正是许多发达经济体所普遍经历的转型。

契约能够使当事人更精确地理解各自所负有的责任和义务,这是现代经济的精髓。一位母亲在出门前总要对保姆叮嘱一番,如晚饭吃什么、孩子是否可以剩饭、孩子是否可以吃零食、某些食物对孩子是否安全。与此类似,合同条款也总是表现出像这位慈祥的母亲般不厌其烦、喋喋不休。当然,所有这些都是出于更为精确地界定好当事人责任和义务的需要。研究表明,详细的合同条款,可以使合同"不仅仅与信任和合作不矛盾",而且可以"增强并维持交易的这种令人满意的关系特色"。当然,要对合同义务进行精确定义可能是很费时的,并且会有一笔很大的交易成本由当事人来承担，但当事人应该相信这是值得的。

当然，有些违约行为并非出于故意，而是一方当事人不得已为之或因对协议内容存在误解所致。尽管如此，比之于那些没有任何清晰条款的关系型交易，正式的合约仍在最大限度地减少着双方当事人的误解。研究表明，法律化对于提升信任具有价值。对一家从事新药开发的合资公司来说，一个有约束力的合同有利于协调当事人之间的关系并且能够使双方的义务明晰化，同时也能够作为当事人表达"成为忠实合作人意愿"的非常有价值的"象征性"作用。

经济学家普遍认为，与单纯通过私人安排相比，产权及合同的执行力能够保证私人安排的实现，而合约和法律关系的建立将更有助于经济效率的提高。波斯纳认为，纯粹的私人协议体系是没有效率的，法律的强制执行是消除机会主义的必要手段。[1]

二 产权的法律基础

早在12世纪，欧洲的君主就开始向其臣民提供保障，调解纠纷，这增进了群体内部成员和群体间的相互信任，使得商业行为具有了更高的可预见性和可靠性。随着资本主义的发展，法律在经济增长中的作用日益重要。今天的人们有理由相信，良好的法律意识和健全的法律体系是促进经济增长的关键。包括物权法、合同法和侵权法等在内的诸多法律，都只在维护和捍卫人和物的权利，后者正是社会和经济制度中最关键的部分。

在普通法体系中，英国的法律史甚为久远，在近千年的演变过程中已形成了较为成熟的体系，并深刻影响着包括美国在内的许多国家。1066年，诺曼底公爵威廉征服英国，英国的法律制度发生深刻变化。为保护土地和巩固王权，威廉一面实行中央集权制，一面继续保留地方自治权和英国人的习惯法。随后，以物权法、合同法和侵权

---

[1] [美]弗兰克·克罗斯等：《法律与公司金融》，伍巧芳等译，北京大学出版社2011年版，第51—53页。

法为核心的普通法体系逐渐形成,并发展成为一种授权结构,这为后来解放封建体制和制衡王权提供了条件。

在大陆法体系中,法律的规则与普通法体系存在异同。大陆法系的国家所依靠的是成文法典,而非基于判例的司法演变。同样,财产、合同、侵权等概念仍然是成文法典的核心元素。与普通法系相似,大陆法系也允许在实践中保留相当数量的司法自由裁量权。这些都为产权的保护提供了充分的法律依据,在促进市场发挥分权机制的同时,也使政府的集权优势得以施展。

美国著名法学家弗兰克·克罗斯和罗伯特·普伦蒂斯指出,任何法律的基本价值都围绕着正义和公平这一基本概念,法律在历史上一直体现出一种矫正正义的价值观。一个拥有权力和规模经济的政府能够利用适当的法定权利合理可靠地执法,对于加快经济和深化发展都是十分有利的。法律能够服务资本主义,为其提供便利,反过来,资本主义亦会促进经济增长。[1]

法律规则,可简单划分为"授权性"和"限制性"两大类,前者有助于促进自愿性的私人组合和财富创造,后者可以授权私人交易,最终促进经济增长。促使人们追求财富最大化的最大动因就是产权得到物权法的保护。实践证明,在那些产权得到良好保护的国家,经济形势要比那些没有产权保护的国家更好。在产权保护的基础法律方面,物权法、合同法和侵权法等都发挥着积极作用。

(一) 物权法

物权法的重要性在于,它确定了产权的归属,增强了人们创造和积累财富的信心,并为进一步的投资奠定了基础。物权法健全的国家,产权的保护程度高。在那里,房屋的所有权归房主所有,这样后者就可以将房屋进行抵押,并将融得的资金进行投资。同时,由于产权的归属是明确的,银行也愿意向房产所有者放贷,因为一旦违约,银行是可以通过没收并变卖房产收回成本的。这种情况,对中小企业

---

[1] [美]弗兰克·克罗斯等:《法律与公司金融》,伍巧芳等译,北京大学出版社2011年版,第3—5页。

来说十分可贵。相比于大型企业，中小企业面临着资信等级较低、融资成本较高、融资渠道狭窄等困难。而依靠将自己的私有财产进行抵押，这些企业便获得较强的融资能力，并通过投资扩大生产，进而成为经济增长的重要推动力。

反之，在那些物权体系不够健全的国家，产权保护力度不够，产权的界定往往不够清晰，且确权成本较高，这使得企业和个人很难通过不动产抵押的方式实现融资，这不仅有碍经济增长，还挫伤了企业家精神的塑造。可以说，比物权体系薄弱所造成的投融资问题更糟的，是企业家都不敢将手头的闲钱进行再投资。①

对于今天西方很多物权体系相对健全的国家来说，其产权保护并非一蹴而就，而也经历了从物权法缺失到完善的转型过程。在美国，建国之初，一个健全的现代物权法体系尚未形成。不久后，欧美相继迅速建立起了广泛而系统的物权法体系。这使得财产所有人能够随意将财产转变为资金，资本主义制度也由此步入正轨。② 人们相信，欧美很多国家经济的成功，很大程度上归因于相对健全物权体系，它使人们可以在一个不断扩张的市场中按照统一的系统进行合作和生产。不同的法律体系带来不同的经济增速，这其中的关键就是产权。正如诺思所说，英国和荷兰的经济增长之所以能够在17世纪赶超法国和西班牙，正是由于前者在产权保护方面做得更好。③ 奥尔森指出，要想取得经济上的成功，"确保和定义完善的私有财产的权利并且公正地履行合同"必不可少。④

科斯认为，"如果我们在交易中把零交易成本转变为正交易成本，当今社会法律系统的极度重要性将会立刻显现……我们能够想象，在零交易成本的假定世界中，交易双方会通过协商改变任何阻止他们不

---

① Johnson S H, John McMillan J, and Woodruff C, "Property Rights and Finance" Stanford Law and Economics Olin Working Paper, 2002, No. 231.

② Soto H D, *The Mystery of Capital: Why Capitalism Triumphs in the West and Fails Everywhere Else*, Basic Books, New York, 2000, pp. 5–10.

③ [美]道格拉斯·诺思：《经济史上的结构和变革》，厉以平译，商务印书馆1992年版，第176页。

④ Olson Mancur, *Power and Prosperity*, New York: Basic Books, 2000.

◇　产权保护与经济增长

择手段地增加产品价值的法律条文，而在交易成本为正值的现实生活中，这样的一种程序将花费极高，即使允许改变法律条款，这样的合约也将无利可图。鉴于此，个体所拥有的权利连同义务和特权都在很大程度上由法律决定。因此，法律体系在经济体系的运作中将会有深远的影响，而且在一定程度上还控制着经济体系"[1]。简而言之，促使人们追求财富的最大动因就是财产得到物权法的保护。

事实证明，与产权保护较差的国家相比，产权保护制度相对健全的国家，其经济表现较好。对于一国的知识和创新而言，没有什么能比知识产权更具价值，又更有争议的了。知识产权被认为是现代经济增长和转型过程中最重要的因素，它增加了发明创造者本应得到的劳动回报。美国经济在19世纪超过英国，先进的专利法功不可没。通过专利法对发明创造进行激励和保护，从而吸引了更多的专利，国民也因此更愿意投身发明创造。[2]

物权法需要解决产权的四个基本问题，即产权的确立、占有、处置和侵权救济。产权是一束权利，而非某一项权利。产权规定了人们对其拥有的资源可以做什么和不可以做什么，如占有、使用、出售、捐赠和破坏。但这些权利并不是永远不变的。这意味着物权法要从两个方面规定产权。一方面，法律不能禁止或要求所有者自由行使财产的权利。另一方面，对产权的保护，规定了其他任何人在未经产权所有者允许的条件下无权行使其产权。

例如，某地方法规要求房子需建在离土地不动产边界线1.5米以内的地方。乔在尚未开垦的地区买下了一块树木茂盛的土地，并在其中建造了一幢房子。10年之后，拥有一块毗邻土地的弗莱德通过测量，发现乔的房子超出了土地边界线0.6米并且伸到弗莱德的土地里去了。作为补救，乔欲向弗莱德给予赔偿，但弗莱德予以拒绝。随后，弗莱德向法院起诉，要求乔按法令将房屋后移。在此案中，法律

---

[1] Coase R H, "The Institutional Structure of Production" in Nobel Lectures in Economic Science 1997, 11, p. 17.

[2] Jones C I, "Was an Industrial Revolution Inevitable? Economic Growth Over the Very Long Run" Advances in Macroeconomics, 2001, 1028, No. 2. 转引自［美］弗兰克·克罗斯等《法律与公司金融》，伍巧芳等译，北京大学出版社2011年版，第130页。

对于弗莱德是否耕种土地一事并无影响。如果他决定耕种土地，那么乔就不能在犁过的土地上放置石头。这种保护被用于阻止来自私人或政府两方面的可能的侵权。

从法律意义讲，财产作为一束权利的集中，规定了所有者可以自行行使物质资料的权利，且这一权利不受他人干涉。产权保护的意义正在于此。它为财产创造出稳定的空间，并赋予所有者处理事务的自由。法律旨在透过自身发现包含在有关哪些权利应当属于产权的理论中蕴含的哲理。[①]

在使国家财富最大化地创造激励作用方面，产权是最有效的。自愿交换可以使资源从评价较低的一方转移到评价较高的一方，以优化资源的配置。然而，缺乏约束和监管的交换却是很难使人放心的。产权的作用，就是通过保护和增强自愿交易使财富最大化，其效率不仅作用于法律权利，还影响物质产出。同时，产权还可以将获取利润和利用资源的成本内部化，并以此实现财富最大化。总之，产权通过谈判实现配置效率，通过内部化实现生产效率。

（二）合同法

很难想象，如果缺乏信任，交易如何展开。如果双方各怀鬼胎，合同也不过一纸空文。在没有集权机制的监督和约束下，人际间虽非缺乏信任，但至少实现交易所需要的信任是不充分的。信任，不只是一个道德概念，更是一个制度命题。对于合约经济来说，信任极为重要。

在历史上，由于缺少类似政府这样的集权机制，信任总是不牢靠的，于是人们更愿意跟亲朋好友做买卖，而对陌生人敬而远之。这人为局限了交易的范围。11世纪，一群来自摩洛哥的商人在地中海地区建立了一个针对全部成员的连坐处罚交易制度。根据规定，如果一个来自热那亚的商人违反了与一个摩洛哥商人订立的协议，整个热那

[①] [美]罗伯特·考特等：《法和经济学（第三版）》，施少华等译，上海财经大学出版社2002年版，第64—65页。

亚的商人会受到连坐处罚。① 这一制度激励所有热那亚商人团结起来，并对其商业联盟成员的行为进行自我监督。尽管与政府的集权机制相比，连坐处罚制远不够完善，但却促使商人们有信心跟更多的陌生人进行商业往来。正是通过更为可信的机制和更具针对性的补救措施，摩洛哥商人们走出了自己的小圈子，拓展出更大的经济空间。

英美普通法体系很大程度上借鉴了罗马法，特别是优士丁尼的《国法大全》。最初，普通法法庭只承认诸如经过封印的书面正式契约。随着商业活动的日益频繁，牵涉的问题也更为繁杂，之前的那些繁文缛节不再能适应商业发展的需要，转而需要一种能够执行非正式承诺的交易方法。后来，英国普通法法院逐渐通过"侵害允诺之诉"的方式，允许当事人对没有履行正式合同承诺的团体要求财产的补偿。当然，法院更希望合同可以在未达到"侵害允诺"的条件下生效，这样一方当事人就可以直接依靠一个非正式的承诺。此外，法院也试图促成商人之间的相互共存关系，以此促进商业繁荣。法院清楚地知道，他们不可能确保合约双方的每一个承诺都得以兑现，但也并没有放弃制定限制性规则的尝试。到16世纪初，英国的普通法法院开始对当事人双方都没有履行的合同实施承诺交换。结果，这一建立在相互理解原则上的限制性规定，使得普通法法院只是强制执行待履行的承诺，而不至于去执行任何经济活动者所许下的每一个承诺。

大陆法系国家则是通过不同的方法达到了与普通法系国家几乎相同的效果。以法国为例。法国也很大程度上借鉴了早期的罗马法，罗马法在高卢地区盛行一时。在阐释必须强制实施承诺的时候，法国的法学家将罗马法中的诉因概念转变为法语的"原因（la cause）"，他们致力于研究当事人的意志，甚至比普通法更重视当事人的自治。② 仅仅通过简单的强制执行合同，商人们就敢通过赊账的方式将货物卖给陌生人，就能使陌生人合伙经营做生意，同样也能使得银行以及其他的一些放款人广泛地发放贷款。

---

① Greif A, "Contract Enforceability and Economic Institutions in Early Trade: The Maghribi Traders' Coalition" American Economic Review, 1993, p. 525.

② Nichols P M, "A Legal Theory of Emerging Economies" VA. J. INTL. L. 1999, 39, pp. 229, 264–265.

第四章 产权和法律

如前所述，法律不仅蕴含于习惯和规范之中，还有助于习惯和规范的形成。例如，英国普通法强调合同中的个人责任，这也成为商人们普遍接受的规范。进而，有效的合同法不但对违约行为提供救济，同时也指导着商业中的行为操守。合同法使信用制度化，这是现代经济发展所必需的，因为对于现代社会来说，如果没有支持现代合同法的制度化的法律体系，陌生人之间的互信几乎是无法存在的。[①]

罗伯特·考特（Robert Cooter）指出，合同法需要解决两个基本问题，即"哪些承诺应该被强制履行"和"违背这些应该被强制履行的承诺应当赋予何种法律救济"。合同法理论必须能为法院、立法者、缔约当事人（及他们的律师）提供这方面的指导。

合同法和法庭通过强制履行、解释和调解承诺来促进人们之间的合作。通过强制履行承诺，合同法使人们能够做出相互合作的可信承诺。通过有效率地履行承诺，合同法能为有效的合作提供有效激励。当立约人遵守合同规定并在有效率的水平上进行履约投资，而受约人也在有效率的水平上给予信任投资时，合作是有效的。合同法通过对合同关系中哪些信息必须被披露，而哪些信息可以保密提供指导，从而能为合同关系中的信息交流提供有效率的激励。通过对承诺的解释和有效率地表达，合同法和法庭有助于节约合作的交易成本。尤其是，通过提供有效率的缺省条款，合同法和法庭能够降低合同的协商成本。通过调整合同，法庭能纠正市场失灵。通过纠正源于外部性、不对称信息和情境垄断而导致的市场失灵，合同法能减少损害人们相互签订承诺愿意的机会主义行为的威胁。最后，合同法有助于解决缺乏以政府权力为后盾的最低信任上的合作问题。这个合作问题可以通过培养长期关系，从而最低限度地依赖政府保护的方法加以解决。

例如，一个富人一时兴起向他的侄子承诺，将资助后者一笔周游世界的费用，但后来这个富人却反悔了。传统意义上，对那些没有支付对价的承诺的强制履行问题，法庭通常采取非常谨慎的态度。因

[①] Surowiecki J, *The Wisdom of Crowds: Why the Many are Smarter Than the Few and How Collective Wisdom Shapes Business, Economies, Societies, and Nations*, Doubleday, Anchor, 2004, p. 121.

此，即使这位侄子向法庭起诉了他的叔叔，法院通常也不会强制后者履行该承诺，因为这位富有的叔叔并没有从这一承诺中得到任何对价。当然，即使存在承诺的对价，如果这一承诺的强制履行是由误解引起，那么法院一般也不予支持。例如，某人答应以1000美元的价格将一辆生锈的雪佛兰二手车卖给他的邻居，而他的邻居本以为达成交易的是那辆停在车道上的崭新的凯迪拉克。对于买方的误解，卖方在交钥匙后也意外地认识到了。那么，在这种情况下，法院通常会做出的判决是，让卖方退还买方钱，而买方还给卖方车钥匙。退一步说，如果这一在法律上应该被强制履行的诺言没有履行，那么作为一种救济方法，法院可以判定卖方违约并强制卖方将凯迪拉克交付买方。这一救济的前提是，卖方能够提供相应承诺的商品，否则并不适用。例如，一位农场主被一本杂志上一则关于"有效捕杀蝗虫方法"的广告所吸引并寄去25美元，结果，他只收到两块木板及写着"将蝗虫置于木板A上，再用木板B去拍压"的捕杀方法说明书。这纯属骗局，而非误解。因此，法庭通常会要求对受骗的受害者予以补偿。然而，由于卖方并不能提供其所承诺的有效的蝗虫捕杀器，所以法院也不能强制其履行承诺，而只能令其向受骗方支付损害赔偿金。[①]

（三）侵权法

促进经济绩效，不仅需要确保合同履行和产权保护，还要促进公平竞争。扎卡里亚（Zakaria）指出，"资本主义已经被证明不是一个自然而然产生的体系，它需要规章制度、法律以及习俗去保护人们的私有财产所有权、强制履行合同和保证市场的公平竞争。直到上述这些条件到位，才是自由的市场，是完全自由准入的市场。它迅速成为一个成功的准则。"[②]

不过现实中，权利未必总能满足上述要件。在很多事故或纠纷中，人们发现，当事人事前并没有达成任何协议，或者受害者是人非

---

① [美]罗伯特·考特等：《法和经济学（第三版）》，施少华等译，上海财经大学出版社2002年版，第153—154页。
② Zakaria F, "Lousy Advice Has Its Price" Newsweek, September 27, 1999, at 4-0.

物,例如公路上的撞车事故、广场舞的噪音、马路烧烤的浓烟,等等。在撞车事故中,肇事者和受害者并没有在事前达成合约,这就规避了合同法的规定。而噪音和浓烟所伤害的是人非物,因此当事人也无法依据物权法进行起诉。既然如此,这意味着仅凭合同法和物权法建立起来的基础法律体系将无法提供救济。这正是侵权法发挥作用的地方。

以欺诈为例。由于欺诈会降低资源配置的效率,挫伤人们进入市场参与交易的信心和积极性,因此世界各国的法律体系都会为受骗方提供救济,这对建立公平、正义的市场环境具有重要意义。在普通法系国家中,关于欺骗的基础法率是在最早期的英国法中建立起来的。早在1201年英国的普通法承认了一个非常有限的欺骗性的书面令状,后来渐渐从违反合同发展成为独立侵权行为。在交易中,民法和刑法也都为欺诈提供了救济措施。与此类似,大陆法系国家在惩罚欺诈行为方面也有着悠久的历史。如《拿破仑法典》规定,卖方在卖出已被抵押的房产时不告知买方房产被抵押即为欺诈。随着英美证券市场的发展,对欺诈的预防和惩罚也体现在证券法中。18世纪末,英美国家的法院将欺诈规则以相同的方式应用于证券的销售,以保护当事人的利益。

对于欺诈者是非当事人的情况,法院必须考虑扩大欺诈法的权限。假设ABC公司的一个股东将ABC的股票卖给一个投资人的情况。双方对公司前景和股票价格的看法都基于ABC公司管理层的陈述,但后者并非交易当事人。如果上述管理层人士就此事对投资人进行了欺诈,那么这个受骗的投资者能否从这些高管中获得赔偿呢?在1789年的帕斯利诉弗里曼(Pasley V. Freeman)一案中,英国法庭的判决是,与原告没有协议关系的被告可因其误导原告以致原告同意与第三方签订合同而负法律责任。这一判决为后来的类似案例提供了先例。在19世纪早期,美国的法院也开始采取类似行动。[1]

从本质上讲,侵权法的基础法则是限制性的,但这种本质至少在

---

[1] [美]罗伯特·考特等:《法和经济学(第三版)》,施少华等译,上海财经大学出版社2002年版,第128—132页。

某种程度上受限于合同双方制定侵权法的能力。这种脱离各种侵权法管辖领域的能力并不普遍，它成为关于侵权行为界限和合同界限的经济纠纷的来源。

根据相关法律，原告必须提供三个要件。首先，原告必须已经受到伤害；其次，被告的行为或过失必须与原告所受伤害存在因果关系；最后，被告的行为或过失必须构成被告对原告的未尽义务。侵权责任的这三个要件与人们的日常生活密切相关。生活中，人们会彼此转嫁风险。为限制这些风险，社会已经发展出各种规定行为标准的社会规范。当有人违反这些规范并给别人或自己带来伤害时，就必须承担相应的法律责任。对于因高昂交易成本所造成的外部性，侵权法正是利用侵权责任这一概念将其内部化。侵权责任把对事故的判定，从官僚和政客手中夺过来，让法官来制定法律，让原告来决定何时起诉违法之徒，而让法院去裁决施害人需要支付多少赔偿金。这一制度通过分工协作，将大量内部化外部性的工作分散开来，不仅提高了效率，也营造了公平和公正的法律环境。如此，人们不应再寄望于一个理想主义化身的"包青天"，而应对制度化的法律环境充满信心。

相应地，举证责任在侵权法的实施中扮演着重要的角色。传统的"谁主张、谁举证"原则不仅要求原告提供损害的原因和结果，还要求被告提供相反的证据。理论上，这会为控辩双方提供一个公平的法律平台，法官根据双方所提供的证据和因果关系进行裁决。但在实践中，证据的分散性和获得证据的难度无形中提高了当事人的诉讼成本。以环境污染为例。举证责任不仅要求受害者提供其所受损害的结果，还要提供排污企业实质性的排污证据。特别地，在受害者所受伤害与排污者所排污染物之间的因果关系则是关键环节。这一举证是个体受害者没有能力充分实施的。试想，如果被告企业大门紧闭，那么原告如何采证？如果采证具有很高的专业性，那么原告又如何实现？等等。类似地，这在食品安全、医疗事故等案例中也十分典型。这就要求对传统的举证原则进行改革，如"谁最近、谁举证"和盖然性因果关系原则。这些都是侵权法实施过程中需要注意的问题。

应当强调的是，无论是物权法、合同法，还是侵权法，这些基础法律都不是万能的，并且也不该被认定为解决人类所有问题的必要途径。那些如敲诈勒索、交易非法物品的"地下经济",都不属于法律管辖范畴。此外,当合同双方发生纠纷时,法律诉讼并非第一选择,正相反,却是最后不得已而为之的选择。通常,在纠纷发生时,交易双方应本着平等互惠的原则进行友好协商,通过谈判的方式化解矛盾。可以说,这是一种比较理想的处理问题的方式。当协商未果,双方可按合同条款规定提交仲裁。事实上,在很多合同中当事人都故意保留一些不完善的开放性条款,以便为双方自行解决问题提供条件。即使在当今美国,法律也不是无处不在的。在很大程度上,法律的威慑力和象征性,更有利于培养人们的法律意识和对规则的自觉自愿遵守,而这才是最重要的。

三 案例分析

(一) 使用价值和交换价值

在产权制度变迁的过程中,产权的作用已由提高社会生产力转变为对谈判力的增强。由是,财产权利已不再仅仅局限于简单的物权,而日益表现为人际的权利规划,进而发展为由使用价值向交换价值的跃迁。这便是自由与财产的实质所在。这也正是巴泽尔所预言的产权的动态化过程,以及因此导致的租金混乱。特别是,当自由和财产价值界定不清时,对租金的争夺将异常激烈。可以说,规制产权,法律的作用愈加重要,但复杂而棘手的产权纠纷也同时影响着相关法律的发展。美国历史上一些典型的产权纠纷案就反映了这一问题。[1]

1869年,美国路易斯安那州立法机构通过一项立法(简称"屠宰场法"),同意成立一家大型屠宰公司(简称"新月公司"),给予该公司在新奥尔良市区及其周边地区牲畜屠宰的垄断权,并规定其他屠宰商在使用该公司设施时须缴纳一定费用,且牲口运输商也须将牲口统一卖给该公司,并缴纳检疫费。这一做法立即引起了屠宰商和运输商们的不满,认为这一法令同时剥夺了他们的财产和自由,且并未

---

[1] [美]约翰·康芒斯:《资本主义的法律基础》,寿勉成译,商务印书馆2006年版,第11—28页。

◇◇　产权保护与经济增长

经过适当的法律程序,并于1872—1873年先后向州最高法院和联邦最高法院提起诉讼。尽管最高法院最终仍支持"屠宰场法",但法院在审理该案过程中仍存在很大分歧,影响了日后类似案件的审理。法官们分歧的焦点,正是财产的使用价值和交换价值。

美国宪法第十三修正案规定,除作为犯罪的惩罚外,不得蓄奴或强迫劳动。此后,第十四修正案又禁止各州未经"合法程序"剥夺任何人的"生命、自由和财产",并授予联邦法院以裁判权。根据这两个修正案,"屠宰场法"并未剥夺屠宰商或运输商的财产和自由。最高法院法官塞缪尔·密勒认为,在这两个修正案中,"自由"仅指消灭奴隶制度和人身奴役,而涉及"公民自由"或从事买卖的权利的解释并不适用于该修正案。换言之,前一种"自由"已由各州转让给联邦政府,而后一种"自由"仍由各州保留。这意味着,一个人同时具有联邦公民和州公民两种身份,后者比前者拥有更为广泛的特权和豁免权,但也超越了第十四修正案的管辖范围,因此不受该修正案的额外保护。对于第十四修正案中的"财产"一词,他认为仍保持其在习惯法上的含义,即个人独占使用的物质东西。显然,按照这一概念,财产的含义仅指物质东西的使用价值,因此联邦法院不应干预路州立法机关。只有当财产指交换价值时,联邦法院才可能执行其裁判权。正如密勒法官所说,"我们从这一规定的字里行间丝毫看不出,在开展业务的时候,路易斯安那州施加于新奥尔良市屠宰商的束缚,包含有任何一点剥夺财产的意思"。

尽管多数派支持密勒的观点,但仍存在着一些不同的声音,这些少数派的观点为"屠宰场案"之后的财产纠纷案提供了解释依据。布拉德利法官认为,联邦公民拥有自由选择职业的权利,而职业本身就是一种财产,因此"屠宰场法"恰恰侵犯了联邦公民的自由与财产。他说道,"一个人选择专业的权利是自由的基本内容,这也是政府保护的对象;而这种专业一旦被人选定,它就成了一个人的财产和权利。……他们的选择权是他们的自由权的一部分;他们的职业就是他们的财产"。斯韦恩法官指出,"凡是具有交换价值的东西都是财产,财产权包括按照所有者的意志自由处置其财产的权利。劳动也是财产,凭这一点它应受保护。有效使用劳动权的重要性仅次于生命和自由的权利"。可见，财产是一个人的工作能力的交换价值，自由则为在劳动市场实现此项交换价值的权利。菲尔德法官认为，根本不存在联邦公民和州公民两种不同的身份，也没有两种特权和豁免权的区别，联邦宪法第十四修正案保障的是所有公民的合法权益。他提出，"如果只允许一个人从事某一行业或职业，并且只限于国内的某一地点，照这一名词的严格含义来说，固然不是一种奴隶的情况，但也许谁也不会否认他处于一种奴役的情况下。……即使为了一个人的自身利益而强使他从事一种行业或待在一个地方工作，这与强迫他为他人的利益或幸福而劳动的一种强制几乎同样暴虐，而且前者对自由的侵犯也差不多不亚于后者"。换言之，菲尔德法官将奴隶界定为机体的强制，而将奴役界定为经济的强制。多年以后，在另一起涉及财产的纠纷案中，菲尔德法官甚至引用了亚当·斯密观点，即"每个人所有的财产就在于他自己的劳动，因为这是一切其他财产的基础，所以它是最神圣不可侵犯的"。同样，布拉德利法官也指出，"像许多人主张的那样，如果一个人的专业权利就是财产的话，那么这就是说，该法令未经法律程序就剥夺了在新奥尔良早已从事于现在被禁止的那种专业的人的财产和自由"。

"屠宰场案"在美国司法史上的意义重大。此案中，联邦最高法院第一次对美国宪法最重要的修正案——第十四修正案进行了解释，并将此前仅适用于联邦政府的权利法案逐步推向各州。此后，各州和联邦法院在解释宪法的时候，开始逐渐采用少数派关于财产和自由的定义，即由使用价值转为交换价值。

在财产的价值问题上，1876年的"芒恩诉伊利诺伊州案"（简称"芒恩案"）亦影响深远，被视为美国管制史上的一个转折点。在19世纪后半期，铁路定价存在着一种"嫌贫爱富"的歧视性定价现象，即对有权有势的阶层提供票价减免，而对农民或社会底层收取全额票价。1867年，美国出现了一个自称为"耕作保护神"的农民组织（又称"格兰其"），该组织将自己标榜为农民利益的保护神，提出高昂的铁路运费是造成农产品价格高企、农民处境窘困的主要原因，因此要求通过制定法律取消铁路公司差别定价。随之，"格兰其运动"兴起。1873年，伊利诺伊州通过了铁路法，赋予该州铁路货栈委员会制定辖区内铁路最高运费的权力,并明令废除运费差别对待的做法。从1871年至1874年,除伊利诺伊州外,明尼苏达、艾奥瓦、威斯康星等上密西西比河谷各州都通过了类似法律,被称为"格兰其法律"。事实上,铁路公司在定价问题上是矛盾的。一方面,残酷的价格竞争迫使弱小的铁路公司寄望于政府的价格管制;但另一方面,铁路公司又始终忌惮于政府对运费的干预。仅1876年秋,最高法院就接连受理了五起类似诉讼,其中"芒恩案"最先审结,给其后诸案树立了标杆。

在"芒恩案"中,伊利诺伊州认定,芒恩及其合伙人未经许可定收高于州法律规定的仓储费违反了该州货栈法,但芒恩等人却向联邦最高法院起诉该州对货栈和仓储业务的价格管制违反了宪法第十四修正案的有关条款,即"任何州,未经适当法律程序,亦不得剥夺任何人的生命、自由或财产"。最终,最高法院裁决,伊利诺伊州有权进行管制。

在处理"芒恩案"时,最高法院的立场与处理"屠宰场案"时的立场类似。法院认为当某一州的立法机关降低仓库公司所收取的使用其设施的费用时,在业务的交换价值上所造成的减收现象,按宪法第十四修正案用词的意义,并不是对财产的剥夺,因此联邦法院不必对此作出纠正。它只是在州政府的干预权下对财产的"使用和享用"的一种管制。不仅如此,最高法院甚至还宣称,如果立法机关滥用权力,"人们应该用选举权来解决问题,而不是靠法院来解决"。

然而,伊利诺伊州法院却否认该州立法机构滥用权力的指控,认为财产所有者的"主权和占有"并未予以剥夺。这显然是沿用了财产的原始定义,即财产是供个人自己使用和享用的物质对象。对此,菲尔德法官指出,"宪法条款既未引申到财产的所有权和占有权方面去,也没有引申到财产的使用和来源问题,所以宪法条款对财产价值确实没有做出任何保障"。如果财产所有者在销售其财产的产品时,被剥夺了确定价格的自由,那么财产所有者的所有权或物质财产的占有权在作为营业财产时当然都是空的。14年以后,在明尼苏达州另一起类似案件中,请愿人士要求法院复查"芒恩案"及其他类似案件的裁决,并要求限制州立法机关最后确定使用财产而收取的费用的权力。这时法院同意了这一要求。这样,菲尔德法官把财产作为财产的交换价值的定义得到了认可,于是根据第十四条修正案的精神,联邦法院对财产的保障问题可以行使裁判权。

在复审期间,多数派已不再认为财产仅是物质的东西,并经同意预期获利能力也是财产;而且不仅是国家对一切产业的征用权可以剥夺财产所有者的财产,国家夺走交换价值的干预权也可以剥夺财产所有者的财产。剥夺财产所有者的交换价值就等于剥夺了他们的财产。他们进一步认为,根据第十四修正案,决定夺走多少财产的价值而不至达到没收的地步是法院的权限而不是立法机关的权限。这样,他们把司法机关确定公正补偿的权力扩大到干预的运用,司法机关也曾经根据征用权作出公正补偿的判决。最终,财产从物质对象过渡到交换价值的定义就这样完成了。

当然,交换价值必须以市场交易为前提,因为脱离了市场便无交换可言。因此,在明尼苏达州费率案7年后,法院在受理阿尔热耶案件时增加了一条新的规定,即所有在确定交换价值的定义的时候,进入市场的自由权是必不可少的。法院声称,"在那个修正案(第十四项)中所提到的自由,不仅表明公民有权使其人身不受羁绊,而且认为这名词还包含公民有自由享用其各项机能的权利;可以用一切合法的方式自由使用它们;他可以到合意的地方去生活和工作;可以从事任何合法的职业以谋生计,可以从事任何职业或副业,而且为了顺利地达到上述目的,他们可以与别人订立一切正当、必要和必不可少的合约……他们与所有其他具有类似情况的人都能在平等的名义下享受从事普通职业或专业的权利,也有获得、保有和出售其财产的权利,这是第十四修正案所保证的自由权和财产权的基本精神"。

以上诸案表明,就"使用价值"而言,原始意义上的"有形体的财产"在物质对象的生产和消费的不同过程中已被归纳到运行中的机构或家庭的内部"经济"的范畴中去了。各法院关切的是有形体的财产的交换价值而不是使用价值。这种交换价值不是有形体的,而是行为性的,并逐渐成为"无形财产"。换言之,此类财产的价值取决于它进入商品市场、劳动市场、货币市场或其他市场的权利。所以,依据习俗和工商业的惯例,财产只有两种,它们都是无形的和行为主义的,因为它们的价值都是由商品和货币市场上的预期活动来决定的。

◇ 产权保护与经济增长

在康芒斯看来，财产的含义从使用价值转向交换价值，从而从增加使用价值的生产能力转向增加交换价值的讨价还价能力，不只是含有以上的过渡，而是含有朝相反方向发展的趋势。这一变化在最初商业还没有发达的时候显得并不重要，但到了资本主义统治世界的时候，它就变得重要了。资本主义不同于它所取代的封建主义和殖民主义的本质在于，它是为了别人的使用而进行生产的，是为了本身的使用而实现占有的。因此，财产和自由的含义就是从生产和消费的预期使用发展到市场上的预期交易。在这样的市场上，价格的涨落决定了一个人的资产和负债情况。

从"屠宰场案"到"阿尔热耶案"，联邦最高法院的态度反映出人们对财产从使用价值到交换价值的认知转向，但其意义并非限于此。有人或许会问，究竟是什么因素导致了最高法院的认知转向。毕竟，1873年的经济危机对铁路业带来了沉重打击，面对投资减少，放松管制势在必行。相应地，铁路运费和仓储价格的下降，农产品价格的提高，还是中西部地区的农民获益良多，其结果是"格兰其运动"渐渐偃旗息鼓。由此可见，对产权的这一认知转向恰恰反映出公私两部门在财富面前的博弈。管制，加强还是放松，正是公私产权问题的症结所在。

美国经济史学家乔纳森·休斯和路易斯·凯恩指出，美国的工商业似乎一直受着政治力量的牵制。尽管征用程序日益法律化，但征用权本身却从未遭到置疑。尽管宪法第五修正案禁止联邦政府不经赔偿和正当程序侵犯私人财产，而第十四修正案又对各州施加了类似的限制，但政府对私人财产的最高权力却并未受到绝对禁止。1877年之后的10年里，倒是出现了一些遵从芒恩信条的法律和案例，但也不过是死胡同。助理法官小霍姆斯甚至写道，"认为一项业务涉及公共利益的观念……只是用来搪塞受损害者的冠冕堂皇的理由。真相似乎是，在应予赔偿的时候给予赔偿，只要背后有足够的公众力量，立法机关可以禁止或限制任何业务"[①]。

[①] [美]乔纳森·休斯等：《美国经济史（第七版）》，邸晓燕等译，北京大学出版社2011年版，第383页。

第四章 产权和法律

小霍姆斯的警示不无道理。以"公共利益"为名,行侵害私有产权之实,由来已久,却似乎又无处遁形。在7年后的"内比亚诉纽约案"(简称"内比亚案")中,大牛奶厂商提出,提高奶价对奶农是有利的,因此符合公共利益。有了这个开端,政府似乎可以随心所欲地对任何工商企业和私人财产进行控制了。"显然,和公共利益相关的业务范围是无限的。"正像法官麦克雷诺兹所认为的那样,如果说"芒恩案"事实上限制了政府的管制长达半个世纪,那么"内比亚案"将开启这道防洪闸。前者是传统警察权对抗经济发展的规模效应的最后一击。后者则移除了限制,打开了政府的管制之门。政府的管制分为两个方面。一方面,根据商业条款创建一大批联邦管制机构,如州际商务委员会;另一方面,为新企业制定组织与行为规范,如《谢尔曼反托拉斯法案》。

1877年,州际商务委员会(ICC)成立,开创了美国永久性联邦管制机构的先河。尽管ICC最初并没有定价权,但1906年的《赫本法案》赋予了它这种权力。除此之外,国会还在保护资源、抑制通胀、保护国土等方面设立了相关机构。由于对"公共利益"的理解存在分歧,这些管制机构不过是一种处理问题的方式,而非解决问题的办法。

ICC甚至连这一点也未能做到。到1914年,ICC的管制已使铁路步履蹒跚。而面对物价和工资的提高,他们竟拒绝提高铁路运费,这无异于给铁路业以致命一击。在铁路业的一片衰落中,ICC也在庆祝自己百岁生日后成为历史。托马斯·尤伦(Ulen T.)指出,最初的法律规定试图涵盖所有人的需求,结果内容前后自相矛盾,之后的调整和修正非但没有改善这一情况,反而使得任一利益集团的利益都没能得到满足。[①]

作为政府管制的另一个有力武器,反垄断法旨在为新企业制定组织与行为规范。1890年,国会通过了《谢尔曼反托拉斯法案》。尽管这部法案的初衷仍然指向"公共利益",但法官和律师在企业管理方

---

① Ulen T, "The Market for Regulation: The I. C. C. from 1887 to 1920" The American Economic Review, 1980, 70 (2), pp. 306 – 310.

面专业知识的匮乏，未能使其发挥应有的作用。相反，联邦法庭的大部分精力都被反垄断案所消耗。乔纳·森休斯（Jonathan Hughes）和路易斯·凯恩（Louis Cain）甚至说道，在一个多世纪之后，最终形成的现有反托拉斯法体系简直是荒谬的。例如，法庭多次根据反托拉斯法案的"减少竞争"条款来限制企业，但是国会却从未有一条法案说明竞争到底是什么；根据反托拉斯法案，合法的东西只是尚未被认为非法；因为合谋行为具有无限可能，反垄断法在理论上可以导致无限多的法庭诉讼。

在讨论反垄断法和普通法之间的联系时，威廉·莱特温等人提出，国王或国会有权赋予个人或企业垄断特权，私人也可以通过合理定价拥有贸易"垄断权"，而只有那些未经国会许可便自行独占某一较大市场份额的行为才涉嫌非法。

事实上，平民主义者和劳工领袖早在《谢尔曼法案》出台前就煽动反对新的公司和各种企业联盟。1891年，有18个州通过了它们自己的反托拉斯法。正如诺思所说，在平民民主政体中，自由市场上的失败者试图通过政治渠道来补偿自己的经济损失，因为他们的选票可以左右政坛。显然，巨型新行业的势力范围和大量涌现的工业城市，加上农业收入的相对衰落，可能就是反企业法律的原因。乔治·彼特林（George Bittlingmayer）研究发现，针对大企业的诉讼与经济周期的萧条阶段同时出现，而针对小企业的诉讼则与之无关。

休斯和凯恩评论道，美国人想鱼和熊掌兼得，现在看来似乎成功做到了。一方面，对自由市场的不信任显然深深植根于美国社会之中，并且可以追溯到最早的殖民地定居者那里。另一方面，对政府管制的抱怨几乎是无处不在的，在所有党派的总统候选人和独立人士口中都能听到。这种二元对立是一种生活方式，是美国经济体系的重要特征。当工商企业规模庞大时，社会的政治臂膀控制它们的努力也会随之增长。

在美国，尽管宪法的第五修正案和第十四修正案确保私人财产不会未经赔偿或未经正当法律程序被联邦或州政府拿走，但政府仍然保留了获取这种财产的技术手段——征用权（eminent domain），以用于成本集中而受益分散的不常见情形。运用这种权力的历史表明，它定义不清，不合常规，但是逐渐地，在被征用财产的所有者拒绝接受政府出价的案例中，陪审团的判定过程变得标准。然而政府扣押财产之后将其用于何处，却一直没有明确的限制。征用权从未只限于公共目的，现在也不是。被征用的土地可以用于运河、铁路、机械化谷仓、收费公路、公共房屋或陋巷改造。征用一直都是突出的寻租部门；某些人得益，另一些人蒙受损失。联邦政府也许是因为尊重杰斐逊"在任何情况下都绝不"将已出售的公共土地重新取回的愿望，直到19世纪70年代才直接运用征用权。但是州政府和市政府则从一开始就在运用这种权力。

（二）美国历史上的征地案

美国自工业革命以来，对宪法第五修正案中"公共使用"的解释经历了从狭义到以广义为主的变迁过程，实践中的"公益私用征收"不可避免，呈现出明显的不利于私人财产所有者的倾向，而"公共使用"一词被普遍滥用，成为"无限制"（limitless）行使土地征收权的借口。

联邦最高法院于1896年对"布拉德利案"的判决，首次将"公共目的"（public purpose）概念引入"公共使用"的狭义解释。而自1936年纽约州上诉法院支持的"穆勒案"开始，类似涉及道路、学校及国防设施等的土地征收得到了绝大多数州和联邦法院的广泛支持。1954年"伯曼诉帕克案"（Berman v. Parker）的判决，则完全抛弃了"公共使用"的狭义解释，开创了法院允许地方政府以经济发展为由征用私人财产的先例，政府的征地特权被扩大。

密歇根州最高法院1981年对"波兰镇案"（Poletown, Detroit）的判决和2004年对该案的改判，则集中反映出美国征地纠纷案中始终存在的公权与私权间的矛盾。1981年，底特律市政当局依据州议会所制定的"经济发展公司法"的授权，计划迁走波兰镇社区的所有居民，把土地转让给通用汽车公司供其建造汽车装配厂，并声称该工厂能创造就业、增加税收。居民上诉密歇根州最高法院，指责该行为不是出于"公共利益"，违反了州宪法中所规定的征收后的财产以公共使用为目的的条款。法院认为，"经济发展公司法"出自"公共

◇ 产权保护与经济增长

目的",因此所征土地可由政府转移给私人企业经营,底特律市政当局的土地征收合宪。该案的判决为之后的类似案件提供了典型判例,也给地方政府滥用国家征用权(eminent domain)提供了口实。该院出于"不能继续容忍国家征用权被滥用"的考虑,于2004年对该案进行了改判。

2005年的"凯洛诉新伦敦市案"(Kelo v. City of New London),是美国联邦最高法院最近30年来接手的首例土地征用纠纷案,也是迄今美国就宪法征收条款中"公共使用"解释问题所作出的最重要判例之一。该案不仅引发了美国各界关于政府是否可以经济发展为由征用私有财产并转移到另一个私有实体的争论,而且对规范政府行为、防止权力滥用起到了极大的促进作用。

美国东北部康涅狄格州的新伦敦市,长期以来以驻在当地的军事基地及其水下中心作为其经济支柱。1996年,联邦政府裁军,该军事基地关闭,致使1500多名雇员被解雇。失去经济支柱的新伦敦市,财政收入开始持续下降,失业率急剧上升,人口流失严重,小镇迅速走向萧条。1998年1月,州政府批准发行535万美元债券,用于资助该市一民间非营利组织新伦敦开发公司(New London Development Corporation)对原海军基地撤走的楚姆布尔堡(Fort Trumbull)区域进行重新规划,计划建设酒店、会议中心、公园、居民楼和商业楼等,占地面积约90英亩;发行1000万美元债券,用于集资在该区域建设州立公园。同年2月,大型跨国制药企业辉瑞公司宣布愿意投资3亿美元在该规划公园旁建立研发中心。该中心的引进,对完善当地产业结构、增加财政收入、解决就业等,具有重要作用。经市议会初步同意后,新伦敦开发公司召开了一系列社区座谈会,以期得到公众的理解和支持。2000年1月,市议会批准了该规划草案,并授权新伦敦开发公司负责征地和拆迁任务,辉瑞公司牵头,负责项目的招商引资工作。新伦敦开发公司计划通过购买方式向该区域的115户业主征收土地,但遭到其中拥有15宗房产的9位产权人的反对。其中,4宗房产位于规划(第三部分)的办公区域,其余11宗位于规划(第四部分A)的州立公园或海港配套设施区域。谈判无果后,当地政府决定动用强制国家征用权,委托新伦敦开发公司强行征收了这9户的不动产。

2000年11月，以苏瑟特·凯洛为代表的9户业主上诉新伦敦市高等法院，控告新伦敦市政府滥用国家征用权。原告认为，尽管新伦敦市政府以发展当地经济为目的开发该项目，但辉瑞公司等均为私人企业，因此该项目属于商业开发。根据美国联邦宪法第五修正案的规定，征用权的行使必须是为了"公共使用"，私有土地被征后要有"公正赔偿"。凯洛等原告认为，当地政府的强征土地行为，与"公共使用"不符，违反了联邦宪法征收条款的规定。法院在区分了商业用地和公共用地的征收范围后判定，位于规划四A部分的11宗房产土地不符合联邦宪法第五修正案规定的"公共使用"条款，禁止征收；位于规划三部分的4宗房产符合上述"公共使用"条款，允许征收。原告不服，于2002年底上诉康涅狄格州最高法院。州法院认为，根据该州法律规定，作为经济发展计划一部分的土地征收属于"公共利益"，辉瑞公司研发中心项目的引进，可为当地创造就业机会、增加财政收入、复兴落后或凋敝城市（distressed municipality），属于公共使用，从而新伦敦市政府的全部征收行为均符合联邦宪法第五修正案规定的"公共使用"条款，因此是合法的。2004年，该州最高法院作出判决，认为被告的行为完全符合宪法征收条款的规定，对规划三部分的事实裁决予以支持，并推翻了市高院关于第四A部分的判决，支持被告的全部征用命令。随后，凯洛等原告向联邦最高法院请求发布调卷令审查州高院的判决。2005年2月22日，联邦最高法院审理了该案。在法庭辩论中，被告方辩称，为该项目有利于为新伦敦市创造就业、增加税收并提振当地经济，因此符合联邦宪法规定的"公共使用"条款。被告方则认为，这种土地征收行为违反了公平原则，损害个人财产权。6月23日，美国联邦最高法院的9名法官以5∶4的微弱多数作出终审判决，认为新伦敦市的开发计划并不是出于满足个别私人主体的利益，因此符合联邦宪法第五修正案"公共使用"的要求。此外，该地区的经济萧条状态足以使得此项目计划正当化，故应受到尊崇。因此，维持州最高法院原判。

"凯洛案"引起了极大的社会反响，也加重了人们对政府滥用公权征收土地的担忧。2005年，民意调查显示，97%的受访者认为，即使能从征收计划中获益，联邦最高法院的判决也是不能接受的，甚至在4年后的另一项调查中，仍有81%的受访者反对以发展经济为名运用征收权将私人财产转让给其他私人使用的做法。据"城堡联盟"（castle coalition）调查显示，"凯洛案"后的一年内，美国地方政府已征收或威胁征收以用于私人项目开发的土地5783块，超过了1998年至2002年10282块土地的一半，这更加重了人们对以发展经济为名的土地征收行为的担忧。另外，分区制（zoning）是否会更多地损害低收入少数族群和码头或旧城区等的中下阶层居民的利益，进而加重贫富分化的地区差异，也成为舆论关注的焦点。经济学家认为，政府频繁诉诸土地征收权，会导致政府项目效率低下、滋生腐败并削弱私有财产权，其危害远远大于获益。2006年，美国总统布什专门就"凯洛案"签发了一道行政命令，要求联邦政府必须把征收权的使用限制在"使大众获益的目的"上。截至2008年底，美国已有43个州都通过了限制土地征收权运用的法律或者宪法修正案，进一步限制了征收权的运用，加强了对私有财产权的保护，内容涉及土地征收目的范围、审批机关、补偿金额及征收程序等。具体表现在：（1）缩小了土地征收目的范围，较为详细界定了"公共使用""凋敝状态"等概念，对以发展经济为名征收土地并转让给私人的行为、征收凋敝地区的非凋敝财产的行为等进行了不同程度的禁止；（2）调整了征收审批机关，赋予立法机关对土地征收个案的审批权；（3）改变了之前以"公平市场价值"作为征地补偿标准的做法，普遍提高了征收补偿额，如印第安纳州规定为不低于公平市场价值的150%，堪萨斯州为200%，密苏里州为125%—150%，等等；（4）进一步完善了土地征收程序，增设了事前书面通知、听证、公告等环节，要求申请人制定详细征收计划，并强化了协商机制的作用。其中，怀俄明州将协商由权利改为了义务，明尼苏达州将协商的适用范围扩大到所有征收情况，等等。

美国建国以来的一系列征地纠纷案，反映出公权与私权、公共利益与私人利益之间的对立统一关系，以及在此基础上，政府与市场在资源配置中存在的矛盾。一方面，政府作为公共管理部门，代表纳税人整体利益，其有权本着公共利益原则，在宪法指导下，出于"公共使用"考虑，制定相关法律法规，合理配置土地资源。另一方面，在土地私有制前提下，私营企业和土地所有者，均有权通过市场，以合理的价格机制，公平交易土地。然而，由于土地所有者个体分散、利益诉诸难以统一、价值理念不同等原因，土地市场的交易成本较高，市场效率较低，无法形成有效的价格机制。在此情况下，政府有权代表纳税人与投资方进行谈判和交易，并使用公权力对土地资源进行合理配置。在委托－代理模式下，激励与约束机制，二者缺一不可。制度设计的目的，在于降低交易成本，并提升经济绩效。

产权归属不清、交易成本过高，是征地纠纷案频发的根源。现实中，由于交易成本的存在，某些产权无法被充分界定、配置和实施，产权制度本身会成为个人效用函数中的变量，资源配置将随产权结构而变化。由于约束条件（交易成本和政府管制）的限制，一些私有产权和公有产权会部分地落入共有领域而使租值消散，从而导致产权残缺。在美国的土地管理中，分区制的采用，将土地的私人所有权与使用权相分离，曾有效解决了私人土地使用中的外部性问题，促进了土地的使用效率，但同时也给政府以"公共使用"为名滥用征地权提供了条件。作为代理人的政府，在缺乏制度约束的情况下，极易发生利用公权攫取私利的行为。在"公共利益"界定不清、补偿机制不健全、征地程序不正当等情况下，政府对市场的介入，无异于用行政垄断取代价格垄断，用政府失灵代替市场失灵。

建立在私有产权基础上的竞争和自由选择是降低交易成本的条件。一个代理人若想争取其他资源的所有者参加他的组织，必须提供具有吸引力的条件，而只有当其组织能够有效降低交易成本时才能做到这一点。同样，当产权所有者拥有不参加某个组织的选择权时，这种选择权对采用交易成本较高的组织是有效的制约。在多数票决定的原则下，某个地区的房主可以通过卖掉住房的方法表示自己的不满或行使自己的选择权，这依赖于其搬家所额外的花费与他忍受城市管理造成损失的边际调整。当然，当一个组织扩展到包括整个国家时，不参加该组织的选择权和竞争降低交易成本的作用就会受到约束。美国的经验在于，当私有产权与公有产权之间的矛盾不可调和，且部分共有产权增加了交易成本时，个人选择的自由和组织之间的竞争有利于完善制度设计,提高土地征收管理的经济效率。

项目用地的连续性给土地所有者提供了"敲竹杠"的可能,阻碍谈判,提高了交易成本。当政府在完成公共项目建设获取必备的连在一起的土地时,部分土地所有者,特别是最后一块土地的所有者常常会采取"敲竹杠"行为。尽管以防止垄断为目的的国家征用权更适用于铁路和其他有通行权的公司,但政府很难在借助中间人方法起作用所需的秘密性进行运作这一事实,却是允许政府代表私人开发商使用国家征用权而非由后者自行征地的蹩脚理由。由于放弃已开工的在建项目而代之以其他区域的成本很高,原规划区域土地所有者可能会因此提出高于其土地机会成本的价格。在这种双边垄断下,高交易成本和高土地征用成本同时并存。因此,有必要对低交易成本和高交易成本进行区分。在低交易成本情形下,如公立学校、邮局、政府办公楼等,市场效率要求土地所有人对财产具有绝对或几乎绝对的权利,进而实施谈判。而在高交易成本情形下,如高速公路、飞机场、军事基地等,市场功能和价格机制失灵,需要通过法律和行政手段实现资源的有效配置。在"凯洛案"中,新伦敦市高院认定规划中的第三部分区域属于"公共使用",故予以征用,而第四部分A不属于"公共使用",故禁止征用。之后,州和联邦政府最高院均认为,两区域都属于"公共使用",故予以征用。这反映出,法院不仅对土地是否用作公用进行了区分,以便区分交易成本,同时对土地作为整体地块视为"公用"的考虑,以避免机会主义行为发生。诚然,国家征用权的运用可以最大化减少机会主义行为发生的可能,但政府只有在面对大量出售者且每个出售者都控制了项目必备资源的前提下,才可诉诸强迫征收。

仅以公平市场价值为标准的补偿机制,不能带来效率的充分改进,是征地纠纷案频发的直接原因。在美国,土地制度以私人拥有为核心,土地征收则以公共利益为价值取向,因此在处理征地纠纷案过程中,始终存在着法律正义与经济效率的权衡取舍。但是,正义不应该仅指经济平等,还应指经济效率。法律的作用应以优化配置资源和增加社会财富为目的。换言之,应将宽泛的帕累托效率与长期自然的补偿原则相结合,即卡尔多-希克斯效率。

现实中，土地购买方的支付意愿更接近卡尔多－希克斯效率改进，而土地拥有者的出售意愿则更接近帕累托效率改进，其中，征地造成的主观价值损失构成了二者差值的主体。土地拥有者的主观价值损失不仅包括失去土地的情感损失，还包括对该块土地未来价值的增值预期。当征地导致的社会整体福利增加大于被征收者的主观价值损失，且短期内未对后者进行补偿时，以"公共使用"为名强征土地的行为往往成为纠纷案频发的直接原因。可见，政府和市场都会存在失灵的部分，而公共利益一般体现在社会的整体福利方面，即社会总效用或总产出。如果将国家征用权看作一种税收，则最好的税收应是一种不改变纳税人行为的税收。因此，处理好征地问题，应从规范法律法规出发，廓清政府和市场的效率边界，提高社会整体福利和土地配置效率。征地的补偿应本着"公正补偿"原则，以公平市场价值为基础，同时考虑个人的主观价值损失。"凯洛案"后，美国大多数州均通过各种形式改变了以往仅以公平市场价值为标准的方式，不同幅度提高了征地补偿款的额度，有的甚至达到市场价值的200%，从而有效减少了征地纠纷案的发生。

芝加哥城市复兴计划的实证研究发现，在国家征用权问题上，高价值土地取得比公平市场价值高的价格，而低价值土地则取得比公平市场价值低的价格，而且这绝非偶然。这种格局的出现有以下三方面的原因：第一，政府依被占用土地价格而变更其在一个案件中的法律服务投入的能力严重地受限于控制征用案起诉的规章。结果是，政府趋于在涉及低价土地的案件审理中花费过多，而在涉及高价土地的案件审理中花费过少。第二，由于案件审理的固定成本或最低成本对双方来说都是很大的（当标的为低价值土地时，成本更大），它们在鼓励原告低成本地和解此类案件方面的作用并没有与其鼓励政府为避免诉讼固定成本而提出更优惠的和解报价的作用完全抵消，因为政府可能将这些成本分散到同时计划征收的一些土地上。第三，如果计划同时征收的土地是同质的，政府就有附加的规模经济，因为这保证了政府法律努力的有效加强。而且，在实证上而言，低价值土地比高价值土地更趋于同质。

综上所述，美国历史上的征地纠纷案，其本质是土地私有与"公用"占有之间的矛盾,反映出市场与政府间效率边界的模糊。在制度约束缺失的条件下,政府以公权力干预土地交易市场的行为,极易引起征地权的滥用,进而侵害私有产权,最终导致大量征地纠纷案的发生。只有完善以私有制为核心的土地交易制度,建立健全清晰的产权结构,通过公平竞争和自由选择等方式降低交易成本,建立公正的征地补偿机制,才能最大限度地减少征地纠纷案的频发。

第五章 有效率的经济组织

一 协调与激励

(一) 协调与激励的机制

效率,是一种重要的组织原则,即在一种有效选择下的经济结果。衡量某种选择的经济绩效,不仅要看其结果所获收益是否与某一特定的群体相关,还要看是否与该群体的选择相关。经济绩效有可能随着群体的迁移而发生改变,也可能根据约束条件的变化而变化。进一步,衡量一个经济组织的经济绩效,主要看其在多大程度上满足着市场对商品或服务的需求。毕竟,无论是供大于求还是供不应求,都不是最佳的效率结果。从经济学的角度讲,效用函数是衡量这一满意度的指标,而所谓的经济效率就是指效用的最大化。

经济效率包括技术效率和配置效率两方面的含义。技术效率,指生产者在既定资源的条件下使产出最大化,或者是指在既定的产量条件下所用资源或成本最小化。配置效率,指经济体将资源合理地分配给不同的生产者,使其产出最大限度地满足人们的各种需要。当一个经济体处于这样一种状态,即在不使任何人境况变坏的情况下,不可能再使某些人的处境变好,那么该经济体则被视为经济有效,即帕累托效率。例如,设想一段修在一片耕地上的铁路。当火车经过时,飞溅的火花很有可能引燃铁轨附近的农作物,给农民造成损失。如果损失过大,而铁路公司无力或不予补偿的话,那么这种资源配置就是无效的。然而,如果火车经过之处,巨大的噪音能够赶走威胁附近农作物的麻雀,进而提高了农作物的产量,那么这种配置就优于前一种。根据"科斯定理",由于现实世界中的交易成本为正值,因此要考虑

◈ 产权保护与经济增长

什么样的产权初始安排会带来怎样不同的资源配置结果。这意味着，产权安排对经济组织的协调作用有利于效率的提高。

对于经济增长而言，诺思认为，关键取决于经济组织的效率，高效的经济组织有助于推动经济的增长，而低效的经济组织则会减慢经济增长。合理的产权安排，能够使私人收益率等于社会收益率，进而促进有效经济组织的形成和发展。在《1600—1850年海洋运输生产率变化的原因》一文，诺思指出，尽管这一时期海洋运输技术没有多大变化，但由于海洋运输变得更完全，市场经济更趋完善，航运制度与市场制度的变迁降低了海洋运输成本，最终使得海洋运输生产率获得极大的提高。可见，一个良好的产权制度对于经济体而言是一种重要的激励机制。

现实世界中，由于产权的动态性和经济中外部性的存在，很难做到长期维持私人收益率等于社会收益率的状况。对此，巴泽尔对产权的动态性特征进行了进一步分析。他以奴隶制的变迁为例，指出由于交易成本的存在，产权呈现正值，这使得清晰界定产权是不现实的。尽管奴隶主合法地拥有奴隶及其财产，但奴隶们可以积累财富，甚至为自己赎身。这样，奴隶主就不能完全占有奴隶，因为如果这样做就要付出相当高的成本，比如雇用监工、防止逃跑。相反，如果给予奴隶们一定的自主权，而将余下的经历用在评价劳动结果而非劳动过程，那么实际效果会更好。换言之，将劳动产品的剩余索取权还给奴隶，会更有利于经济绩效的提高。他对比了租佃合同和工资合同这两种契约方式，认为在均质土地和非均质劳动力条件下，劳动者存在偷懒的可能，进而减少产出，因此此时租佃合同比工资合同更有效。相反，如果劳动力是均质的，土地是不均质的，那么工资合同会更有效。由于交易成本的存在，产权呈现出动态特征，这样，要想找到一劳永逸的产权安排是不可能的。[1]

除巴泽尔所提到的租佃和工资两种契约形式外，还存在分成合同。在张五常看来，它在一定条件下同样是有效率的。他指出，在产权私有条件下，合约选择的目的在于使财产从风险分担中所获收益最

---

[1] [美]约拉姆·巴泽尔：《产权的经济分析》，费方域等译，上海三联书店1997年版，第109—110页。

第五章 有效率的经济组织

大化。"对任何一种资源，都有许多人对它的所有权进行竞争，每个潜在的买者和使用者不仅拥有对资源的可供选择的使用的知识，而且也具有关于使各种资源进入生产过程的不同合约安排的交易成本知识……市场对所有权的转让所进行的竞争执行两种主要的合约功能：第一，竞争汇集了所有潜在所有者的知识——即关于可供选择的合约安排及使用的知识。第二，潜在的合约参与者之间的竞争以及资源所有者有能力转让其使用资源的权利，则减低了执行一个合约条款的成本。"换言之，要想实现较高的经济组织绩效，财产的使用和转让必须以自由竞争为原则，同时财产所有者的权利必须受到充分的保护。只有对产权进行了清晰界定和有效保护，才能引导产权客体（资源）从低效领域流向高效领域，以激发资源或财产创造价值的潜能。经济绩效的提高要求对产权的收益进行有效保护。①

在德姆塞茨看来，产权不仅包括收益权，还包括损失权。当竞争一方因生产更好的产品而从中获益时，其他竞争者就会因此受损。这在公平自由的竞争环境下是允许的，除非是一些"损人利己"的行为。面对错综复杂的产权关系，应当如何界定？界定的原则又是什么？② 对此，阿尔钦分析道，"一个成功的分析私有产权的框架已对一个私有财产体制下经济资源使用的引导与协调方式给出了解释。……这在圣经上表述为'偷不应该为窃'，或在数学上表述为对一个物品的交换价值的保护。"③

斯韦托扎尔·平乔维奇指出，当任何物品的生产在不降低其他物品的产出的情况下都无法增加时，生产在技术上是有效的。生产中的效率概念要求每一种物品均由该物品最低成本的生产者来生产，而每增加一单位的生产则须依照成本由低到高的次序由成本相对较高的生产者来完成。同在物品已经被生产出来的情况下一样，制度安排影响产出。他以录像机生产企业为例，对此进行了说明。④

---

① 科斯等：《财产权利与制度变迁》，上海三联书店1994年版，第139页。
② 同上书，第96页。
③ 同上书，第166页。
④ ［南］斯韦托扎尔·平乔维奇等：《产权经济学》，蒋琳琦译，经济科学出版社2000年版，第51页。

◇ 产权保护与经济增长

表 5-1 反映了五家录像机生产企业在一单位时间内分别生产录像机的数量，其成本由它们各自所放弃的价值来表示。考虑到企业放弃其他生产会产生机会成本，那么决策者就需要慎重考虑如何在录像机和其他产品之间分配资源。也就是说，这是一个产权划分给谁的问题。更具体地讲，产权中的使用权由谁拥有？理论上讲，如果产权主体被赋予投资收益权，那么便会形成一种激励，使他将资源配置于高收益环节，反之亦然。也就是说，当表中的价格低于 30 美元时，企业与其将各自资源投入录像机的生产，莫不如投资生产其他产品以获取更大的收益。

表 5-1　　　　　　　　　五家企业的生产选择

企业	录像机数量	其他产出的市场价值（美元）	每台录像机的成本（美元）
A	250	27500	110
B	300	27000	90
C	100	3000	30
D	200	14000	70
E	400	20000	50

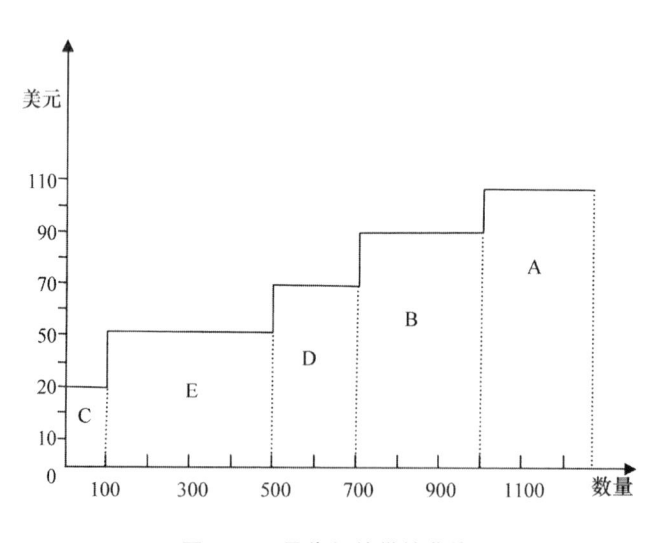

图 5-1　录像机的供给曲线

以企业 C 为例。该企业是五家录像机生产企业中规模最小且生产成本最低的企业。当录像机的价格高于 30 美元/台时，例如 32 美元/台，它便有激励去生产更多的录像机以便赚到更多的钱。这也意味着，社会放弃了低效的 30 美元而得到了改进后的 32 美元。正是这一自利行为驱动着企业进行更多有效投资，进而增进社会整体福利。

进一步，假设所有企业都被赋予相应的产权，从而有激励根据市场需求和生产成本定价。那么，A、B、C、D、E 这五家企业便面临着不同的生产激励，即 110 美元、90 美元、30 美元、70 美元和 50 美元。对于每一家企业来说，一旦低于各自最低价格，便将不再考虑生产。这便形成了具有普遍意义的私有制经济条件下向上倾斜的供给曲线。它显示了为诱使生产者为了销售提供的每一个可能的数量所必须具有的最低价格。

供给曲线向上倾斜说明生产在技术上是有效的。而生产的技术效率正是私有产权的重要结果。斯韦托扎尔进一步指出，产权和契约自由产生影响经济主体行为的激励，使之促进生产中的效率。相反，如果 C 企业进入市场受阻，则产出组合便是低效甚至是无效的。因此，有效率的经济组织必定要求对有效产出的激励。

在现实世界中，如果人们加以合作，使其经济活动专业化，然后相互交换其所需的商品和服务，那么他们可以生产出更多的东西。组织问题随之产生。当人们成为需要交易的专业生产者时，其决策和行动就需加以协调以获取这种合作的效益，而且人们还必须具有完成合作活动中自己的任务的动力。规范组织的存在及其结构、政策和程序的具体细节都反映出在协调和激励中取得效率的尝试。

亚当·斯密在《国富论》中生动描绘了大头针工厂的生产过程，反映出合作与专业化的益处以及相应的协调要求。18 世纪，在大头针生产的各个阶段，都有专门做某项具体工作的个人，或抽铁丝，或拉直铁丝，或将其截为合适的长度，或削尖其端，或加帽于上，或包装成品。此外，他还描述了所获产量是如何数倍于每人做全部工序时的产量。而至关重要的一点是，这种专业化需要协调。单独生产大头针的一个人能够制造出一种有用的东西；而专业化的生产人员的时间和精力有可能被浪费，除非他们能够保证其以前各工序的人员能够适量且及时地生产出半成品材料，其以后各工序的人员能够接收其前手所生产的东西并将它们变为制成品。

在电影《摩登时代》中，喜剧大师查理·卓别林（Charles Chaplin）生动塑造了20世纪30年代流水线工人的工作场景。尽管充满了夸张幽默的艺术渲染，但却十分准确地描述了工人的工作状态。影片中，查理近乎疯狂地周旋于流水线上，日复一日的重复劳动最终使他换上了一种奇特的"职业病"——六角形偏好症。由于查理每天要不断地拧紧六角螺帽，这使他只要一看到六角形的东西就不由自主地想去拧上一把，甚至连女人裙子上的六角形纽扣都不放过。

专业化原则和协调原则不仅适用于小规模的简单经济，也适用于大型的复杂经济。关键问题是，确定资源的最佳用途和适当调整所需的信息并非每个人都可自由地获得。有效选择需要有关个人品位、技术机会和资源可用性的信息。这意味着，要么把分散的信息传送给一中央电脑或计划人员，由其来解决资源配置问题；要么建立一种更为分散的体系，该体系不需要太多的信息传递，相应地，至少把部分有关经济活动的计算和决策留给具有相关信息的人。前者的问题在于在吸收所有可利用资源、减少联系和计算成本的同时，及时做出决策；后者的挑战是要保证分散决策产生一致性的协调效果。不同的组织结构会以不同的方式取得协调，并产生不同的结果。

对于斯密的"工厂"，有三种可能的解决方案。其一，一家企业的所有者兼管理者专门进行协调，包括招聘工人、分派工作、确定每人的工作水平、追踪业绩和外部环境，以及根据要求调整计划等。这个人也可能拥有正在使用的资本设备，他需要催收销售账款并支付账单。其二，可能的办法是，大头针生产者之间的合作，由工人集体决定活动水平和任务的确定及分派，然后共同承担费用，分享收入。原先每人单独进行生产的高度分散化的体系牺牲了专业化的收益，但减少了对协调的需要。其三，办法是将每个生产工序组织成为一家单独的企业，各个工序间的交易以市场为终结。尽管这种方法对如大头针工厂这样的企业而言有些牵强，但对于像通用汽车和丰田公司这样的企业来说，在对其独立供应商方面是具有意义的。在一些现代企业中，产品从某个部门以内部调拨价出售给另一个部门，部门经理的评估是以其部门的利润为根据的。在这一体系中，公司的内部组织在许多方面模拟了市场。

通常，市场和价格体系是取得协调的有效机制。在没有任何有意识的中央指导下，该机制可以十分有效地引导人们发挥才智和利用资源。特别是在私有产权得到有效保护的前提下，市场经济不仅有助于配置好资源，还可以将自利行为引向所需之处。至少在特定的情况下，人们在"看不见的手"指引下，采取为达到有效而协调的选择格局所需的行动。工人选择其才智和能量最能发挥价值的培训、职业和工作；生产者开发消费者最为青睐的产品和服务，并以最低可能的成本去生产这些产品和服务；资源所有者以对社会有益的方式调度其资产；消费者采取就其所获得的满足程度而言对社会资源的利用最少的方式；等等。

斯密的"看不见的手"似乎很好地解释了竞争性市场中个体和整体之间的关系。不过，既然市场通过个体自利就可以如此完美地运行，那么为什么在现实中仍存在着诸多取消价格体系之处，而科层组织的存在又作何解释？为什么有些交易在市场中完成，而另一些交易只能在经济组织中进行？进一步说，为什么会存在公司？公司具有怎样的经济职能？究竟怎样才算作公司？如果只有传统意义上的"前店后厂"才算是实体，那么那些采用租来的场地、雇用的员工、"寄存"的待售商品、合作性的物流公司等"不求所有、但求所用"模式的经济组织，是否也算作公司呢？具体地讲，沃尔玛、亚马逊、优步、eBay……它们都是公司吗？答案是肯定的。原因在于，产权的使用权比所有权更为重要，而划分使用者或使用场所的依据在交易成本。

与市场上分散的价格体系不同，传统的装配线以一种完全集中的方式运作，而工人对自己什么时候以什么方式去做什么几乎没有或完全没有自主权。这就是一种集中决策机制。如果一项决策由高层做出并传达或指示给个人，那么该决策就是集中的，其集中度取决于等级的层次或者有权通过该决策的经理人数。但是，在复杂的组织决策中，决策的分散或完全的集中都不可能是最优的。获取充分的信息需要付出高昂的成本，而获得完全的信息是不可能的。退一步讲，要是将所有决策都留给实际采取行为的人来做出,又存在决策间相互不协调的危险。因此,管理在组织中的关键作用就是要确保协调和激励,激励问题能够影响协调机制的有效性。一种理想的激励机制应当是,下级分享私人信息并努力达到组织目标是符合他们自己利益的,而上级在通过诱导下级采取高效率的行动外,再没有其他更有效的激励来增加剩余了。

这一理想状态类似于"永动机",一旦开始,就可以利用个人自利的引擎达到社会效率的终点,而在这台机器中的每个人都处于一个真正的占优策略。但是,由于信息不对称和团队间存在相互依赖,这样理想的激励机制并不存在。在科层组织中,个人自利和组织效率间存在冲突,而这一两难困境又日益成为规范,在纵向中为权谋和政治领导力创造了条件。因此,科层领导必须付出一定成本再造企业的合作规范,以创造合适的心理预期,建立确保领导不去剥夺组织中雇员的"产权"的制度。

里贝盖普说,"产权是定义或界定授予对特定资产如土地或水的特权范围的社会制度。这些资产的私人所有权可能牵涉各种权利,包括排他权、收益权和转让权。产权制度有不同的正式安排,包括制度供给、法则和各种法律规则,也有与产权的配置和使用有关的非正式惯例和习俗"。在很多成功的企业中,管理层将企业资产的产权再分配给员工,以树立企业为员工"所有"的理念,这既可以有效激励员工的生产,又减少了监督的成本。里贝盖普指出,这样的改变能"决定性地影响关于资源使用的决策制定,继而影响经济行为和绩效"。这种全新的雇佣关系可以使员工相信,他们能够在企业里"投资"人力资本而不必屈服于管理方单方面的没收。

科斯指出,现实中存在着正的交易成本,其根据交易的性质和实现方式不同而存在差异。市场和经济组织,在交易成本最小化原则下选择更为有效的制度安排,要么通过市场中的讨价还价达成交易,要么通过科层组织的内部指令进行管理。理论上讲,如果一笔交易在市场中进行的交易成本比在科层组织中进行低,那么这笔交易就应在市场中进行;相反,如果在科层组织中进行成本较低,则选择在企业内部进行。这样的权衡取舍将最终停止于科层组织和市场在安排同一笔

第五章　有效率的经济组织

交易时交易成本相等处。

需要强调的是，对于市场而言，除成本因素外，效用因素也尤为重要。斯密在《国富论》中提到，"没有什么能比水更有用，然而水很少能交换到任何东西。相反，钻石几乎没有任何使用价值，但却经常可以交换到大量的其他物品"。这就是著名的"价值悖论"。对此，萨缪尔森指出，如果仅仅认为是钻石和水的稀缺性不同造成前者的成本高于后者，进而导致钻石具有更高的价格，那显然是没有将成本信息与同等正确的事实协调起来，即世界上的水的供给比钻石有用得多。因此，还必须考虑，水在整体上的效用并不决定它的价格或需求。相反，水的价格取决于它的边际效用，即最后一杯水的有用性。通常，我们所面对的最后一滴水几乎一文不值，因此尽管水非常有用，但却只能以几乎为零的价格出售。如果把这一现象比喻成一条狗，价格和数量是狗的身子，边际效用是狗尾巴，那么正是狗的尾巴摇动着狗的身子。① 不过，既然最后一滴水是不值钱的，那么是否可以任由人们随意浪费呢？换言之，我们是否应该允许狗尾巴肆意摇摆狗身子呢？

实际上，我们并没有多少可以免费用水的机会。相反，我们每个月都要向自来水公司交水费，喝一瓶依云（evian）水也要付出不菲的价格，在星巴克享受一杯咖啡一定比在自家煮同样的咖啡要贵。这显然不只是一个会计成本的问题，效用，特别是边际效用，起着更大的作用。然而，这些都并非分散市场中的自利个体所能做到。战略规划、市场营销、研发、生产、物流、销售，等等，诸多环节都需要经济组织的协调和激励，这便构成了运行科层组织的交易成本。

组织一次经济活动未必一定要在实体厂房（bricks and mortar）中进行，分散的集体行动也可以实现经济目的。以南红为例。在收藏者的眼中，南红是一种极珍贵的藏品，特别是极品南红更是奇货可居。一般来说，南红的选送大多不是通过大企业进行的。在当地矿区，往往会有一个工头负责协调整个过程。首先，会有少数几个人在坑口挑

---

① ［美］保罗·萨缪尔森等：《经济学》，萧琛等译，华夏出版社 1999 年版，第 70 页。

◇ 产权保护与经济增长

拣一番，把其中的精品（甚至是极品）选出，剩下的由搬运工往山下运；然后，半路上会有另外一些人进行二次挑选，并把拣剩下的南红继续往山下运；在山脚下，会有更多的人守候收货。整个过程自发有序，且人为将南红进行了品色划分。正是通过这种兼顾协调和激励的经济组织，南红才顺利地进入市场，成为翘楚。

可以说，交易成本最小化，决定了经济组织的结构和格局，进而影响着资源的配置和经济活动的实现。企业根据不同的协调和激励需要，形成对应的组织形式，并制定出相应的规章制度，而这些也正是组织的交易成本。

事实上，分权机制就是产权制度的一项激励措施。通过分权，可以将集中权力进行分解并逐级下发，以期达到提升组织绩效的效果。但这需要高度的信任和承诺。获得授权的工作团队可以自行设定目标和行动方案，向团队成员分配任务，并制定旨在保证高水平努力和高度信息共享的规范。这意味着，团队在一定范围内拥有企业某项资产的"所有权"，这对激发团队积极性，提高工作效率至关重要。

例如，吉伦海默在对沃尔沃的卡尔马工厂的描述中写道，"（工厂）被设计成为由大约20个人组成的装配特殊用途汽车的工作小组。""很清楚，如果不伴随组织转变和朝向合作和合伙的演进，技术改造将是徒劳无功的。因此，过去五年里第二大变化是沃尔沃投资数千万美元于改善雇员心理工作环境。那只是花费在获得更新更愉快环境上的一部分……它具体明白地证明了我们对沃尔沃员工的尊重和重视。"因此，沃尔沃建立卡尔马厂是为了"打破冷冰冰的流水线"，取代以前那种一大群人围在一起安装单辆汽车运输工具的工作方式。现在，人们可以合作生产单独的相同类别的汽车零件，"每个工作小组有它自己进出运输工具的缓冲区，因此它可以按自己的意愿调整速度，在自己范围内组织工作，以便能使每个成员能自便地单独工作或在分小组中工作"。团队不仅通过调整速度组织自己的工作，而且通过检查它们的产品获得"所有权"的观念。如果这些权利具有很大的不确定性，那么沃尔沃所授予工作团队的"所有权"对于雇员来说就意义不大。沃尔沃通过一贯的领导模式和工作场所资金投入带来的可信承诺，消除了不确定性（即管理权威）的主要来源。

第五章　有效率的经济组织

此外，一项激励制度能够象征对企业的合约约束，表达以合作努力所产生的剩余"产权"对雇员进行投资的意愿。以林肯电气为例。除了较高的计件工资外，公司还有一项基于利润的奖金计划。公司每年两次在产量、质量、独立性、创新和合作的基础上评估所有人。平均分被设定为 100 分，上下分别浮动到 140 分和 60 分。企业利润的大部分按分数成比例分给雇员。从 1978 年到 1988 年的 10 年——其间包括一次大萧条，超过 12% 的收入作为奖金发放。在 1987 年，平均奖金是 18773 美元，约占工人平均计件收入的 70%。

这种收益分享计划试图为组织绩效提供一个底线或均衡水平，它在绩效改进的基础上为奖励雇员提供了一个固定的公式。这方面最著名的是工会领袖乔司·甘伦（Joe Scanlon）在 20 世纪 30 年代提出的"司甘伦计划"。该计划的理念并非出于企业利益的目的而利用个人自利，而是作为企业中的管理者对共同所有权的一个象征承诺。其最引人注目之处是授予雇员对个人奉献和合作所产生的生产率（增量）收益的产权。通过授予雇员产权，收入分配制度使这样的非正式合作规范合法化。这促使工人们相互激励，以达到更高的生产率，而不是像非正式的互相削弱各自努力的规范那样。一个基于利润高低的奖金计划作为一个有效的制度约束也限制了管理者的机会主义行为。林肯电气把 12% 的收入以奖金形式发放的做法，极大地影响了雇员对管理意图的认识：它创造了同舟共济的共同知识。[①]

（二）协调与激励的成本

在市场体系中，与协调有关的交易成本涉及广泛，包括给商品或服务定价，确定时间、地点和交易细节，等等。这在资本市场表现十分典型。早先，股票和债权等金融资产的交易大多在有组织的交易所中进行。华尔街（Wall Street）一词的由来便是如此。这里曾是荷兰人建立的一堵墙，最早人们在路边或树下交易。随着时间的推移，人们修建了一个个建筑物，于是，路边空地上的交易便迁入室内进行。

[①] ［美］盖瑞·J. 米勒著：《管理困境：科层的政治经济学》，李勇等译，韦森总校，格致出版社、上海人民出版社 2014 年版，第 128—232 页。

通过先进的通信设备和电脑网络，人们进行着从确定价格到完成交易的各个环节。运营这些市场，需要高昂的成本。今天，先进的移动互联网技术，可以使投资商和交易商甚至不必亲临现场，而只需通过指尖在键盘或手机上的轻轻一触便可完成交易。

在其他类型的市场中，交易成本仍然是可观的。例如，商家为迎合消费者的口味需要进行市场调研，为宣传推广产品需要投入大量的广告和营销费用，而消费者也要花费时间和精力寻找性价比最优的商家。在传统商业模式下，由于信息的透明度不高，买卖双方都具有各自的信息优势，从而谈判和磨合时间往往是冗长的，欺诈和瞒骗的可能性较大，这都体现在高昂的交易成本中。今天，在"互联网＋"模式下，信息更加畅通和公开，交易的达成更为迅捷，这大大地降低了交易成本。

尽管移动互联网等先进技术的诞生，创生出新的商业模式和经营理念，给传统模式带来巨大挑战，但这并不意味着奇迹的创造不需要成本。相反，与任何基础设施建设类似，互联网经济的前期投入成本更为巨大，而在实践过程中还需要面对网络安全、技术更新、消费者认知、同业竞争等诸多挑战，因此运行成本也是巨大的。通常，那些市场集中度小的互联网公司都会被更大规模的公司所收购，进而形成大型的巨无霸企业，这便把市场上存在的交易成本转变为科层组织内部的成本。

科层组织表现出明显的等级制特征，其协调的交易成本涉及把那些最初分散但为确定有效计划所必需的信息向上级报告，利用该信息对生产经营活动进行决策和实施，以及将指令向有关人员传达，等等。虽然科层组织通过指令可以有效减少市场中的交易成本，但信息在组织内部的传递同样需要成本，并且因信息搜集或传递的失误而导致决策错误也时有发生。这就要求对科层组织内部安排一项交易的成本和通过市场安排这一交易的成本进行比较，选成本小者择之。

事实上，科层组织越是庞大，其固有的官僚、刻板特征便越明显。与小企业的灵活性相比，大企业则更容易僵化。特别是在全球化的今天，大型跨国公司还要考虑文化差异、跨境交易风险、政治和政策风险等因素。很多大型企业已建立了全球性的信息共享网络。例如，一家总部设在美国的投资公司，可以将其软件开发部门设置在中国，并通过互联网将其安全监控部门设置在印度。诸如此类，在全球化背景下，交易成本呈现出新的形式。

再来谈谈与激励问题有关的交易成本问题。这主要涉及信息和承诺两个方面。在信息不完全和不对称的情况下，买卖双方都无法掌握充分的信息，但双方又各自拥有私人信息优势。例如，我们在买车的时候，销售人员通常会将买者带到他们提前设计好的计划方案中，而消费者并不清楚所展示车的真实情况。这一点，在二手车市场上表现更为突出。当消费者和二手车卖者彼此都存在戒心，并相信对方总是存在更多隐藏信息时，那么商品的真实价格是很难如实体现的。在组织内部，情况也是如此。股东们面对他们所聘用的CEO经常出现在高尔夫球场和高档酒店的情况，似乎不能说清楚他们的代理人是出于公司利益还是自身私利。同样，企业管理者，特别是那些外行领导内行的管理者，对员工是否努力工作抑或代工卸责也未必能够"明察秋毫"。很多情况下，以上问题的解决需要投入相当高的成本，而这或许又是得不偿失的。

正如面对"囚徒困境"一样，如果交易双方无法对承诺达成具有相当约束力的协议，那么势必会给他们日后可能的违约留下机会。进一步讲，或许协议反倒促成了违约。对于那些不具有约束力的协议或承诺，当事人在逆推归纳的逻辑下互不信任，要么任由商机流走，要么投入更多的成本预防潜在的机会主义行为。人们更愿意彼此信任，但这需要高昂的成本。

（三）组织内部价格体系

对于大型经济组织来说，既要以分权的方式将权力下放，又要确保实际决策人员的工作效果。然而，随着权力逐级分解，与信息有关的委托-代理问题愈加严峻。如何设计兼顾参与约束和相容激励的机制，是大型科层组织面临的挑战。在实践中，借鉴市场上的价格形成机制，企业也可以设计出兼顾协调和激励两方面优点的方案来。利用财务控制和绩效考核，为组织内各单位之间的交易引入内部转移价格，这通常也表现出与市场价格机制类似的效果。这相当于在企业内部再造了一个市场。

以财务指标为依据,对各部门的成本、收益、利润和投资绩效进行核算,以评判该部门管理者的绩效和分配报酬。它还为确定公司资金走向、研发对象、人力资源规划等提供了参考。此外,这些财务指标还用于评价各部门之间那些更小的责任中心的绩效,对工厂、办公室或更小的责任中心间存在的产品和服务进行定价。

从部门的观点来看,对部门之间的交易支付或索要的价格,是该单位衡量财务绩效的最为重要的决定因素。考虑这样一个石油联合企业,它由一个部门生产原油,另一个部门将原油输送至该企业的炼油厂,第三个部门则将原油加工成石油产品。原油由生产部门"出售"给运输部门,运输部门又将它"再出售"给炼油部门。第一次交易的价格决定着生产部门的收益,同时也是运输部门成本的主要成分。第二次交易的价格决定着运输部门的每单位收益,同时又是炼油厂成本的主要成分。在实际转移量给定的条件下,这些转移价格并不影响公司的整体利润,但是却决定着各个不同部门的表面绩效。

但是,如果部门经理无论在内部贸易或是外部交易中都能自主决定买卖的数量,那么,公司利润也将在很大程度上依赖于内部转移价格。假设炼油厂经理是根据他那个部门的盈利能力来评判,那么,如果他们付给运输部门的转移价格太高的话,他们就可能会寻求向其他供应商购买原油。如果运输部门给予原油生产者的转移价格太低的话,那么后者的经理就可能会决定将他们的产品卖向市场,而不是在企业内部转移。如果内部买卖可以使企业的利润实现最大化的话,那么上述两种交易都会对企业的整体盈利能力产生负面影响。即使不考虑外部购买和销售,如果各部门有权决定在企业内部的买卖数量,那么内部转移定价不当也会使各部门不愿意从事那些可以使总利润最大化所必需的交易。这种情况之所以发生,是因为转移价格使得部门的边际单位买卖无利可图,即使这时整个公司还是有利可图的。

即使部门经理无权决定购销对象和数量,选择不当的转移价格也可能误导公司的决策。改变转移价格会使一项活动变得极为盈利或大量亏损。除非总部主管和职员在衡量部门绩效时特别细心,否则他们就可能随意决定某一经理的工作干得比起实际要好得多或糟得多。更

第五章 有效率的经济组织

为严重的是，他们可能错误地认定某一具体经营活动会有大量盈利从而应当扩大，或者某一经营活动无利可图因而应当中止。

贝尔科公司（Hellcore）是美国电话电报公司（AT&T）的科研分支机构，其科研成果通常被出售给地方和区域性的电话运营商。20世纪80年代后期，该公司发现它的一些工程师和科学家都在用自己的设备打印材料，还有的找公司外的店铺打印。这不仅让公司内部的打印组没活干，还让人对内部信息流出感到担忧。调查发现，造成这一情况的原因是，内部打印太贵了。在最高的时候，甚至高达50美元/每页。这使得科学家和工程师们不再考虑使用内部打印组的服务，而这又使问题雪上加霜。面对内部需求锐减，打印组将不得不考虑固定成本问题，这使得价格进一步提高。贝尔科公司在打印问题上显然进入了一个恶性循环的怪圈。这说明，企业可能不得不根据内部标准成本来估计内部转移价格，但也有可能存在类似产品的竞争市场，它可以用来帮助确定内部价格。

然而，企业所面对的市场通常是缺乏竞争性的，甚至卖方垄断导致定价过高。这样，市场上存在的信息不对称将造成高昂的交易成本。有鉴于此，企业选择通过内部转移定价的方式加以解决。在这种情况下，部门经理为提高他们各自部门的盈利能力，就都能从操纵内部转移价格中获取利益。比如，他可以把管理费用算在采购部门没有替代品来源的产品上，从而提高自己部门的面临外部竞争的产出品的利润。

马丁·韦茨曼指出，正式的组织极少利用价格协调其内部活动。"私有公司（更不要说政府组织或非营利组织）内部的资源配置几乎从不靠规定商品内部转移价格，并凭借利润最大化的自私行为来加以控制。价格体系作为内部资源的配置者，并不能通过市场的检验"。的确，当管理层进行决策并提出具体实施方案时，并不需要价格机制作用于此。通过网络、电话、会议等途径进行研究和商讨，然后将意见写在备忘录中，并由此形成规章、惯例、企业文化等，这些都不需要价格语言，而是有关技术的、组织的和个人的能力、量化的绩效水平，具体的计划和预算，以及详细的工作分派和操作方案的语言。

正像科斯所指出的，在交易成本为正值的条件下，资源配置会由产权结构所改变。同样，巴泽尔认为，奴隶主有时会发现赋予奴隶一部分产权会有好处，这会使得奴隶们更有激励去为赢得自由而工作。科层组织可以指定出一套决定其内部资源配置的产权规则，这些规则可以是正式的，也可以是非正式的。那些用以定义产权制度的规则与规范则构成了企业的"宪法"。有时候，雇主还可能出于激励考虑，在企业内部"分享"所有权。在企业史上，福特公司的5美元日工资决策就是企业内部重新定义产权的一种策略行动。①

1914年，福特汽车公司为提高工人的劳动效率，将不熟练的或不负责任的工人纷纷解雇，代之以新的熟练技术工人。同时，还将本已很高的工人工资由原来的2.34美元/日提高至5美元/日。高企的劳动力成本会抵消企业来年预期利润的一半，这对福特来说无异于一场赌局。一方面，福特汽车希望通过竞争上岗淘汰低效工人；另一方面，还希望通过设定颇具竞争力的薪酬留住那些能工巧匠。实际上，工资只保持在2.5美元/日，其余增加部分则以利润分成的形式进行分享。以独断专行闻名的福特曾对他的工人说，"我会支付你足够多的报酬，让你感到接受我的命令是值得的。"没错，不仅福特的权威树立了起来，工人退出的成本也高了。

福特模式不但提高了劳动绩效，还使节俭和自律行为蔚然成风，可谓一举两得。公司的办法是，建立福利社会部门，通过有规律的频繁家访了解员工情况，如储蓄习惯、婚姻状况、是否酗酒。对于不符合要求的员工，公司会将调查结果直接通报给他们的妻子，或者干脆将他们排除在利润分成计划之外，这意味着他们只能拿到别人一半的利润。此外，公司对因以上原因被解雇的员工不提供再就业培训。这一极具吸引力的薪酬待遇不仅降低了跳槽率，大幅提高了生产率，还引得大批应聘者趋之若鹜、纷至沓来。

这一政策使福特公司被赋予超出自愿市场交易之外的权威，创造了"超越传统市场方法的命令、权威以及纪律性措施来解决问题的权力"。同时，非自愿失业的存在还为企业建立行政权威提供了机会。

---

① [美]盖瑞·米勒:《管理困境：科层的政治经济学》，李勇等译，韦森总校，格致出版社2014年版，第101—102页。

结果，科层组织代替了市场。签约前，劳动者只是短期内"在"劳动力市场中，而一旦与福特签约后，员工就会臣服于福特所拥有的不对等权威下。马基雅维利曾说，"（一个统治者）是被热爱好，还是被畏惧好？也许回答希望两者兼具最好，但是，由于两者很难在同一个人身上统一，当鱼和熊掌不可兼得，被畏惧比被热爱更安全"。这一点，福特做到了。

对一个初创企业而言，一个独裁的总裁或许是有利的，但随着企业规模的不断扩张，很多问题也暴露无遗。在企业早期，规模相对较小，信息也比较迅捷、畅通，这为总裁的英明决策提供了可能，而管理者的独断专行都确保了令行禁止。然而，福特本人似乎走得更远。他的孤注一掷甚至给公司造成了无法挽回的损失。1929年，克莱斯勒开始生产六缸引擎。而时隔7年后，福特才不得不进入六缸引擎市场，将很大比例的市场份额拱手于人。这并非是因为福特公司实力不济。事实上，在福特儿子埃德塞尔·福特的敦促下，工程师仅用了6个月就研制出了六缸引擎，只是被老福特本人断然拒绝了。事后，老福特也承认自己在这件事上犯了错误。无独有偶，老福特还不听取工程师、销售人员、会计甚至他自己儿子的建议，拒绝了所有改进他著名的T型车的建议，直到市场份额不可补救地输给了通用汽车公司。

事实表明，尽管独裁可以提供给企业所需的统一性和一致性，但却不能解决导致市场失灵的信息不对称问题。过度的独断专行是获取明智决策所必需信息的障碍。福特施行日工资5美元，旨在改变劳动力市场的运行模式，使之从一个竞争性、流动性和自愿的市场转变成这样一个市场，即一旦成为福特公司的一员，就必须长期臣服于政治权威体制的守诺。如此，福特公司的政治权威将分散的偏好加总为权威的社会选择、激励的集权设计、群体内部冲突的必然性、社会规范的创立、行政领导发挥潜力的范围、解决权力制度问题的必然性，以及权力的可信守诺。

科斯认为，科层组织的管理者们试图不通过价格机制来协调内部的资源配置，这可能会带来一种政治决策过程，它为企业内出现的政治人物的目标服务，但这并不能保证结果就必然是有效率的。诺思指

◇ 产权保护与经济增长

出,"尽管政治制度促进了讨价还价双方的交换,但是这并不意味着结果就能达到经济效率。有效率的政治交换,在给定双方的利益的条件下,会创造或者改变经济制度而提高或降低经济交易的成本"。也就是说,政治制度可能会产生没有经济效率的产权配置。一个统治者可能更偏好一个能给他带来更多净税收入的产权体系,而不是偏好一种能鼓励社会整体经济增长的产权体系。因此,科层组织和市场各具优势、相得益彰,彼此都不能相互脱离而单独存在。市场竞争,可以弥补科层组织中的激励不足问题,并克服潜在的委托-代理问题。RJR Nabisco 公司收购案便反映出市场在激励和约束管理者行为中的作用。①

1988 年,RJR Nabisco 公司 CEO 罗斯·约翰逊(Ross Johnson)宣布,他领导的管理层有意通过杠杆收购,把该上市公司变为非上市公司。他们最早出价为 75 美元/股,而这被普遍认为远远低于公司的实际价值。随后,一家名叫 Kohlberg Kravis Roberts(KKR)的公司很快做出了反应,出价 90 美元/股。经过一番激烈竞价,KKR 最终以 109 美元/股的出价胜出,而 RJR Nabisco 管理层的最终出价是 112 美元/股,比 KKR 公司高了约 3 美元/股。

这似乎违反常理。在企业内部管理层出价更高的情况下,为什么公司不将股份卖给自己人,却卖给了"门口的野蛮人"?RJR 的董事们给出的答案是,他们希望维持公司的完整性,而以约翰逊为首的 RJR 管理层有意拆散公司,并解雇大量雇员。此外,RJR 管理层还提出将把公司未来 15% 的股权分给股东,这远低于 KKR 的 25%。与 RJR 管理层的贪婪和粗鲁相比,KKR 则表现出更强的企业责任感和未来发展的希望。最终,约翰逊失败了,但却得到了总价值高达 5380 万美元的离职补偿。

盖瑞·米勒教授指出,RJR 收购案表明,市场竞争可能弥补科层内部激励的不足,而且这种弥补有利于一些参与者。RJR Nabisco 的股东因股票价值带来的大量意外之财而受益;事实上,潜在管理团队

---

① [美]盖瑞·J. 米勒著:《管理困境:科层的政治经济学》,李勇等译,韦森总校,格致出版社 2014 年版,第 164—166 页。

之间的竞争迫使约翰逊摒弃170亿美元的最初出价,而报出企业更准确的价值(250亿美元)。股东因此确保得到资产创造的盈余的更多部分,如果花费巨资的私人飞机和其他补贴上的管理者继续执掌企业,股东得到的盈余并不会那么多。而且,雇员也从新管理者入驻企业中获益,因为在董事们看来,新的管理者比约翰逊团队更关心对雇员权益和士气的保护。很明显,市场竞争在塑造和约束管理者行为方面具有极大价值。

有媒体发现,事实上,RJR公司的股价在约翰逊最早出价前远低于75美元/股,但约翰逊的最后出价居然高达112美元/股。如果公司资产的潜在价值真值这么多,那么为什么收购案之前却一直没有达到,约翰逊在并购案前后迥然不同的表现又说明了什么?市场的约束效果有多严格?企业拍卖时,董事们是否总是按股东、雇员的最佳利益行事?

另一个问题是由最终结果引起的——一个公开上市企业变成非上市企业。米勒进一步分析道,现代化的上市企业本来有个特征,即所有权和控制权之间存在巨大差别,但现在这种差别消除了。企业的新所有者——管理者,欠债数十亿美元,将有强烈的动力促使自己高效率地管理企业。这对上市企业意味着什么?上市企业的股东有没有可能约束管理者的行为?或者,是否RJR Nabisco案例的教训是所有权和控制权分离是高效管理者不可克服的障碍?

该案的核心问题,与所有权和控制权分离有关。这种分离在科层企业中却造成另一种委托-代理关系,可能同样充满着困扰其他这类关系的卸责、扭曲信息问题。因为股东是大而分散的团体,而且因此指导管理的能力有限,所以,这些问题更严重。

二 法律规则和组织形态

(一)契约与权力

谢林指出,"人们做什么事情或不做什么事情,都会从正面或负面影响着其他人。在没有适当组织的情况下,个人行为产生的后果可能是相当不令人满意的。人们很容易就此谴责'人性';但是,如果

◈ 产权保护与经济增长

承认多数人对自己的事情比对别人的事情更关心,而且多数人对自己的事情也比对别人的事情更了解,我们就会发现人性本身不如社会组织更重要。这些问题常常可以得到解决,而解决的方法取决于一种认为设计的组织或是自发产生的组织,一个长期组织或者一个临时组织,一个资源的组织或者一个强制性组织"①。

根据新古典经济学的企业理论,企业是由生产技术刻画的生产函数的实现者和载体,代表为了实现利润最大化所采用的投入与产出之间的技术关系,但它没有告诉我们为什么要采用企业这样的组织形式来生产,因此它能带给我们的洞察力是有限的。然而,根据新制度经济学理论,企业是许多当事人通过订立一系列的契约而形成的,是一系列契约的集合。威廉姆森认为,非对称信息与机会主义一起,共同导致不确定性。在非对称信息条件下,契约只可能是一个很粗的框架,遇到契约纠纷,如果诉诸法律就"必须有某种强制性的权力,才能迫使人们平等相待,依约行事"。② 信息优势是一体化的优势之一。然而,有限理性导致的控制性损失是决定企业规模的因素。控制性损失包括信息损失和指令质量的损失两个方面,前者指随着科层的增加,信息自下而上传递过程中会发生损失;后者指管理者不可能获得全部信息,因此只能靠牺牲一些细节来获取额外信息,这会导致信息质量的损失。

与劳动相比,资本表现出更好的信息优势,这自然造成拥有资本的人更有充当委托人的优势和资质。随着教育、培训、中介机构、互联网等现代技术的发展,能够展现劳动者能力的渠道日增,这便使得反映劳动力方面的信息愈加透明和真实,进而弱化了资本在信息方面的相对优势。随之,资本拥有者的委托人身份便逐渐淡化。同时,诸如领导者魅力、企业家精神、经营管理能力等受天赋影响较大的因素也起着重要作用,而这些作用并非单纯依托教育所能够实现的。这又使得资本所有者重新增强了其获得委托人身份的资格。可见,劳动和

---

① [美]托马斯·C. 谢林:《微观动机和宏观行为》,谢静译,中国人民大学出版社2005年版,第104页。

② Williamson O E, *Markets and Hierarchies: Analysis and Antitrust Implications*, New York: Free Press, 1975.

第五章 有效率的经济组织

资本孰优孰劣，不仅取决于信息优势，还受到先天因素的影响，使二者逐渐走向收敛。

尽管市场和企业都由契约组成，但二者在契约的时限、完备程度、执行机制等三方面存在差别。首先，就权利与义务之间分隔时间的长短所确定的契约时限而言，市场以短期契约为主，而企业以长期契约为主。因此，对企业来说，长期契约必须要有可信的约束力，即可信的违约惩罚，以防范可能的机会主义行为的发生，可主要通过抵押物、抵押人和第三方司法程序的介入等方式实现。其次，市场中的契约更倾向于完备，而企业很难订立完备契约，主要原因在于未来的不确定性和过高的法律执行成本。契约的完备程度与事前交易成本正相关，而与事后交易成本负相关。因此，法院对合同的公平、公正的解释和当事人的诚信责任十分重要。最后，企业中存在上级对下级的权威，从而节省了讨价还价成本，但企业也会产生剩余控制权。可见，权威、法律和信誉是保证契约实施的主要机制。从某种意义上说，虽然合同对违约行为规定很多的惩罚，但是还是一种"君子协定"，需要当事人对各自信誉的重视，而合同一方愿意接受另一方的权威，很大程度上是基于对后者的信任。

根据非合作博弈理论，在完全、对称信息条件下，通过逆向归纳法可知，对有限期重复博弈的"囚徒困境"而言，背叛是唯一的完美均衡，也是唯一的纳什均衡，即连锁店悖论。[1] 然而，对无限期重复博弈而言，在完全、对称信息条件下，根据无名氏定理，未来报复的威胁或将来的收益使参与人愿意实施对不合作者的必要惩罚，即使这种惩罚也会损害实施者的自身利益，如冷酷策略、针锋相对策略。其间，合作与背叛均有可能。在不完全、对称信息条件下，如果参与人不知道彼此的类型，由此而产生的混乱可能会导致参与人之间的合作行为。例如，在"四人帮"模型中，如果参与人认为其博弈对手以很高的概率是一个采取针锋相对策略的参与人，则前者的最优策略是开始时选择合作，到博弈将要结束时选择背叛直至博弈结束。在完全、非对称信息条件下，参与双方在博弈开始时都拥有对称信息并达

---

[1] Selten R, "The Chain-Store Paradox" Theory and Decision, 1978, 9, pp. 127–159.

◈ 产权保护与经济增长

成合同，但随后一方当事人选择了另一方观察不到的某个行动，即存在隐藏行动的道德风险。在不完全、非对称信息条件下，自然在博弈开始时选择一参与人（假定为 A）类型，而另一方（假定为 B）没有观察到该自然选择，随后双方签约，即逆向选择问题。有鉴于此，A 可以选择在签约之前（信号传递）或之后（信号甄别）向 B 显示自己的类型，抑或 B 设计一能够引出 A 私人信息的合同。[①]

另一方面，合作博弈理论从联盟角度为研究经济组织提供了工具。20 世纪 60 年代，海塞尼（Harsany）提出承诺（即合作协议）对合作博弈的作用，将博弈理论由对策略的研究引向对期望结果的研究，而不考虑对决策细节的讨论，即关注可以用有约束力的承诺来得到的可行的结果，以及博弈过程中的盈余和成本在达成合作博弈解后如何分摊等问题。[②] 此外，联盟形成理论讨论了，当大联盟由于外部性的存在而不能实现时，什么样的联盟更可能达成及其稳定性的问题。[③] 合作的稳定性包括外部稳定和内部稳定两个方面，二者均稳定的集合称为稳定集。在功利主义条件下，外部稳定要求合作带来持续的高回报，以最大化整体总剩余，夏普利值是其合作解。在平均主义条件下，内部稳定要求持续的一致性（帕累托最优原则）和承诺，以确保参与人认为得到了联盟剩余中自己应得的部分，核仁是其合作解。纳什解所基于的效用假设（50∶50）正是这种平均主义的体现。

长期以来，在研究博弈的合作与非合作方法之间存在着一些分歧，而博弈论的发展与合同理论的发展是相对独立的，虽然后者从极大程度上说是前者的应用（合同的研究也涵盖了制度，包括法律和政治的分析）。非合作博弈很好地分析了策略互动过程，弥补了价格理论中仅从自身利益出发追求最大化的不足，但前者以效率为标准，缺少对组织稳定性（或核问题）的分析。合作博弈的优势在

[①] Kreps D M, Milgrom P, Roberts J and Wilson R B, "Rational Cooperation in the Finitely Repeated Prisoners´ Dilemma" Journal of Economic Theory, 1982, 27（2）, pp. 245 – 252.

[②] Hart S and Mas-Colell A, *Cooperation: Game Theoretic Approaches*, New York, Springer-Verlag, 1997.

[③] Maskin E "Bargaining, Coalitions and Externalities" Working Paper, Institute for Advanced Study, 2003.

于，它以公平为标准分析策略稳定性，进而直接产生博弈解，这为研究经济组织的存在和稳定性提供了理性工具。如果把一般均衡的形成过程（即价格机制的动态调整）看作是买卖双方的讨价还价过程，则一般均衡理论的核和合作博弈的核没有本质区别，前者只是用契约线表述而已。然而，合作博弈没有对联盟形成的过程和核配置达成的过程进行分析，无法体现每个参与人追求自身利益最大化的经济学基本原则。纳什（Nash）认为，合作博弈的有约束力的合约是通过非合作的讨价还价达成的，因此合作博弈应该还原为非合作博弈来研究。根据纳什规划，合作博弈存在无限的博弈前信息交流和有约束力的合约（承诺），但没有严格的模型，因此应把合作理论中的非规范化部分明确化而将合作博弈简化为非合作博弈的过程。罗伯特·奥曼（Robert J. Aumann）认为，合作和非合作方法是看待同一个博弈的不同方式。因此，对契约与组织问题的研究，应将这两种分析方式相结合。无限次重复动态博弈和谈判博弈都是能够实现合作结果的非合作方法。如果效用是可转移的，那么参与人之间就可以通过划分或分摊总剩余（或称总得益）来达成合作。但是如果效用是不可转移的（NTU），不同的参与人的效用不可以直接比较，因此也就只能通过威慑而达成有约束力的合约，从而实现合作，如触发策略。此外，在处理 NTU 问题上，策略性让步博弈旨在使所达成的合约所规定的得益分配方案在合约达成的每一个阶段或环节中都是自我实施（self-enforcing）的。

　　由此可见，无论是企业还是市场，都是配置稀缺资源的手段。新古典经济学理论将企业视为生产要素集合，有效解释了企业利润最大化的行为假设。新制度经济学家将企业视为各种契约的节点，从交易成本角度解释了企业作为一种市场替代的存在和作用。其中，长期契约对短期契约的替代，节省了交易成本，但在资产专用性前提下，也增加了机会主义行为发生的可能性，而纵向一体化则可以有效减少这种情况的出现。交易成本理论在论证经济组织的研究方面最重要的理论成果是确认了决定各式各样组织形态相对效率的关键维度，即"以一种——甄别（主要是交易成本）的方式使交易（各自的属性不同）

和治理结构（各自的成本与能力不同）相匹配"。①

现代企业理论强调交易成本对企业组织形成的作用，以及产权的界定对资源最终配置的作用。如果说斯密的观点更适于解释资本主义早期繁荣的个体经济，那么科斯的思想则更好地诠释了工业化大生产过程中科层组织的作用。诚然，在一个充分竞争的市场中，个体对全局的影响微乎其微，而每一个理性的个体在自利因素的驱动下追求利润最大化，进而提高社会整体福利。然而，市场的运作本身存在着交易成本，因此企业或科层组织的出现不仅必要而且重要。通过权威管理者在企业内部发号施令，再通过分权途径逐一贯彻实施，会降低原本在市场中安排交易所存在的成本，从而实现较为高效的资源配置。这一过程会随着企业购并重组等手段逐渐深化，直至在科层组织内部交易的边际成本与市场上安排同一笔交易的边际成本相等，或与在其他经济组织中安排同一笔交易的边际成本相等为止。

科斯在其《企业的性质》中引入交易成本概念，探讨企业的存在和边界问题。他提到，"一位经济学家（哈耶克）视经济体系由价格机制协调，同时社会不再是组织，而变为一个有机体"。此外，"正如 D. H. 罗伯逊所指出的，我们发现了'在这无意识合作的海洋中屹立的有意识力的岛屿，宛如牛奶中凝结的奶油'"。在科斯看来，企业家应具有经营和管理的双重功能，前者指进行预测，并利用价格机制和新契约的签订进行操作，而后者指只对价格变化进行反应，并依此重新安排生产要素。他认为，契约的本质是限定了企业家的权力范围，只有在这种限制下，他才能指挥其他生产要素。②张维迎认为，正是为了发挥企业家精神的作用，我们才创造了公司这种组织形式。威廉姆森认为，交易成本的存在源于人类两大天性，即有限理性和机会主义行为倾向。前者指尽管个体期望以理性方式行动，但其知识、预见、技能和时间等都是有限的，进而阻碍了个体完全理性的行动；后者包括交易者背信弃义、合同欺诈、逃避责任、规避法律、钻空子

---

① Williamson O E., "The Logic of Economic Organization" Journal of Law, Economics and Organization, 1988, 4, pp. 65 – 93.
② [美] 罗纳德·科斯：《企业的性质（1937）》，转引自《企业、市场与法律》，盛洪等译校，上海三联书店 2010 年版，第 34—40 页。

的意愿，或者其他各种为了尽可能榨取更大份额的交易产生的租金而利用交易对手弱点的意愿和行为。机会主义是一种对契约包含的价格信号的反应，即道德风险。克莱因认为，敲竹杠问题正是由契约造成的，而仅仅将企业看作"契约的联结"是不完全的而且令人误解。赫伯特·西蒙（Herbert A. Simon）认为，有限理性是源于信息搜集和计算限制的。马奇（March）和西蒙从满意度角度出发，将机会主义视为一种适应，一种可能诱发离开组织的替代选择。他们认为，一般说来，没有单一的唯一适合组织生存的环境，而存在的是多种产生良好诱因-贡献平衡的备选环境。组织为生存做出的调整可能会朝其中任何一种环境的方向发展。当组织内部或外部环境发生变化对其报酬-贡献平衡产生极大的不利影响并危及其生存时，组织成员可能会主动改变行为并采取新行动以恢复到有利的平衡。考特认为，长期关系可以由约束产生，并形成制度。传统的约束形式包括友谊关系、亲属关系、少数民族的自尊心以及宗教信仰等，它们通常能够促进无政府保护的经济合作或与政府敌对的团体的经济活动，如国际商人、有组织的犯罪团伙等。合同法和法庭通过履行、解释以及调整契约来促成承诺、降低交易成本、纠正市场失灵，并最终促进人们合作。合同法的目的之一是培养减少依赖合同解决合作问题的长期关系，当长期关系的双方当事人卷入法律纠纷时，法庭可能会尽量补救他们的关系。通过维持长期关系，合作问题就能以最低限度地依赖于政府而得到解决。

由此可见，经济组织首先是一种文化聚点，如企业文化、区域文化、法律和习俗等。在经济活动中，组织通过激励和惩罚（负向激励）两种机制维护关系，并提高绩效。从博弈论和信息经济学的视角而言，聚点是出于心理上的原因尤为引人注目的那些纳什均衡，在没有清楚的聚点之前，调解和沟通就变得尤为重要了。[1] 为了协调，参与人试图找到一个选择或原则，从而从小组的角度出发，能够给出一个唯一的回答导致成功的协调："如果那些探索解决协调问题的人能

---

[1] ［美］艾里克·拉斯穆森：《博弈与信息》，韩松等译，中国人民大学出版社2009年版，第38页。

◈ 产权保护与经济增长

够明显地或者自然地想到一个选择法则,那么这个选择法则(以及与之等价的标示或策略)是显著的",即"谢林显著"法则。

经济组织是不同类型的信息集合。如果根据新制度经济学的观点将企业视为一系列契约的集合成立的话,那么同理,也可以将契约视为各种信息之间的联结。将不同经济组织假定为不同类型的信息集合,其关系由契约(显性或默认)联结,进而有效的经济组织是那些根据不同的信息条件以相应的契约关系设置的合理制度安排。其间,博弈双方将根据贝叶斯法则,通过先验和后验的概率条件不断修正契约信念,选择合作或者背叛。将企业视为信息集,且将契约视为节点(node)的意义在于,模糊化企业的有形边界,使隐性契约关系与显性契约关系都通过信息反映出来。同时,经济组织的信息化概念,有利于引入认知和行为科学方法,充分体现企业作为"有意识的岛屿"的有机体特征,进而在不同结构的博弈环境下,探讨契约对信息的有效配置以及所形成的相应经济组织。例如,在非合作博弈行为假设下,契约将信息转换为共同知识,从而使"囚徒困境"从无限次重复博弈变为有限次重复博弈,通过逆向归纳法,当资产专用性使敲竹杠(背叛)行为在最后一期成为可能时,参与人双方会根据各自期望而适时提前采取行动,即克莱因所谓"契约是如何导致而非解决敲竹杠问题的"。此外,个体理性和集体理性之间的冲突,不仅发生在市场中,同时也会存在于企业内部。在非对称信息条件下,企业或科层组织内化了市场中的"囚徒困境",产生了新的委托-代理问题,即管理者困境。

经济组织是复杂多变的。有观点认为,企业系统是一个他组织和自组织有机结合的类生命系统,管理负熵和管理熵的矛盾运动的发展趋势决定了企业系统是孤立系统的管理熵增结构还是开放系统的管理熵耗散结构,从而决定了企业生命发展的趋势。耗散结构,指远离平衡状态条件下的开放系统通过负熵流的增大形成的有序结构。在信息论中,熵表示系统的不确定性和复杂程度,而负熵是物质系统有序化、组织化、复杂化状态的一种量度。因此,耗散结构理论对于分析租金耗散和组织在信息熵作用下的演化特征等问题具有一定启发。

经济组织是因地制宜的。有效率的经济组织从来都不是一种固定不变的形式,而是在不同的前提条件和具体环境下形成的不同状态,主要包括离契约关系、纵向一体化和混合型经济组织等三种形式。并且,每一种形式都表现出各自的经济效率。本文将从几个方面对经济组织进行具体案例分析。①

那种认为过程在分析替代法律规则的效率中处于中心地位的逻辑思路也适用于对组织形态的分析。在技术、信息和经济主体相同的条件下,通过企业这种组织形态能够完成的任务在原则上也能够通过契约来完成,反之亦然。交易者在一种组织形态与另一种组织形态之间交换时,发生变化的是交易者可选的责任、程序和制裁,以及进而产生的交易者可用的策略和适应实现的过程。既然是由法律制度来明确这些责任、限制条件,并根据它来执行制裁,组织形态之间的区别就可以在法律中找到最终的根据。②

(二) 非正式契约关系

在现实交易过程中和交易之后,法律制度将相当大的自治权和灵活性授予在离散市场进行交易的独立企业和个人。在离散交易中,交易方一般自愿谈判,对于不愿意进行的交易不成交。而且,一旦交易完成,交易方的责任就很少继续存在,比如购买方可以自主决定如何使用或者抛弃所购买的物品。交易者在简单交易中的行动相对自由,这使他们既有能力也有激励去使自己的行动适应各种突发事件和信息的出现。

然而这种行动自由也为交易者提供了抽租的可能。如果简单交易的各方对于当前的条款不满意的话,他们可以杀价、拖延或者一起逃离交易;法庭很少干预以强制各方遵从合同。同样地,在交易各方没

---

① [美]斯科特·E. 马斯腾等:《契约与组织的案例研究》,陈海威等译,中国人民大学出版社2005年版。

② Williamson O E, "Transaction Costs Economics: The Governance of Contractual Relations" Journal of Law and Economics, 1979, 22, pp. 233 – 262; Williamson O E, "Comparative Economic Organization: The Analysis of Discrete Structural Alternatives" Administrative Science Quarterly, 1991, 36, pp. 269 – 296; Masten Scott E, "A Legal Basis for the Firm" Journal of Law, Economics, and Organization, 1988, 4, pp. 181 – 198.

有具体协议时，法庭一般不会管制交易后的行为，即使一方的行为给另一方带来损失。因此，市场交易虽然灵活，但又相对较容易受到潜在的敲竹杠和背信弃义的不利影响。

在1750年至1870年的这段时间里，鲸鱼提供了价值相当高的油、鲸鱼骨以及其他的东西，尽管公海捕鲸存在着归属权的争议，但捕鲸者们从面对巨大的利益有强烈的动机去创造和平解决鲸鱼所有权争议的规则。研究发现，通过契约签订前的非正式规则，捕捞旺季时所捕得的鲸鱼的产权之争得以解决。而执行这种规则的信息和能力是通过捕鲸者之间的不断重复交往与渐渐产生的社会契约形成的，为捕鲸者在追捕鲸鱼中展开合作提供激励最强的规则，倾向于模糊不清、难以管理、交易成本较高，而交易成本较低的、清晰的、界限分明的规则却往往不利于鼓励捕鲸者展开足够的合作。这意味着，在关系密切的群体中，非正式社会力量所产生的非正式产权（规范）的内容，通过最小化该群体的交易成本和由于无法获取潜在的交易收益而导致的净损失之和，实现财富最大化。与法律中心主义不同，这种关系密切群体的产权保护机制是通过非正式的社会网络建立的。其中，一系列的社会隐性契约包括系牢规则（如露脊鲸）、鲸叉占优鲸鱼规则（如抹香鲸）、所有权分割规则等。对于具体规则的设定，他们不是根据鲸鱼种类而是根据不同的渔场位置，因为前者会使管理更为复杂。

公海捕鲸的产权归属问题，解释了财产权利两个重要的理论问题。第一个问题涉及产权的根源。根据威廉姆森所谓的"法律中心主义者"的观点，国家是产权的唯一创造者。许多学者支持这一观点。然而，另有观点认为，产权可以从国家之外——尤其是非等级制的社会力量中产生。从这个角度讲，捕鲸业的案例强烈支持了那种主张产权可以起源于无政府状态中的社会习惯的观点。第二个问题是，人们能否预测非正式社会力量所产生的非正式产权（规范）的内容。捕鲸的例子反映出，当人们处于一个关系密切的群体中，他们将针对一系列常见的问题而发展出种种财富最大化的规范。当一个群体的成员彼此纠缠于现存的社会关系，而这些社会关系足以让每个人都拥有权力和信息对他人实施非正式的社会控制的时候，我们称这一群体是关系密切的。当一种规范能够最小化该群体的交易成本和由于无法获取潜在的交易收益而导致的净损失之和时,我们把这一规范称为财富最大化的。

事实上,即使在现代经济中,非正式的契约安排也会存在,而造成这一现象的原因可能是由于行政管制。在美国,州际铁路运输由《州际贸易法(ICA)》管辖。该法曾对铁路部门和托运人为铁路运输服务的价格和其他条款签订协议进行了限制。ICA 的非歧视性要求禁止托运人和铁路部门为特殊业务商定特殊价格。正是这一非歧视性要求,导致了托运人和铁路运输部门在保护性契约条款(如最低装运要求)无法执行情况下采取了非正式契约安排。其中,个人关系对非正式规范的制定起重要作用。非正式契约安排旨在补充和完善费率,包括承运人将用于运输的车皮的数量、从起点到终点一趟运输的时间、特殊服务标准、托运人保证承运人的托运数量,等等。这些内容会在短期内多次协商或重新协商,或者在长期以不完全契约的形式协商或重新协商,但偶尔也有采用即期契约的。研究者帕莱将专用型投资分为非专用性、中等专用性和高度专用性三种,并对相应的具体问题进行了探讨,包括契约强制执行方式(承诺)、对调整要求的态度(不确定性)、为适应而进行协商的意愿,以及为长期的结构性方案交换信息的倾向等。在不确定情况下,调整分为单边、协商(针锋相对、未来考虑)和无调整三种情况。其中,单边调整被认为缺乏慎重考虑,而第二类协商调整之所以能够达成,是因为未来可以获得某种隐含的或明显的收入。帕莱认为,长期计划的信息交换与私有财产的分享和非对称信息的共享一样表明了对待交易治理的不同态度。经验分析发现,交易伙伴之间长期关系契约安排的应用因高度专用投资的存在而增加,专用交易的当事人要比非专用交易的当事人更有可能交换用于长期预测的信息。

(三)正式契约关系

常言道,"君子喻于义,小人喻于利"。传统意义上,中国人是很少以好坏划分品行的,这有一定的道理。因为,对于事物的本末终始、前因后果,人们往往是很难廓清的,更何况还有大智若愚、大伪

◈ 产权保护与经济增长

似真的情况。相对而言,以利益着眼和行为结果为标准划分人群,则更具实践意义。与小人相比,君子重视长期利益,更具诚信守诺之风。相比之下,小人则注重短期回报。正如时间的长短是一组相对概念,君子和小人的区分也是相对的。在某一利益面前被界定为君子的人,在更大的利益面前很可能会被称为小人,反之亦然。同样,单纯意义上的所谓君子协定,在多大程度上能够承受考验,是一个值得注意的问题。毕竟,如果人们都相信"长期来看,我们都是会死的",那么"小人得志"便合乎情理了。但是,法律不同于道德伦理,以君子之道定法会让更多小人有机可乘,甚或诸多谦谦君子沦为小人。

在现代社会,经济的快速发展促使财富的变动更加频繁,动态的产权以及由此所派生出的租金盈余会激发出更多的利益纠葛。人们不应只天真地依靠觉悟行事,"君子协定"具有更大的不确定性。特别是在国际市场中,情况更是如此。因此,建立在契约基础上的商业往来是现代经济社会的本质,它使人们时刻警觉短期机会主义行为,同时有助于增强人们对于中长期合作的信心。

在法律允许范围内,通过签订合同,交易方以约束彼此的合同条款减少了可能存在的反复谈判成本。如果双方均具有较强的法律意识,那么交易的实现和合作的达成就愈加顺利。这就要求营造良好的法律环境,培养民众法律意识。在法律制度下,任何单方违约行为都会受到阻止或惩罚,并对违约方采取一定强制力。因此,一系列公正透明的法律条文和诉讼程序都应指向提高信心,保护契约关系方面。

除法律环境外,合同的订立和执行也存在着不完全性的缺陷。一方面,要求合同双方预期到未来所有的可能情况是不可能的,即使规定了尽量详细的条款也是得不偿失的,这意味着合同条款本身不可能完全。另一方面,由于存在有限理性和诉讼人意图的机会主义表述,法庭并不能强制合同双方的意图或确定该意图是否已经兑现。这些都意味着,一方面合同趋于僵化,另一方面必定留下了大量的合同欺诈的机会,或者存在以强制的方式进行明确的交易条款修改从而再分配合同剩余的可能性。考虑到这种情况,订立合同时,人们不是过多地确定交易条款,而是建立起允许未来就交易条款进行谈判的框架。

关系专用性投资的存在，要求企业在长期契约下制定相应条款，以促进合作并应对可能出现的机会主义行为，如石油焦炭、天然气和煤炭交易等。此外，当为某种货物快速安排替代性运输服务难以实现时（时空专用性投资），企业可能同时采用长期契约和纵向一体化，如船运市场。维克托·P. 戈德堡（Victor P. Goldberg）和约翰·R. 埃里克森（John R. Erickson）在对石油焦炭长期合同中价格和数量调整机制进行研究后发现，由于焦炭体积大、高污染、储存成本高等特点，加之可靠的替代性客户数量较少（需求端缺少竞争），使得焦炭生产者面临生产和加工设施的场地专用性问题。研究从推进合作机制和遏制非合作机制两方面入手，前者是一种"把蛋糕做大的动机"，后者涉及机会主义存在的可能性。他们认为，价格波动的增大使得合同存续期缩短，也更容易被终止。炼焦厂对维持稳定的可获得利益的需要，是石油焦炭合同期限长度的最主要决定因素。减少签订合同之前的搜索成本和减少签订合同之后违约或从事机会主义行为的激励，是产生石油焦炭合同中价格调整机制（或非线性定价安排）的主要原因。此外，承诺旨在增进合作。炼焦厂要决定它将牺牲多少自主决定生产焦炭速度的权利，而煅烧厂则要决定承担起多少接收一定数量焦炭存货的责任。炼焦厂储存能力越小，就越是看重煅烧厂在第一时间运走其全部焦炭产品的承诺；而当炼焦厂在签约后成为煅烧厂的唯一供货商时，前者几乎无一例外地放弃了自主决定生产速度的权利，以使购买方充分保证及时取货。

斯科特·马斯腾（Scott E. Master）和基斯·克罗克（Keith J. Crocker）研究了天然气合同中"照付不议"（take-or-pay）条款的问题。与以往对此类条款的解释（风险规避、价格管制）不同，本研究将该条款视为一种能够为当事人履约提供适当激励的机制，有效违约的对价能够将最优的占用承付款（take obligation）比例定义为交易特征的函数，从而作为私人秩序对法庭难以确定合同损害的反应，为长期合同提供灵活性的激励。研究发现，"照付不议"条款不仅仅是应对政府价格管制的产物，而是出自于有效激励的考虑，即购买责任使得买方只在停止购买有效率的时候才会这样做。为避免资产专用性将当事人锁定在双边垄断的关系中，进而防止出现准租金挤占的"消耗战",该条款给予当事人适应外界环境的单边选择权,并使其权利的行使和联合利润最大化行为统一起来。这一条款是否妥当,取决于这口气井自身的性质、和其他气井之间的距离、可以利用的输油管道以及市场情况,等等。研究表明,占用承付款的比例影响了长期合同中的适应性,并和气井的替代选择的价值呈负相关。当气井周围只有少量的天然气生产商而同时有大量的运输商的时候,该比例要显著低于其他情况,因为这两个因素都会导致气井出产的天然气在替代用途上的价值上升。事实上,这种单边选择权即是对当事人未来可能的违约策略设计的一种激励相容机制,类似于非对称信息下讨价还价模型中的自我选择行为和旨在降低隐藏行动的道德风险的委托-代理模型。

保罗·L.乔思科(Paul L. Joskow)对煤矿和发电公司签订的合同存续期的研究,对煤炭合同存续期与威廉姆森提出的三种关系专用性投资(场地、物质资产和特定资产)之间的关系的假说进行了实证检验,为专用性投资和签约的关系提供了更系统的证据。具体而言,合同关系的存续期主要取决于三方面:第一,电厂和煤矿是否"唇齿相依"从而可以就地取材。如果是,二者一般会订立长期合同。第二,煤矿来自于哪一个产煤区。西部的煤炭交易一般依赖长期合同,东部以短期合同为主,而中西部介于二者之间。第三,年交易量的多少。年交易量大的合同的存续期一般长于年交易量小的。结果表明,随着投资的关系专用性变得更强,与设计并实施长期合同相比,不断重复的事后讨价还价显得代价更高,因此买卖双方将倾向于签订长期协议,以便事前就规定好未来的交易条款。从方法论角度,乔思科的研究承袭了威廉姆森、克莱因、克劳福德、阿尔钦等人的思想和方法,通过设计合理的交易条款和交易条件,防范资产专用性条件下机会主义行为的发生。然而,其可贵之处在于一些良好的工具变量的发现和使用。

斯蒂芬·克雷格·皮荣(Stephen Craig Pirrong)对散装船运输业的组织形式和契约特征进行了分析,认为资产专用性的三个方面,即场地、物质资产和人力资产,在散装船运市场上显然并不存在,而复杂的长期合同和纵向一体化随处可见。当市场较"厚",运输的货物供给有多种代替来源，而且可以使用通用的设备运载，即期合同就比较流行。然而，船运市场上的时间和空间因素会创造出一种"时空专用性"。在即期合同条件下，这种专用性会鼓励托运人和承运人之间为争夺准租金而进行代价高昂的讨价还价，这促使当事人转而使用中期或远期合同。尽管如此，由于众多托运人与承运人之间两两分散议价达成的中期合同的到期时间一般会不一致，因此双边垄断和准租金挤占问题仍无法消除，这进一步导致当事人转而依赖长期合同或纵向一体化。货物流的特征、所运输货物的市场的性质、货物产地的地理分布和使用的船只特征等，决定了交易双方选择契约的种类。通过对 14 种散装货物及相应的契约形式分析发现，5 类货物仅采用即期合同，分别为谷物、石油（1973 年以后）、热媒（1980 年以前）、化肥、废铁；10 类货物采用长期契约，其中，热媒（1981 年后大船）和焦煤采用长期契约和中期包租合同相结合的方式，其他 8 类均采用长期契约和纵向一体化相结合的方式。此外，石油（1974 年以前）采用中期包租合同和纵向一体化相结合的方式。皮荣的研究提供了三点的启发。第一，当事人采用即期或短期合同进行交易时，为了避免签约风险，在短期，资产必须一经通知就可以很容易地在众多使用者之间转移，尽管长期契约安排也占据了这一市场。第二，长期合同的存在表明，声誉机制是阻止道德风险（合同上的事后"敲竹杠"）的有效手段。第三，托运人和承运人延长合同存续期时，采用正式的合同（有时是长期合同）的事实表明，当不存在正式合同时，声誉和重复交易并不能有效阻止策略性行为。此外，远期合同的签订是一个协调博弈的过程。这些博弈通常有许多均衡解，但使当事人达到某一特定均衡解的机制却是不确定的。特别的，由于合同都是私人之间订立的，那么独立行动且不知道其他人的行动的行为者最终选择相同的到期时间将是不可思议的。因此，至多只能把一个协调博弈均衡看作是相互影响的当事人经谈判达成的一个自我实施的合同。然而，实现这一均衡的谈判成本是极度高昂的。

三　复杂组织

（一）纵向一体化

在市场交易的缺点很严重时，纵向一体化就成了签订合同的备选方案。可是，融入一体的优势，甚至和将企业内部与市场组织区分开来的那些属性一起，竟然成了辩论的焦点。一些企业理论领域的评论家否认一体化具有任何独特的治理优势。这些学者正确地指出，一体化本身既没有改变人类的天性，也没有改变交易者所处的技术或信息环境。他们强调，一体化没有使交易者指导生产、解决争端的权威发生任何变化：企业雇员的权威和惩戒权力不比消费者监督、惩罚杂货零售商的权威和权力多多少。企业雇员和消费者一样，所能做的只是"解雇或起诉"。对于这些经济学家来说，企业的含义不过是本来很普通的契约关系的集合或者说是一种"联结"。

尽管终止双方的关系和寻求法律支持是最终唯一可选的办法，这一点阿尔钦和德姆塞茨已经证明，你可以解雇的实际和你可以起诉的事由却是依照所采用的组织形态的不同而有所变化的。如前所述，组织形态之间的差异源自于法律制度构建的差异。对于一体化来说，法律制度既导致了所有权的差异，也导致了治理上的差异。在所有权和治理这两者中，所有权是一体化最直接的方式。通过配置对资产使用和处置的剩余控制权，所有权能够限制非所有者隐匿资产不投入生产的能力，进而节制敲竹杠等机会主义行为。通过消除潜在的第二个交易者，所有权可以有效地免于被敲竹杠。

在生产的内部化过程中，一体化不是独自受到影响，就是与所有权一起受到影响。所有权改变的是交易者与财产之间的法律关系，而内部化生产改变的则是交易者之间的法律关系。首先，法律对雇员（一体化中的雇员与契约中的独立签约人相对应）服从指令、披露信息和其他有利于雇主的行动提出了更多要求。其次，可以证明更重要的是，管理内部交易的法律有"司法宽容"的特点，即："尽管法庭按惯例会给予企业起诉权，加入在价格、因延误产生的损失以及质量问题等方面存在纠纷的话，法庭还是会拒绝就企业内部各部门之间的相同的技术争议举行听证会。"独立签约人可以上诉以解决争端，而在一体化中，企业的高层管理者将对企业内部各部门之间的纠纷施加最终的权威；这是企业自身的最终法庭。企业内部与市场交易在责任、制裁和程序等方面的诸多差异因而似乎可以证实，企业内部组织享有更大的行动自由和更强的控制力度，获得信息的方式也更优越。

然而，科层制和与生俱来的低效率不可避免地弥漫到所有大型组织，这使得一体化的好处是有限的。尽管在原则上，新合并成立的企业能够以选择性的方式运行，并至少与合并之前的两家独立的企业效率相同，这种选择性的方式是指使合并后的企业的分别来自两家企业的相应部门都独立运营，并且只有在净利润存在的时候才干预这种运行方式。但问题是，在既定的管理内部交易的法律之下，合并后的企业的管理层不可能以这种选择性的方式对企业的运营进行干预。如果所有者不能有效保证不侵占业绩提高带来的收益，部门管理者进行创新、维护资产、获取并利用信息以及进行投资以使部门运转得有效率的激励就将受到损害。只要管理层在场，企业就会在管理层的监督下强制替换作用较小的、间接的激励方法。激励强度的损耗，加上管理层实施额外交易的能力有限，都将最终损害内部组织的功效，并进而限制企业的规模。

本杰明·克莱因（Robert Klein）通过检验通用公司购买费雪车身公司的汽车车身时存在的契约困难和两公司纵向一体化获得的相应利益，表明潜在的敲竹杠问题不仅是由专用性资产投资引起的，而且也是由严格制定的与专用性投资相关的长期契约条款引起的。通过企业组织资产所有权的转移，纵向一体化产生了一定程度的灵活性，并且避免了签订契约过程中的潜在敲竹杠问题，由此节约了巨大的交易成本。在克莱因看来，声誉机制在控制机会主义行为中的作用是有限的，而契约实际会制造而不是解决敲竹杠问题。纵向一体化并不能使费雪兄弟消失，而由于专用性人力资本的存在，费雪兄弟可能会威胁通用公司在某些领域做出调整。尽管如此，纵向一体化仍能解决这种潜在的敲诈行为。原因在于，纵向一体化后，生产性团队所有权发生转移，通用公司拥有公司相互依赖的劳工契约以及雇员团队包含的企业专业性知识，拥有所有与专用性人力资本相关的信息，因此通用的所有者真正拥有了公司的人力资本。相比之下，费雪兄弟拥有的信息是不完全的，而且这些信息渗透在费雪组织结构中。包括费雪兄弟在内，费雪组织的所有权和一套相互依赖的劳工契约，都转交给了通用公司。进一步，克莱因提出，仅仅将企业看作"契约的联结"是不完全的而且令人误解。企业不仅仅是由诸多清楚或模糊的特定契约组构成，它的构成还包括有价值的团队资产、处理信息的完善机制以及控制力。通过巩固某企业控制的这些组织资产所有权，纵向一体化消除了对一个基本契约的需求，并且形成了更灵活地指挥生产的能力。因此，纵向一体化显著地减少了潜在敲诈，同时产生了一系列重要的交易成本。

柯尔·蒙特沃德（Kirk Monteverde）和戴维·J. 惕斯（David J. Teece）研究了美国汽车业后向纵向一体化的有效激励问题，认为当技术诀窍（包括技巧）针对特定企业变得不易改变且具有专用性时，纵向一体化问题就会出现。在新汽车零件开发过程中产生的技术诀窍和转移技术及技术诀窍的困难，使得一旦应用工程宣告完工，更换供应商的成本就会非常高昂。此外，公司专用性零部件和应用工程开发需要付出更大努力的开发者结合在一起，就会引发更大的机会主义风险，因而需要被一体化融合起来。从策略博弈的角度讲，如果依赖供应商的试生产改进服务能给供应商提供有力的先动优势，则通用和福特更有可能将零部件设计和生产放在企业内部进行。比较而言，日本汽车业里"主要汽车公司和附属的供应商的关系是一种完全合作的关系"。

斯科特·马斯腾在对航空项目中"要么制造要么购买（make-or-buy）"的抉择问题进行检验后发现，为航空系统研究而专门设计的元件更可能在内部生产，而且由于异质资产的专用性和耐用性方面的原因，元件越复杂，一体化的可能性就越大。组织生产由外部组织和内部组织两种方式构成。尽管因契约不完全带来的较高外部组织成本导致了一体化替代长期契约的正当性，但科层组织的复杂性给内部组织带来的限制也会引起较高的成本。对长期契约中存在的准租金挤占问题，科层组织只是将其内部化，但通过这种方式所获得的利益是有限的，因为组织变得庞大时将不可避免会导致科层体系的低效率。航空业的采购分为两个层面，即政府一级承包商、承包商的再次分包。出于内部科层组织效率方面的考虑，政府一般不愿意将交易内部化，以避免"沉重的管理成本"，但仍会允许对那些较为复杂和专用性较强的零部件进行一体化生产。这反映出交易中的特定细节会影响备择组织形式的效率差别，决策者需要考虑契约组织方式和科层组织方式的相对效率。由于资产专用性会给未来的机会主义行为提供可能，因此在对一些特殊工具和特殊试验设备的采购中，承包商可能会在签约前故意提供一个低于预计成本的价格或成本的方法，以期获得合同。这种情况被称为"大宗买入"，它具有潜在的危害性并可能引起"敲竹杠"行为的发生。事实上，这也是一种签约前的逆向选择行为。马斯腾提醒政府采购方，当专用性的物质资本中已包含了先行占优时，政府可以采取选择权（option）方式，包括对供货商的选择和对货物数量的选择（扩展性合同），以应对原来承包商的机会主义行为。

（二）混合型组织

这里的混合型组织一词不是指某一种具体的组织类型，而是包含了多种组织关系的集合，或者是契约与纵向一体化的某种结合，或者是在激励强度、适应能力和科层体制等方面居于市场和科层组织之间的某种组织形态。这样，合同一方（或双方）拥有部分股权利益的合资企业和相关安排就会包含签约和所有权两种成分。同时，尽管在两个独立个人或企业之间签订了合法的契约，但在特许权使用协议下授予特许人的控制权程度常常仍被认为使特许企业有了"类似企业"的属性。

爱德华·G. 加利科（Edward C. Gallick）对美国金枪鱼行业中加工商和船长之间的正式和非正式契约关系进行了研究。探讨了在排他性交易下，技术变迁是如何削弱声誉机制的，以及当事人是如何通过制度设计以适应新的交易关系的。在美国，出于降低金枪鱼捕捞的再分配价值的考虑，捕捞船船长和加工商采取排他性交易安排，这使得捕捞船成为关系专用性资产，从而船长被暴露在加工商潜在的机会主义行为的威胁下。相应地，"诱饵船"时代的特点在于，捕捞规模小，渔船可经常在港口逗留，这使得声誉机制能够有效遏制加工商潜在的"敲竹杠"行为。然而，20世纪60年代，捕捞技术的变化使美国的金枪鱼捕捞业从"诱饵船"时代进入围网型渔船时代，渔船由劳动密集型改造成资本密集型工具，这进一步强化了渔船的资产专用性程度，并增加了可挤占的准租金比例。刚捕捞上来的、按契约供给加工商的金枪鱼是一种专用性很高的资产，其准租金很有可能被榨取，而准租金是否能够被榨取，取决于这种资产在同一用途中有多少使用者。由于契约的不完备性，加工商会利用其中的不可执行条款和逃逸条款，以故意拖延卸货或拒绝接收货物等方式敲诈船长。针对这一情况，参与者可以通过隐性契约和不可折现生产资产担保两种方式加以遏制。隐形契约是一种冷酷策略，即一旦机会主义行为发生，未来的生意就有被全部终止的风险。船长可向加工商提供一份足以保证未来契约执行的远期溢价（或额外支付），只要船长和加工商都认为该远期溢价的现值大于对隐形契约违约带来的短期收益的现值，则加工商的机会主义动机就会被消除。类似地，当加工商拥有的不可折现生产资产现值大于其对隐形契约违约的短期利得时，机会主义行为得到遏制。此外，远期溢价的现值不超过节省的营销成本，也会对机会主义行为起到遏制作用。有鉴于此，旨在减少加工商机会主义行为动机补偿制度主要包括四种：（1）合伙拥有渔船；（2）为渔船的抵押贷款提供担保；（3）每次出海捕鱼前确定价格；（4）对延迟卸货行为收取逾期费。

斯科特·马斯腾和爱德华·斯奈特（Edward A. Snyder）对"美国政府诉联合制鞋机器公司"一案的解释为，租赁是一种有关机器质量的契约性保证的替代形式，有利于促进复杂机器的开发、生产和使用，并且它是一条从制造商那里获取与这台设备的生产性用途相关的服务和信息的途径。一方面，对复杂的耐用消费品的质量保证，是一种具有较高表述和执行成本的契约，无法有效规避直接销售中存在的道德风险问题。另一方面，在直接的知识转让中，由于只有信息提供者本人拥有全面的信息，客户预先不知道信息的价值，或者不能确信他实际得到的信息和建议是最好的，结果是，合同的保证对确保机器设备制造商完成和传达他所知道的专门技能和技术诀窍而言几乎不起作用。租赁合同通过使制鞋商从机器交易得到的收入依赖于机器的价值，解决了激励问题。同时，租赁特有的保证和信息转移作用，有利于克服这种非对称信息下的道德风险和逆向选择问题，表现为：（1）签订合同的局限性使得利用明确的条款对商品进行直接的补偿变得不切实际；（2）支付流的相机性质会促使制造商从事任何能够增加租赁商品的需求活动。其不足在于，租赁协议下，出租人缺乏对设备进行维护和爱护的激励，通过机器设备交易来免费提供信息会扭曲使用机器设备的动机，而通过租金间接地对信息收费不能有效阻止对客户使用其他厂家生产的机器设备。免费搭车和机会主义行为，是这种契约关系建立后可以预见的情况。通过对租赁合同持续时间、排他性、出租人监督权和合同终止权、保养和维修等方面的合约设计，促进效率的提高。可见，联合机器采用租赁合同旨在最小化合同双方遭遇昂贵法律费用的风险。

蒂莫西·J. 缪里斯（Timothy J. Muris）、戴维·T. 谢夫曼（David T. Scheffman）和帕布鲁·T. 斯皮勒（Pablo T. Spiller）从科斯、威廉姆森及阿尔钦等人的理论框架出发，对碳酸软饮料行业的销售组织进行研究，论证了关系专用性投资并不必然导致纵向一体化的假设，其关键问题在于对交易成本的衡量。即使存在严重的资产专用性问题，碳酸饮料企业在早期仍广泛采用独立瓶装系统，而最终导致其销售系统转向自营瓶装子公司的正是交易成本的增加。交易成本涉及制造工艺、产品特征、营销战略和利益相关者等方面，包括独立瓶装系统特有的排他性及永久性经营权特征、碳酸饮料行业的规模和复杂性日益增加、瓶装系统具有的某些特殊性、大客户的重要性日益增加、顾客日益精明、溢出效应的重要性凸显、引入新产品和新包装成为必要以及现代市场促销本质的变化，等等。对加盟店剩余收入的特许索取权构成激励，特许经营合同要平衡对高度激励的需求，以避免各种机会主义行为。在排他性特许经营模式下，特许提供商（即特许人）和特许经营商（即受许人）成为博弈双方，承诺和威胁成为该模式的关键。其中，承诺表现为特许人有责任对受许人支付的专利费做出反应，并通过做广告和制定政策，增加特许经营权的价值。威胁表现为特许人终止合同的能力，且威慑程度与受许人从特许经营中挣得的租金额一致。契约须确保承诺和威胁是可信的。

帕特里克·J. 考夫曼（Patrick J. Kaufmann）和弗朗辛·拉封丹（Francine Lafontaine）对麦当劳将事前租金和事后租金都留给特许经营权的下游受许人这一现象进行了研究，并从激励理论和信息不对称理论两个角度进行了解释。激励理论有效解释了事后租金行为，但对于特许人为什么将事前租金也留给受许人的现象，现有文献论证不足，从而成为本研究的重点。在激励理论方面，一般存在两种解释，即特许人的机会主义行为和受许人的流动性约束。其中，由于声誉损失导致的成本高于机会主义行为的得益，因此机会主义行为的解释不足以分析这种事前租金现象。受许人的流动性约束观点较好地论证了这一现象。出于激励的目的，麦当劳的特许人倾向于使受许人集管理权与所有权于一身，因此对候选者要求较高。特许人要求受许人应是那些十分投入且精力旺盛并将他们的生命投入于"金色拱门"的人，这些人更具有个体经营者特质。受许人一般要提供40%的初始资金，且一旦开始了麦当劳经营或从其他渠道获得一家麦当劳店后将不再被允许继续从事其他工作，即排他性条款。当然，特许人设计了经营设备租约（BFL）以确保优秀的候选人不会因资金缺乏而失去机会。鉴于受许人很难通过贷款融得资金的事实，这使受许人既是所有者又是经营者，客观上成为一种股东型特许经营人。进而，将事前租金留给受许人对于受许人而言是必要的，并且促使其为下一期的续签而减少犯错误的可能。在非对称信息方面，存在信号传递和信号甄别两种解释，却都缺少实证支撑，这正好与激励理论中特许人的机会主义行为缺乏解释力这一事实相迎合。从某种意义上讲，麦当劳特许人将事前租金留给受许人的行为，是一种有保障的策略性让步，有利于形成交易双方的合作。

（三）模块化组织

随着信息技术的发展和市场面的拓宽，一体化模式面对的挑战日益增多。固然，一体化的规模经济效应能够为相应的经济组织提供低成本、同质化的优势，但面对高速发展的信息和技术，一体化组织的创新驱动能力明显不足，传统意义上的剩余索取权已无法解释激励机制问题。模块化概念的引入正是出于这样的考虑。经济组织从一体化向模块化演进的过程，实质上是产权由剩余索取权向进入权的演化。所谓进入权，是指委托人向代理人授予对某一关键性财产的使用权，但并未就收益分配方案进行事先约定。从而，代理人在这一过程中可能只具有一种虚拟的产权，其收益权是没有保障的，产权的治理要通过监督和分成等手段提供激励，这便形成了一种全新的人力资本产权治理模式。

1962年，赫伯特·西蒙发表了《复杂结构》一文，首次将模块化概念引入企业理论，为研究日益复杂的企业结构及有效治理方式提供了新的视角。随后，研究者们从产品和生产设计角度出发，系统研究了基于创新动力和产品结构的产业组织模块化理论。其中，模块化的组织与自组织、复杂系统层级结构、搜索行为、记忆约束等成为关注的焦点，这体现了该时期理论研究的复杂系统和认知学转向。

20世纪90年代，模块化研究从"镜像假说"（mirroring hypothesis）出发，对企业边界进行了重新界定，在产品结构、任务分割和基于模块产品的创新潜力等方面开展研究，标志着研究重点由产业向企业的转向。进一步的研究发现，在复杂系统中，模块系统的演变更为迅速，并呈现出随机突变和自然选择等特性，因此需要一些模块单元全面掌握各领域的相关知识。交易成本经济学和企业知识理论的引入，将模块化组织视为一种问题解决实体，对处理企业绩效和搜索空间之间的矛盾、增强根本性变革方案的设计能力等问题进行了广泛研究。

总体而言，模块化侧重价值的创造而非维持，其产权激励集中于进入权方面，不仅能够最大化个人绩效，还能够最大限度地提高团队生产率。对企业绩效而言，知识、产品和组织构成了模块化的三要素。首先，科技的发展和创新促进了知识的运用，而产业知识的发展又为企业间劳动分工的发展铺平了道路，进而实现接口标准化和模块去耦合化。其次，那些强调产品多样性、灵活性及可升级的企业更适于选择产品的模块化生产模式，包括零部件的生产分工、"一对一"（one-to-one）的配置图绘和去耦合的要件间接口设计规格等。最后，组织模块化表现为设计或实际设定的要件数量、要件间依赖性及其信息含量等。需要强调的是，组织的模块化并非对组织的简单拆分，而是一种程度，即任何组织都具有其主导性的模块化特征，而所有组织形式都是其相同的模块化组织家族中的一部分。

模块化组织对价值创造的贡献主要表现在三个方面。(1) 通过竞合互动，加速产品创新，实现价值创新。(2) 通过价值对流，促使报酬递增，实现价值创新。(3) 通过模块操作，改变产业边界，实现价值创新。①

研究表明，模块化组织的经济绩效是显著的。在服装行业，模块化不仅能够提高产品质量，降低生产成本，还能够减少库存并加快对零售商的反应速度等。在飞机引擎生产和化工行业中，模块化生产体现出一种自动机制，通过系统整合，形成了跨生产边界的协同效应，使知识和组织得以协调。研究者对大众汽车巴西装配工厂研究发现，模块化生产体系还能促进新进工人对工会作用的诉求。在笔记本行业中，产品模块化的多重性特征极大地促进了对组织的重构。在电子行业，模块化促进了在全球价值链中参与专业化分工的领导企业所构成的体系。

四　案例分析

(一) 通用和丰田②

当1921年皮埃尔·杜邦 (Pierre du Pont) 任命阿尔弗雷德·斯隆恩 (Alfred Sloan) 为通用汽车公司总裁时，该公司正处于危机中。20世纪20年代第一个年头的经济衰退使汽车需求量大为下降；尽管公司已拥有巨大的汽车库存，但工厂管理者们仍继续肆意地生产。针对需求量的下降，福特汽车公司将T型车降价25%——这一降价幅度是通用公司不能接受的，因其成本较高，通用公司为维持其价格水平，销售量从1920年夏季至秋季下降了75%，到1921年，福特汽车公司的T型车已占有美国汽车市场的55%的份额，而雪佛兰只占

---

① 郝斌等：《组织模块化设计：基本原理与理论框架》，《中国工业经济》2007年第6期。
② [美] 保罗·米尔格罗姆等：《经济学、组织与管理》，费方域主译，经济科学出版社2004年版，第3—6页。

4%，通用汽车所有品种加起来也只占11%。福特公司因大批生产品种单一而占有巨大的成本优势；该公司坚持利用这一优势，正扩大其生产能力以期进一步巩固其在汽车市场上的主导地位。

即使除了衰退所引起的困难之外，通用汽车公司也还面临这一个根本性的长期问题。它生产不出一种比起T型车价格较廉价而性能更优越的汽车；其资源和能力在浪费，因其各部门像凯迪拉克、别克、奥克兰、欧茨和雪佛兰主要是在自相残杀。它首先需要的是一种新的更统一的营销策略，集中精力对付福特。斯隆恩的计划如下：通用公司将为不同的细分市场设计不同的汽车。凯迪拉克厂将为最高层收入的买主生产豪华汽车，其他各厂将以此为较低收入阶层服务，而雪佛兰将是售价甚至低于T型车的车型。T型车仍然为某些买主所青睐，但斯隆恩相信，大部分消费者将选择要么比福特产品更豪华、要么价格更低廉的汽车来买。

但是，这里有一个重大问题：实施这一计划不仅要产品多样化，而且需要设计的紧密协作，这要比以前所尝试过的任何事情都难。它需要一系列新车设计，需要新的代理商，需要有关每一新的细分市场中客户的市场信息，需要生产每一车型的单独工厂，还需要为每一工厂提供不同的材料。同时，该组织的许多部门需要以各种不同的方式加以协作。它们要占领不同的细分市场，而不自相竞争。它们要在如何改良产品降低生产成本方面交换意见，在研究和开发方面加以协作，与生产主配件如轴承、散热器、火花塞的供应部门进行合作，并促使设计足够标准化以使配件生产达到规模经济。与福特的单一产品策略相比较，斯隆恩的市场细分策略需做的决定要多得多，需不断搜集和评价的信息要多得多。福特汽车公司所利用的组织形式将不会是新通用公司的样板。

通用汽车公司以前的组织形式也不可能成为样板，因其以往的形式不过是汽车公司与供应厂的组合，没有任何中央调控。汽车制造部门没有使其部件的设计统一起来，从而增加了各自的成本。会计部门负责各生产部门之间的成本分配，却无法准确地指导哪个单位所做的哪一决定使成本提高，从而也不能指导部门主管厉行节俭。例如，在经济衰退时期，即使面对着巨大的库存积压，某部门仍继续生产，因为会计系统没有给其分摊库存成本。

斯隆恩研究了通用的组织结构,认为需要做一次巨大的变革。新的组织将是多部门的结构,总公司要拥有一批年富力强的专业人士。任何人不得干涉各部门做出各种业务决策的基本自主权。每一部门均为其所指定的细分市场制造并销售汽车。每一部门有其自己的管理队伍,有权做出自己的业务决策。与其他商业组织不同,通用公司总部并不插手日常事务,其主要职能是审查并评估每一部门的业绩,计划并协调整体战略。总部还将负责公司的科研、法律和金融问题;它将对市场价格做出调查,以确保公司内部会计所利用的价格能很好地反映实际成本。这就使得公司能在内部各供应部门盈利的基础上对它们加以估价,就好像每一部门是单独的企业一样。

亨利·福特(Henry Ford),这一已习惯于明了其公司每一重要决定的人物,对通用公司的重组抱以怀疑,特别是对通用的最高管理层与公司的日常运转能够相距多远更是十分怀疑。他评论道:"就我看来,没有比那种有时被称之为'组织天赋'的脑筋更危险的了。它通常会导致产生一巨大图表,就如一家族系谱图,表明权力是如何分支分权的,就如树一样。树上缀满了好看的圆草莓,每一个草莓均带有一个人或一个办公室的名字。……信息从位于图中左下角的人传至总裁或董事长约需六个星期的时间。"

亨利·福特对组织的描述没有言中。研究组织不是只关注权力在各级部门间如何分派,而是关注如何协调激励人们将事情做好。尽管斯隆恩的组织对亨利·福特来说是那么臃肿,却迅速使通用公司成了可怕的对手。自1927—1937年,福特公司亏损2亿美元,而通用公司却盈利20亿美元以上。通用公司的市场份额至1940年增至45%,而一度压倒优势的福特公司的份额却缩减至16%。

多部门结构的产生不仅使得通用公司能以新的策略成功地进行竞争,而且也为公司生产线的不断扩大提供了舞台。在以后的岁月里,通用汽车公司又在其产品组合中,增加了从卡车到厨房用品等多种产品。在过去的组织行驶中,这种扩展是不可能的。通用公司率先进行的这种多部门形式已成为公司的标准组织形式,使得许多公司得以生产出广泛系列的产品。通用公司的新组织十分适应对它的需要,但是

第五章　有效率的经济组织

该公司几乎是汽车公司中最后一个发现组织革新的优越的。

在20世纪50年代早期，丰田还只是一家专门为日本市场服务的小汽车制造商，与巨大的美国对手相比，丰田资金匮乏，规模微小，不可能与其对手的低生产成本相匹配。尽管当时丰田公司的劳动力成本比美国企业要低得多，但许多其他国家的劳动力成本甚至更低。然而，当时没有任何一家公司能把这种低成本在那时还是高科技、资本密集型的汽车工业中作为一种巨大的竞争优势加以成功利用。

与欧洲、日本和美国东部的其他汽车公司一样，丰田曾一度模仿其美国对手的先进的大规模生产技术。但是不久，在咏二登代驭（Eiji Toyoda）和泰井智大日野（Taiichi Ohno）的领导下，该公司开始开发一种能更好地适应其运作规模及性质的颇具特色的方式。凤台南最出名的革新之一是其"看板"（kanban）或"适时"（just-in-time）生产体系的开发。该体系旨在消除生产过程中的所有库存。在传统的制造工业中，一台机器加工出的产品要作为缓冲存货，直到生产流程中下一台机器刚开始运转。分散于各阶段的库存使得每一台机器不至于因相邻生产阶段的延误或毁坏而受影响。但是，库存体系适应巨大的规模经济，所以丰田如果依赖于这种体系，就不可能达到与其较大的对手相同的成本。

为取代库存，丰田公司在生产流程各阶段之间建立了一种联系更紧密、合作更密切的体系，从而每一阶段都能"适时"得知什么时候需将其产品交付给下一阶段。没有存货来缓冲由于产品有缺陷或机器损害所造成的影响，丰田公司的技术人员必须努力提高每一生产阶段的可靠性。这一革新不仅减少了生产流程的中断次数，而且也减少了丰田汽车的缺陷，因为有了毛病，能立刻得以发现，而不至于堆积于生产流程中的库存中。取消存货还意味着，丰田公司要比美国企业更紧密地与它的供应商相联系，与他们沟通每天的需要，并帮助其改善自身体系的可靠性。与此同时，为迅速修复损坏的设备，丰田公司就必须对其设备操作人员加以培训，以使他们能独立进行维护和修复。与此相对照，在美国，机器维修是以独立专业，且分许多工种，当机器损坏时，其操作者只能站立一旁等待维修人员来修复。

在阿尔弗雷德·斯隆恩的领导下，通用汽车公司充分利用其规模大的优势，在其许多不同的车型中使用相同的部件。通过数种车型利用相同的底盘、引擎、刹车等，通用公司就可以为这些部件开发专业化的生产设备，从而大幅度降低生产成本；与此相对照，丰田不具备这种规模经济，故而着重提高其所使用设备的灵活性，使同一设备能迅速进行重组以生产不同的车型。正因为对它这样重视，所以丰田早在20世纪60年代就在工业机器人的应用方面领导世界潮流就不足为奇了。

因为通用汽车公司的专业设备不能很容易地适应于新车型的生产，故而该公司在20世纪50年代和60年代对其车型的重新设计每12年才进行一次，而丰田公司每6年就进行一次，每一新设计都有所改良。至20世纪70年代，丰田设计和制造汽车的技术能力已为其在世界市场上赢得了相当的份额。随着其销售量的增长，丰田公司建立起了新的生产厂，比美国以前所建造的要大得多，使得该公司得以利用生产流程中所保留的规模经济的诸多优势。

丰田组织与其北美对手相区别的另一特征是丰田对外界供应商的巨大往来。与此相反，通用公司是高度垂直统一的。通用公司诸多车型的巨大产量和相同部件的使用，使其能充分利用规模适中的配件生产厂的产出，而且充裕的资本使其能够自己生产这些配件和部件。在其早期，丰田的部件生产达不到规模，也难以拥有自己的配件生产厂。因此，与通用公司不同，丰田不仅要依赖外界供应商提供其基本投入，如薄钢板、螺丝及座套等，而且还需它们提供较复杂的部件和系统，如前灯、刹车系统和注油系统等。这样，其供应商也就有可能通过给其他汽车制造商同时生产部件而达到较大的规模。

"适时"生产体系使丰田必须与其他供应商密切协作。由于车型的频繁更新，再加上供应商所提供的是需组装的高级部件而不是简单的标准化产品，故而这种协作就更为迫切。因此，与供应商进行简单的市场安排就会出问题。与通用公司不同，丰田不是为每一配件或部件寻找众多的供应商从而引起它们的价格竞争，而是与为数不多的供应商建立起长期关系。这种长期关系促进了双方的联系，使得供应商愿意担当风险而大举投资于技术和设备以满足丰田的专业性需求。

汽车工业的历史清楚地表明了企业规模、生产能力及市场策略匹配的紧密组织的重要性。

同时也是最根本的，组织和企业战略，是与技术、成本和需求同样重要地决定着企业的成败。福特汽车公司尽管技术优良、资源丰富、规模庞大，但在亨利·福特的管理下，却在与阿尔弗雷德·斯隆恩的通用汽车公司的竞争中败北。而通用汽车公司接着又被一家规模更小、技术更弱的丰田公司夺去了市场份额；丰田公司是在与通用公司具有相同劣势的情况下运作的。在这些故事中成功的竞争者，它们的优势部分来源于它们在市场中所采取的策略，但更多的是来自于它们创新的组织结构和政策，特别是来自于战略与结构的匹配。

激励机制在组织方面发挥着重要作用。1920年，通用汽车公司因不向各部门征收积压存货的费用，造成了巨大的库存积压，从而导致了财务危机。权力分散化有利于有效地利用局部信息，但决策是根据局部信息做出的，而公司总部并没有掌握这种信息，这使得道德风险问题进一步恶化。因此，必须设计和实施有效的激励机制，但这又会引发各种成本。把决策权和财务责任授予某个人是具有互补性的行为：当两者相结合时，各自会实现更大的价值。有效的激励要求建立完善的绩效指标体系，它是多部门体制的另一成本。会计和管理方法的改变，使企业可以更好地为部门经理提供激励，这是多部门体制广泛流行的原因之一。对那些具有较大权力的经理，应给予较大的激励。例如，控制销售、营销以及生产的部门经理有更多的途径提高企业的绩效，从而应被给予更强的激励。对企业而言，这是有利可图的。这种关系是一种互补关系，因此，反过来讲同样成立，经理的财务激励越大，经理的权力范围应越大。

把决策权给予拥有信息的人之手中。通用汽车公司是多部门组织，它的部门经理手中把握着生产和营销的决策权；丰田公司给予机器操作人员以机器维修的责任和权力，使得可靠性得到提高。尽管将权力赋予那些拥有做出好的决策所需要的信息的人，是良好组织设计的重要部分，但是，除非决策人员能分享组织的目标，否则，这一点就没有多大用处。应将激励机制作为联系个人目标和组织目标的一种方式。进一步讲，当期望职员们发挥更大积极性的时候，激励机制就尤为重要。从另一个角度来看，这一点也可以说成，当被赋予权力的人也被激励为公司目标奋斗时,授权就更有价值了。

以经济语言来讲,激励与授权是互补的:各方都使对方更有价值。互补性的评估——成功组织的各部分如何组合起来的以及它们如何与公司战略相适应——是组织分析中最具挑战性又最有收获的部分之一。在通用汽车公司的例子中,采用多部门结构的原因是为了实现斯隆恩的新的市场细分战略。在给予部门经理决策权的同时,也改善了会计信息以帮助评估他们的决策。同时,总部亦提供协作以确保各部门的工作目标不相互交叉。丰田公司这个保持极少存货的组织,实际上很容易在生产过程中的任何一个阶段遇到挫折,也很容易改变计划。要实现低存货,组织的其他部分必须强调可靠性,对机器故障快速做出反应。与供应商保持快速和密切联系,稳定的生产计划,以及替代存货缓冲功能的其他特征。丰田强调可靠性是与它在营销中强调质量这一点相适应的,它初期的规模小,因而使用柔性设备,而这又与它经常更换型号的设计这点很适应。

(二) 可变利益实体 (VIEs)

协议控制,指在两个或两个以上具有独立法人地位的企业之间通过合同所确立的一种控制与被控制的法律关系,且后者向前者让渡决策、收益等法定权利,其中也涉及双方股东之间的权利转移。作为商业组织法的替代机制,协议控制需要在合同中明确规定与双方企业经营相关的所有重大事项,如决策权、管理权、执行权的分配和行使、利润分配和亏损承担、对外债务的承担等。在这种合同安排中,一个必不可少的内容就是被控制企业的股东放弃或让渡自己作为股东的各项法定权利。[1]

可变利益实体(Variable Interest Entities,VIEs),指根据美国财务会计准则委员会《FASB 解释第 46 号——可变利益实体的合并》(FIN46)对投资企业需将其所持有的具有"控制性财务利益"并表处理的规定,被投资企业对其自身的实际或潜在经济利益并无完全控

---

[1] 刘燕:《企业境外间接上市的监管困境及其突破路径——以协议控制模式为分析对象》,《法商研究》2012 年第 5 期。

制权，而需要通过一系列协议安排受控于投资企业。由此可见，VIE企业需具备三个条件：（1）企业被投资方控制，对自身无完全控制权；（2）投资方控制权的实现并非基于股权，而是协议关系；（3）投资方承担该企业风险，并享有对相关利益的优先索取权。韩金红认为，能够吸收实体变化的资产、负债、权益或契约属于可变利益，包括股票、债券、衍生工具、租赁、担保、期权、管理协议、服务合同、购买权协议等。[①]

在操作层面，"协议控制"模式等同于VIE，由境外上市主体、境内外资全资子公司（WFOE，Wholly Foreign Owned Enterprise）或境内外资公司（FIE，Foreign Invested Enterprise）和持牌公司三部分构成。其中，境外上市主体通过WFOE与境内持牌公司或经营实体间签订的一系列协议实现对VIE企业的完全控制权，并按照FIN46规定合并财务报表。在这一系列协议中，境外上市主体通过代理协议可以取得VIE企业大部分甚至全部的普通股股东权利，通过资产运营控制协议可以实际控制VIE企业的资产和运营，通过贷款协议和股权质押协议对VIE企业提供融资服务，通过认股权协议确保适时享有收购VIE企业股权的权利，通过投票权协议实现对VIE企业董事会人员配置及决策权的控制，通过排他性的独家技术服务协议向VIE企业提供知识产权及技术服务，并以服务特许权使用费等形式获取收益。此外，还有战略咨询协议、无形资产租赁协议等契约关系。[②] 在美国，VIE和SPV（Special Purpose Vehicle，特殊目的实体）是一类结构，只是叫法不同。[③]

尽管如此，"协议控制"和VIE仍具有不同内涵。首先，由二者的定义可知，"协议控制"强调契约控制关系，属于法律范畴，而VIE从财务报表合并出发，着眼于会计准则。其次，"协议控制"体现的是不同企业之间的关系，而VIE描述的是一个单一的企业。最后，"协议控制"强调控制权，而VIE强调财务报表要包含控制性经

[①] 韩金红：《FASB协议控制会计处理及其启示》，《中国注册会计师》2012年第8期。
[②] 陈玥、鲍大雷：《可变利益实体的基本架构、潜在风险及应对》，《财务与会计》2014年第6期。
[③] 李勃：《浅谈VIE结构对中国企业的影响》，《财会通讯》2014年第14期。

济利益的附属企业。最后，VIE 还可以通过其他方式形成，如夹层融资、租赁等。①

一方面，尽管系列协议中的单独协议通常系当事人之间平等主体的真实意思表示，且符合我国相关法律要求，但作为整体的"协议控制"模式仍然处于"非法令禁止即合法"的法律盲区，存在一定的政策和法律风险。但另一方面，财政部有关《企业会计准则——基本准则》第 16 条规定，"企业应当按照交易或者事项的经济实质进行会计确认、计量和报告，不应仅以交易或者事项的法律形式为依据"。这体现了会计准则中"实质重于形式"的原则。

现代企业理论认为，企业作为一种制度，旨在降低交易成本，其边界的扩张止于企业内部的边际管理成本等于市场的边际交易成本之处。在现实世界里，交易成本始终存在，且产权的划分往往并不清晰，于是一些产权属性被置于公共领域，成为交易各方的博弈对象。VIE"协议控制"企业正是在这种利益各方的博弈中，与 IPO 和红筹上市等模式进行权衡后形成的一种"权宜之计"。在当前语境下，交易成本主要体现在行政法规中有关国内引进外资的限制和禁止类项目、国内企业自身融资条件不高、国内资本市场不完善和发审制度不健全以及资本金融账户开放度低等问题。

行政法规中的相关规定终结了传统的"红筹模式"，促使国内企业选择 VIE 模式。"红筹模式"分为造壳上市和买壳上市两种，前者指国内企业实际控制人以个人名义在离岸金融中心设立 SPV，然后将国内企业股权或资产以增资扩股形式注入该 SPV，并以该 SPV 名义在境外证券交易所上市筹资；后者又称反向并购（Reverse Merger），是指国内企业以现金或交换股票等方式收购另一家已在海外上市公司的部分或全部股权，然后通过注入母公司资产的方式，实现母公司海外间接上市的目的。可见，两种方式均涉及股权的跨境交易。出于对产业、经济及金融安全等方面的考虑，国内有关部门出台相关政策，对互联网、出版、教育等一些行业的外资准入进行了限制或设置了门

---

① 劳业彬：《红筹模式中协议控制的法律风险及解决途径分析》，硕士学位论文，复旦大学，2012 年。

槛，提高了国内企业境外融资的成本。例如，1993年邮电部颁布的《从事放开经营电信业务审批管理暂行办法》第6条的规定，"境外组织和个人以及在我国境内的外商独资、中外合资和合作企业不得投资、经营或者参与经营电信业务"。此外，政策性指导意见规定外商不能提供网络信息增值服务，但可以提供技术服务。有鉴于此，北京四通利方公司首次采用"协议控制"模式，于1998年12月1日宣布并购北美华渊网，建立新浪网，即著名的"新浪模式"。[①] 该模式较之于传统的"红筹模式"，能够有效规避政策性门槛，极大地降低了交易成本，提高了创新型企业融资效率。

其他政策规定包括，国家外汇管理局发布《关于完善外资并购外汇管理有关问题的通知》（2005年1月，简称11号文）、《关于境内居民个人境外投资登记及外资并购外汇登记有关问题的通知》（2005年4月，简称29号文）、《关于境内居民通过境外特殊目的公司融资及返程投资外汇管理有关问题的通知》（2005年9月）；商务部等六部委联合发布的《关于国外投资者并购境内企业的规定》（2006年，简称10号文）；发改委和商务部联合发布的《外商投资产业指导目录（2011年修订）》（简称《目录》）等；均对"红筹模式"进行了限制。其中，11号文规定"以个人名义在境外设立公司要到各地外汇管理局报批；以境外公司并购境内资产，要经过国家商务部、发改委与外管局的三道审批"。10号文规定"境内公司、企业或自然人以其在境外合法设立或控制的公司名义并购与其有关联关系的境内公司，应报商务部审批"。《目录》将我国的行业划分为鼓励、限制和禁止类外商投资行业，其中，互联网、教育、媒体、娱乐等一些轻资产行业被列为限制和禁止类项目。而在此基础上，10号文规定"禁止外国投资者经营的产业，外国投资者不得并购从事该产业的企业"[②]。

国内企业自身融资条件不高，无法达到国内外主要证券市场的进入标准。我国主板和中小板市场均规定，IPO企业最近3个会计年度

[①] 郑荣飞：《协议控制模式境外上市中的控制协议及其违约风险分析》，硕士学位论文，厦门大学，2014年。

[②] 常柏苀：《我国企业利用VIE结构境外融资的监管问题研究》，《财会月刊》2013年第4期。

净利润均为正数且累计超过人民币 3000 万元，净利润以扣除非经常性损益前后较低者为计算依据。创业板规定，IPO 企业最近两年连续盈利，最近两年净利润累计不少于 1000 万元，且持续长；或者最近一年盈利，且净利润不少于 500 万元，最近一年营业收入不少于 5000 万元，最近两年营业收入增长率均不低于 30%；发行前净资产不少于 2000 万元。① 显然，对于一些轻资产企业，根本无法达到如此高的进入门槛，只能选择拓展海外融资渠道。例如，百度上市当年（2005 年），净利润不足 6000 万元。新浪上市前一年（1999 年），营业收入仅 282.7 万美元，亏损高达 939.4 万美元，净资产 770.3 万美元，上市当年的营业收入为 1417 万美元，亏损 5106.7 万美元。唯品会在 2012 年 2 月 23 日在纽交所上市，上市的时候还没有盈利。② 相比之下，纳斯达克为上市企业设立了三种标准，其最低标准为，最近一个财政年度或者最近 3 年中的两年中拥有 100 万美元的税前收入。此外，作为离岸金融中心的开曼，公司注册股本仅为 50000 美元，且不需要验资，而公司享有的豁免身份意味着避税的巨大诱惑。

国内资本市场不完善和发审制度不健全，资本金融账户开放度低，提高了外资进入成本和国内企业境内上市成本。目前，我国资本市场发展滞后，结构单一，场外交易市场建设缓慢，适合创新型企业融资的中小企业板和创业板起步较晚，问题较多且规模较小，尚未形成多元化的交易模式。这一方面抑制了国内企业的融资需求，另一方面，由于没有完善的退出机制，使得国外 VC 投资者对一些高风险项目望而却步。对于股票发行的审批，我国采用核准制模式，但由于现有体制下的权力过于集中，加之法律环境不健全，从而出现较大寻租空间，阻碍了新创企业的上市之路。再者，在我国资本管制的大背景下，境外资金被允许以经过资格认定批准的合格境外机构投资者（Qualified Foreign Institutional Investors，QFII）身份将一定额度的外汇资金汇入并兑换为人民币，并通过严格监管的专门账户投资于我国证

---

① 唐志贤：《可变利益实体原因、风险分析及对策》，《财会通讯》2012 年第 8 期。
② 汤云溪：《VIE 结构风险：基于境外上市中概股的案例研究》，硕士学位论文，厦门大学，2013 年。

券市场。因此，QFII无论从效率还是数量上，都不能满足国内企业的融资需求，最终导致曲线融资成为必然选择。

政策性风险

政策性风险是VIE"协议控制"模式面对的最大不确定性因素。由于我国相关政策规定并未对该模式给予明确表态，全国与地方之间、不同产业之间存在诸多政策差异，因此存在着不同的政策解读与预期，进而导致了企业与政策之间的博弈和企业之间的对赌。2011年3月，河北省政府正式公开表态，对宝生钢铁的VIE结构不予承认，导致该企业不得不取消总计3800万美元的在美上市计划。尽管该案例多被认为旨在保护特定产业的需要，并不涉及对VIE的否定，但随着近些年VIE"协议控制"模式从轻资产行业向重资产行业拓展，从限制、禁止类项目向允许甚至鼓励类项目引进，这一现象仍值得重视。

支付宝事件后，商务部发布《实施外国投资者并购境内企业安全审查制度的规定》规定，"外国投资者不得以任何方式实质规避并购安全审查"，宣告了对VIE架构的监管权。在2012年沃尔玛公司收购1号店的案例中，商务部在批复的附加限制条件中只批准了沃尔玛对直销业务的收购，却排除了1号店通过VIE结构经营的增值电信业务。可见，根据10号文对国内引进境外资金项目需向商务部申请审批的规定，对VIE模式仍构成较大风险。

此外，政出多头、重复设置的监管模式，也构成了极大风险。在淘米网案例中，该公司已于2009年6月构建了VIE模式，但在其赴美上市前，新闻出版总署于2011年6月发布文件，不允许外资通过VIE结构投资网络游戏企业。而根据相关法律，新闻出版总署仅负责网游上线前审批，而文化部负责监管所有网游产业，且如有网游未经新闻出版总署批准而上线的，其监管和调查权归文化部，这对VIE企业造成一定困惑。

合同违约风险

由于VIE"协议控制"模式是建立在契约关系基础上，控制方与被控制方之间的股权关系仅体现在双方签订的股权质押协议上，因此这种基于契约的控制系统控制力有限。由于契约的不完全性，合同双方将面临未来履约过程中的诸多不确定因素,而这种不确定性又会受政策法规影响放大。此外,由于处于我国的法律盲区,且跨区域的法律体系存在明显差异,因此违约成本较小,而诉讼成本较高,这从另一方面增加了该模式的不确定性。2011年发生的支付宝事件显示了该模式存在着极大的合同违约风险。2010年,央行发布《非金融机构支付服务的管理办法》,要求此前已经从事支付业务的非金融机构应当在该办法实施之日起1年内申请取得《支付业务许可证》,外商投资支付机构的业务范围、境外出资人的资格条件和出资比例等,由中国人民银行另行规定,报国务院批准。2011年第一季度,央行对首批申请支付牌照的企业进行资格审查,询问支付机构是否为境外资本实际控制。为避免外资身份带来的不确定性,阿里巴巴管理层单方面解除了浙江阿里巴巴(即VIE主体)与阿里巴巴集团的协议控制关系,这意味着投资方雅虎和软银失去了对支付宝的实际控制权。①

所有权与控制权问题

VIE"协议控制"模式以契约型协调机制替代了传统的股权控制模式,因此在设立之初便埋下了所有权变动的隐患。随着企业规模的不断扩大以及业务趋向更加多元化,原有所有权属性也会发生相应变化,而对于新产生的未经确定的所有权,则需要新的契约关系予以清晰界定。在谈判过程中,对于所有权的重新配置往往会引发控制权之争,而对于该问题的善后处理,又因VIE模式的特殊性而变得棘手。2013年4月,开曼群岛法院命令遣散安博董事会并赋予临时托管人(毕马威)控制公司的账目和业务的权力,成为我国在美上市的第一个被国外判决接管的中概股。该事件起因于集团第二大股东霸菱亚洲基金与安博教育董事会部分董事之间的控制权之争,进而导致其海外机构大股东Avenue Capital Group以保护股东利益为名,要求弹劾安博教育总裁兼董事会主席黄劲,并得到了股东麦格理和霸菱亚洲基金的支持。2014年5月,解除托管后的安博教育又遭遇了退市危机。

此外,土豆网创始人王微与其前妻离婚案,反映出VIE结构中所有权的复杂关系。事件中,王微于2008年8月提出离婚,并于2010

---

① 刘亭立、曹锦平:《阿里巴巴VIE模式应用分析》,《财会月刊》2013年第4期。

年3月正式离婚。在双方婚姻存续期间，土豆网成立了上海全土豆网络科技有限公司，即VIE运营主体，王微持有该公司95%股份，而其中76%涉及夫妻共有财产问题。在其前妻提起诉讼后，法庭冻结了该公司38%的股份进行保全，禁止转让。

声誉问题

声誉机制在股票的发行与流通过程中起着十分重要的作用。良好的声誉，可以提高企业的融资效率，提升企业的市场价值。相反，负面的声誉，往往会打击投资者的情绪，并最终导致企业市值缩水，甚至遭遇停盘危机。特别是在资本市场存在较强群体效应的环境下，声誉机制的建立不仅是个别企业的行为，更是整体的行业行为。由于VIE结构具有较大的不确定性，因此投资者对其稳定性和可持续性始终保持较高警觉，对任何信息保持较高敏感度。此外，我国企业在公司治理方面普遍较弱，这更加放大了声誉机制的负面作用。从做空机制看，针对中概股的做空利益链日益完善，许多做空者由上市公司天然的监督者变成不择手段的逐利者。[①] 2011年，中国概念股财务造假事件频发，SEC发起多项针对中国上市公司的调查，特别是支付宝事件的发生，严重损害了VIE的声誉机制。此后，任何有关VIE结构调整的信息都令投资者恐慌。2012年美国著名做空机构浑水公司发布评级报告，对新东方的财务状况和盈利情况提出质疑，并认定俞敏洪通过无对价协议将VIE股权100%转移至其本人控制的实体下的行为将侵占境外股东权益。从国内法律看，这样的调整没有任何法律问题，但由于新东方独有的基于VIE结构的融资模式，该调整遭到了对VIE实体享有利益控制权的投资者的质疑。尽管俞敏洪认为VIE实体的结构调整是为了让境外新东方更好地控制，但境外投资人对VIE实体股权由一人持有所可能导致的风险以及由此引发的合约精神普遍充满了忧虑感，直接的后果就是导致了公司股价的暴跌，牺牲的不仅仅是公司的价值，还有公司的合约精神。[②]

[①] 余波：《境外中概股危机、背景、成因与影响》，《证券市场导报》2013年第1期。
[②] 喻炼：《VIE模式下的企业风险及其对策研究——以新东方VIE结构调整为例》，《商业会计》2013年第5期。

其他问题

VIE 企业也面临税务、外汇管制、司法和仲裁等方面的风险。离岸金融中心的功能之一，是为注册企业提供避税天堂，允许企业通过关联交易将利润转移给税率较低的国家和地区，因此 VIE 企业在跨境交易过程中将面临不同的税收监管政策。类似地，由于所涉及协议较多，而不同国家的管辖法院和仲裁机构对协议效力的认定不尽相同，因此 VIE 企业还要面临法院和仲裁机构的选择、适用范围和标准的界定等问题。此外，在外汇管制方面，由于 VIE 企业无法获得外汇监管机构的行政许可，遭遇外汇管制的风险不可避免。2011 年 5 月，世纪佳缘旗下的北京觅缘信息科技有限公司因未能如期取得国家外汇管理局审批的外汇登记证而面临被吊销工商执照的风险。

第六章 我国产权保护中存在的一些问题

我国1978年实行经济制度改革后，由以行政命令方式规定财产权利的计划经济制度转变为以价格为原则确定各种财产权利的市场经济制度，这不仅是对阻碍经济发展的经济制度的摒弃，也是对法理基础与法理的经济学意义的重新认识。然而，在社会主义市场经济体制下，我国现有司法制度仍然存在不足，特别是一些领域的法律制度缺省导致人民的部分权利受到社团组织、权力机构甚至政府部门的限制、剥夺和侵害。产权制度方面，不同程度地存在着产权边界不清晰，不同产权表现形式权、责、利不到位，不同所有制产权之间保护不公平、不平等，产权流转不顺畅，产权监督主体众多，监督机制不完善等问题，现有制度对私有财产的行政保护和司法保护力度不够，严重制约了市场经济制度的运行；市场交易制度方面，保障合同自由、维护公平竞争以及恪守诚实信用原则很大程度上依赖非正式制度的约束，仅从意识形态、社会风范和道德伦理的层面加强体制环境建设，缺少明确责任认定的法律制度，导致食品安全等社会问题频繁出现；劳动、就业和社会保障制度方面，劳动者的合法权益尚未得到全面切实的保护，反就业歧视法律制度缺位使不少高校学生面临"毕业即失业"的窘境，社会保障制度存在没有惠及全民、医疗保障体系两极分化等现象。所有这些方面的法律制度缺省，不仅影响共同富裕奋斗目标的达成，还催生了一系列社会矛盾，因此，社会主义市场经济法律制度的完善刻不容缓。

完善社会主义市场经济体制下的法律制度，首先要充分保障基本人权，人权的实现和保障离不开宪法，目前，我国宪法确立了"国家尊重和保障人权"的原则性规定,需要进一步从立法、司法和行政的角度,完善实现和保障基本人权与其中派生的具体权利的法律制度,如《中华人民共和国集会游行示威法》就是根据宪法保障公民依法行使集会、游行、示威权利而制定的。

完善产权平等保护制度是市场经济制度良好运行的基础。产权平等保护作为产权保护制度中的重要内容,关系到公司财产的经济地位。现代产权制度的系统建立,以及混合所有制的有效实施,受我国计划经济体制的历史影响,私有产权得不到有效平等保护的问题依然比较突出。针对这一问题,要加大宣传教育力度,培养社会大众的产权平等保护意识,在全社会树立依法保护的思想基础和观念;全面梳理现有法律中不平等保护的内容,在立法和执法实践中对现行各类产权平等对待,明令和监督行政机关及行政人员在行使公有权力过程中对私有财产权利的尊重和保护。在混合所有制经济领域中,淡化公私概念,模糊投资人身份,将不同资本来源的合法投资产权人平等对待,给予平等法律保护。此外,引入第三方专业服务,由一些长年服务于各类企业的法律机构、投资机构和审计评估机构等提供一种区别于政策制定者和执行者的视角,可以形成一种客观公正、科学有效的外部制衡机制。

除了对基本人权和财产权利法律制度的完善外,还应从立法体制、司法管理体制和司法权力运行机制入手,建设完善的社会主义市场经济法制环境。立法体制是关于立法机关的设置、立法权限的划分以及立法权运行的基本原则和基本制度的总称。完善立法体制需要完善公民参与政府立法机制,增强政府立法的公开性、透明性。行政法规和规章草案一般要向社会公开征求意见,并以适当方式反馈意见采纳情况;明确立法权力边界,制定规章在没有法律依据的情况下不得增加公民、法人和其他组织的义务,不得扩大本部门的权力、减少本部门的法定职责;加强立法协调沟通,充分听取各方意见。完善司法管理体制要确保人民法院、人民检察院依法独立行使审判权、检察权,不受特权阶级干扰;优化司法职权配置,推行审判权、检察权和执行权相互分离,形成相互制约体制。完善司法权力运行机制,要加强对司法权力运行的监督,这同样要求构建细分司法权力之间的制衡关系。

一 产权保护的法律制度及其完善

产权是所有制的核心，产权保护是我国继续深化改革、扩大开放的根本保障。宪法是一国的根本大法，是制定一切法律、行政法规和地方性法规的原则和依据，具有最高的法律效力。产权保护制度的完善以及相关法律法规的制定，必须以宪法为原则，并在其指导下进行。我国《宪法》第11条规定，"在法律规定范围内的个体经济、私营经济等非公有制经济，是社会主义市场经济的重要组成部分"，"国家保护个体经济、私营经济等非公有制经济的合法的权利和利益"。第12条规定，"社会主义的公共财产神圣不可侵犯"，"国家保护社会主义的公共财产，禁止任何组织或者个人用任何手段侵占或者破坏国家的和集体的财产"。第13条规定，"公民的合法的私有财产不受侵犯"，"国家依照法律规定保护公民的私有财产权和继承权"。此外，"国家为了公共利益的需要，可以依照法律规定对公民的私有财产实行征收或者征用并给予补偿"。

我国自改革开放以来，经过30多年的发展，物质财富迅速积累，人民生活水平不断改善，整体经济实力跃居世界前列。作为一个新兴加转轨的经济体，我国同样面临诸多制度性难题，其中，产权制度的建立与完善是解决其他一切制度性难题的关键所在。在我国，由于相关法律和制度建设的滞后，一些经济和社会的深层次问题不断暴露，矛盾日益加剧甚至激化，如环境污染问题、农村土地纠纷、知识产权纠纷和国有企业改制问题。各国经验表明，在激烈的全球竞争中，那些产权相对不清晰、法律和规章制度不健全的经济体表现出更高的交易成本，从而通常让位于具有更清晰产权和完善的产权保护制度的经济体，因此建立和完善产权的法律保护制度是经济可持续发展、社会长治久安的根本。《中共中央关于全面推进依法治国若干重大问题的决定》明确要求，"创新适应公有制多种实现形式的产权保护制度，加强对国有、集体资产所有权、经营权和各类企业法人财产权的保护"，提出建立健全"归属清晰、权责明确、保护严格、流转顺畅的现代产权制度"。

（一）农村土地流转中的产权保护

现状

处分权缺省阻碍一般性土地财产的流转。我国《宪法》第10条规定，"任何组织或者个人不得侵占、买卖或者以其他形式非法转让土地。土地的使用权可以依照法律的规定转让"。《民法通则》第80条规定，"土地不得买卖、出租、抵押或者以其他形式非法转让"。《土地管理法》第2条规定，"中华人民共和国实行土地的社会主义公有制，即全民所有制和劳动群众集体所有制。任何单位和个人不得侵占、买卖、出租或者以其他形式非法转让土地"。第47条规定，"买卖、出租或者以其他形式非法转让土地的，没收非法所得，限期拆除或者没收在买卖、出租或者以其他形式非法转让的土地上新建的建筑物和其他设施，并可以对当事人处以罚款；对主管人员由其所在单位或者上级机关给予行政处分"。可见，现行法律对农民集体土地所有权的转让、抵押和出租等限制严格，体现出较强的国家优先观念，具体包括法律法规的禁止或限制、各种用地定额、控制指标、严格烦琐的审批手续，以及资源环保标准的约束等。

农村集体组织中成员权利保护的不足，主要体现在对成员撤销权行使程序的规定较为笼统。《物权法》第63条规定，"集体所有的财产受法律保护，禁止任何单位和个人侵占、哄抢、私分、破坏。集体经济组织、村民委员会或者其负责人作出的决定侵害集体成员合法权益的，受侵害的集体成员可以请求人民法院予以撤销"。该条款对成员撤销权的行使程序缺乏详细的规定，对权利滥用和除斥期间等问题没有规定，在实践中，容易造成撤销权长时间无限制地保护，增加权利人逆向选择的潜在可能，进而阻碍该条款的执行。

土地价格违法行为和政府违反价格程序行为的法律缺省。《协议出让国有土地使用权规定》第17条规定，"违反本规定，有下列行为之一的，对直接负责的主管人员和其他直接责任人员依法给予行政处分：（一）不按照规定公布国有土地使用权出让计划或者协议出让结果的；（二）确定出让底价时未经集体决策的；（三）泄露出让底价的;(四)低于协议出让最低价出让国有土地使用权的;(五)减免国有土地使用权出让金的。违反前款有关规定,情节严重构成犯罪的,依法追究刑事责任"。该《规定》仅涉及违法行为的行政处分规则,没有对土地价格违法行为制定处罚标准,特别是在应按竞价方式却采取协议方式完成土地使用权转让情况下,没有设计出让合同的效力和当事人的法律责任,欠缺政府违反价格程序的行为法律责任的规定,使程序规范失去应有效力。

对没有基准地价和未更新基准地价的法律后果未予规定。国务院《关于加强国有土地资产管理的通知》第5项规定,"市、县人民政府要依法定期确定、公布当地的基准地价和标定地价,切实加强地价管理。凡尚未确定基准地价的市、县,要按照法律法规规定和统一的标准,尽快评估确定;已经确定基准地价的市、县,要根据土地市场价格变化情况,及时更新。要根据基准地价和标定地价,制定协议出让最低价标准。基准地价、协议出让土地最低价标准一经确定,必须严格执行并向社会公开。各级人民政府均不得低于协议出让最低价出让土地"。该《通知》仅规定了低于出让最低价的出让协议不发生法律效力,但对未评定基准地价尤其是及时更新基准地价情况下,协议出让价格的法律后果并无否定性规定。对是否具有基准地价不加明确区分,容易影响政府部门对土地定价行为的效力和调控效果。

完善意见

在《宪法》和法律规定中,区分公益性土地所有权和一般性土地所有权,并明确只有后者才能参与流转。在此基础上,确立国有和集体两种土地所有权交易主体,并规定土地所有权的处分应受到必要的公法限制,包括《土地管理法》《农业法》《矿产资源法》及《环境保护法》等。修正意见涉及《宪法》第10条、《民法通则》第80条、《土地管理法》第2条和第47条。

根据《物权法》《民事诉讼法》《刑法》等有关规定,详细制定成员撤销权行使的有关程序,对权利的行使进度建立激励和约束机制,对滥用权利、渎职等行为制定具有针对性的法律条文。

借鉴《招标拍卖挂牌出让国有建设用地使用权规定》的法律责任规定,设立价格违法行为无效制度。该《规定》第25条规定,"中标人、竞得人有下列行为之一的，中标、竞得结果无效；造成损失的，应当依法承担赔偿责任：（一）提供虚假文件隐瞒事实的；（二）采取行贿、恶意串通等非法手段中标或者竞得的"。修正意见涉及《协议出让国有土地使用权规定》第17条。

结合《协议出让国有土地使用权规定》和《价格法》的有关规定，明确区分基准地价、未评定基准地价和及时更新基准地价，并分别对其各自的相应法律后果予以规定。此外，要求有定价义务的土地行政主管部门和地方政府负担相应法律责任。修正意见涉及《关于加强国有土地资产管理的通知》第五项。

在政策的制定方面。首先，打破行政垄断，对作为民事主体的集体土地所有权人给予平等的市场准入待遇。充分给予农民对其土地的私人处分权和交易权，在农民集体土地所有权的转让、抵押和出租等过程中减少限制、用地定额和控制指标，简化审批手续，制定合理可行的资源环保标准等。其次，在土地私有权的建立方面遵循渐进性原则，避免近期内的土地过度集中，使土地交易市场负荷骤增。其中，在土地流转初期（10—15年），对非自有土地耕种的农民或使用人予以限制，禁止其二次转卖或租赁等行为；对通过直接购买途径获得土地的所有者，在一定时间内（5—10年）禁止其二次转卖或租赁土地；依据拥有土地的年限制定浮动税率，通过税收杠杆调解土地流转；对出于非农用目的的土地转让所得的征税标准，如商业用地、政府规划等，应与农业用途的收入区别对待，一般前者较高；对搞规模农场、外部分包或层层转包的行为，设定农业用地流转的最高限价，对高于该最高价格的农业用地，应根据其具体的地理位置和土地类型予以限制；在一定期限内，禁止或限制国外机构、法人实体及个人买卖或租赁土地。最后，建立独立的集体建设用地使用权基准地价制度，并建立基准地价更新制度和统一的基准地价调控制度。一些经验值得借鉴。例如，中山市规定，"市土地行政主管部门对全市农村集体建设用地进行地价评估，核定农村集体建设用地基准地价，经市人民政府确认后定期公布"。

（二）环保和治污过程中的产权保护

现状

整体而言，尽管引入了污染许可证制度，但《排污许可证管理暂行办法（征求意见稿）》（以下简称《办法》）仍沿袭传统的总量控制思路，无法从根本上解决环境管理和环境质量相脱节的现象。其中，第5条规定，"国家鼓励排污者采取可行的经济、技术或管理等手段，实施清洁生产，持续削减其污染物排放强度、浓度和总量。削减的污染物排放总量指标可以储存，供其自身发展使用，也可以根据区域环境容量和主要污染物总量控制目标，在保障环境质量达到功能区要求的前提下按法定程序实施有偿转让"。第16条（四）规定，"重点排污单位的重点污染物年许可排放量、最高允许日排放量；根据国家和地方重点污染物总量控制要求规定的削减总量和时限"。第19条规定，"排污许可证有效期最长不超过五年，有效期截止日期一般应当与国家和地方重点污染物总量控制规划期相衔接"。

在具体条例中，仍然存在指标管理的痕迹，与许可证制度存在一定矛盾。《办法》第2条规定，"本办法所称排污许可证，是指环境保护主管部门根据排污单位的申请，核发的准予其在生产经营过程中排放污染物的凭证"。"本办法所称排污单位，是指排放污染物的企业事业单位和其他生产经营者，分为重点排污单位与一般排污单位"。"本办法所称重点污染物，是指国家、地方实施排放总量控制的污染物，以及地方人民政府根据本行政区域环境质量改善要求确定的其他有严重环境影响、需要采取特别治理措施的污染物"。第9条规定，"重点排污单位是指国家、省、市级重点环境监控企业，污染物排放水平达到国家、省、市级重点环境监控企业筛选标准的建设项目所在单位，城镇和工业污水集中处理单位、垃圾集中处理处置单位以及危险废物处理处置单位"。"省、市、县级环境保护主管部门可以根据本行政区域环境质量改善要求、环境管理需求、排污单位对环境影响的程度以及特征污染物排放情况，扩大重点排污单位范围"。"一般排污单位是指除前两款所述重点排污单位之外的排污单位。"其中，将排污单位分为"重点"和"一般"两种类型，且缺乏认定标准，不利于产权的平等交易。以医疗废物排放为例。尽管我国于1991年加入了《巴塞尔公约》，但对医疗废物的处理能力仍然落后。卫生计生统计公报显示，2013年我国每千人医疗卫生机构床位数4.55张，而民营医院床位同比增长22.5%，快于公立医院（8.0%）。相应的医疗废物呈逐年递增趋势，污染治理刻不容缓。此外，学校、军队等也是噪声、污水、废气等污染物的主要来源。因此，《办法》中对排污单位的分类并不科学，极易导致许可证交易过程中不公平现象的发生，严重影响新政策的实施效果。

同时，"重点污染物"的界定，没有对水、大气、固体废物及危险废物等污染物进行合理分类或提供分类标准，使许可证制度在一些方面存在执行上的困难。环保部《2014年上半年全国环境质量状况》显示，全国161个实施新空气质量标准城市的可吸入颗粒物（PM10）和二氧化氮（NO_2）分别同比上升4.5%和2.6%，二氧化硫（SO_2）同比下降7.1%。在大气污染物治理方面，尽管较去年同期有所好转，但收效甚微，形势依然严峻。全国326个地级以上城市饮用水源地水质达标率为96.2%，地表水水源地水质达标率为94.3%，主要超标项目为总磷、氨氮和锰，地下水水源地水质达标率为87.6%，主要超标项目为铁、锰和氨氮。全国113个环保重点城市功能区噪声昼间达标率为90.3%，夜间达标率为60.7%。可见，不同污染物所造成的污染状况及治理效果存在明显差异，大气污染较为严重，而水污染和噪声污染程度较轻，因此，如果对交易标的物不加区分或不设定分类标准，则极易引起资源错配，甚至于交易的失败，使污染许可证制度成为多方政策博弈的平台。

对管理目标、许可内容、载明事项、问责处罚等均未进行详细说明和区分，从而为许可证制度的实施增加了诸多不可预期的障碍。第31条（无证处理）规定，"违反本办法规定，应当取得而未取得排污许可证排放污染物的，由县级以上环境保护主管部门责令改正，并按有关法律、法规、规章予以处罚"。"未取得排污许可证排放污染物，被责令停止排污，拒不执行的，按照《中华人民共和国环境保护法》第63条第（二）项予以处罚。"第32条（不按证排污的处理）规定，"违反本办法规定，未履行排污单位基本要求，有下列情形之一的，由县级以上环境保护主管部门责令限期改正，拒不改正的，按有关法律、法规、规章予以处罚……"

完善意见

对《办法》中涉及"总量控制"的内容尽量剔除，可采用"总量指导"等方式作为补充，涉及第5条、第16条（四）、第19条等。

对"重点排污企业"和"一般排污企业"的划分应基于污染物的性质，因此，应首先明确污染物的分类标准，并在此基础上制定相应排污企业的类型，做到为具体的量化实施提供政策依据。该修正意见主要涉及第2条和第9条。

由于引入污染许可证交易制度的初衷在于降低交易成本，提高治污效率，因此，在管理目标、内容及问责处罚条款中应体现效率和成本－收益内涵（涉及第16条、第34条、第31条和第32条）。

在政策制定方面。首先，应明确引入污染许可证制度的目的在于，从市场效率出发，通过交易制度的建立，优化污染问题治理的效果。因此，应最大限度减少环境治理中低效的行政干预因素，摒弃总量管理、指标管理的传统思路，为许可证制度的建立和实施提供良好的外部环境。其次，加强事前预防，树立以治污减排为目标的政策理念，不能为治污而治污、为交易而交易。因此，应兼顾激励与约束两种机制，根据产业结构调整和污染治理效果等实际情况，适时减少"重点排污企业"的数量或配额，并适度向轻污染型企业倾斜。最后，加大教育宣传力度，培养企业社会责任，在对违规企业进行处罚过程中，应充分考虑措施的可执行程度及对其他潜在违规行为的震撼力。

（三）民营经济中存在的产权保护

现状

缺乏规范民营经济市场准入的专项法律法规，民营企业面临较高的行业进入门槛。目前，针对民营经济市场准入的法律法规主要包括《行政许可法》《公司法》《对外贸易法》等，均属于外围立法，民营企业尚未真正享受到真正意义上的"国民待遇"。据广东省统计局资料显示，在对近80个行业的准入统计中发现，国有经济获得全部行业准入资格，外资经济获得其中62个行业的准入资格，占75%，而民营经济只获得41个行业准入资格，不到50%。民营企业在制造业和批发零售业中占比69.3%，房地产和建筑业9.4%，而在交通运输、金融保险、教育卫生、水电供应等社会服务领域占比不足25%，有的甚至不足10%。我国《反垄断法》第7条第1款规定，"国有经济占控制地位的关系国民经济命脉和国家安全的行业以及依法实行专营专卖的行业，国家对其经营者的合法经营活动予以保护，并对经营者的经营行为及其商品和服务的价格依法实施监管和调控，维护消费者利益，促进技术进步"。此规定对"关系国民经济命脉和国家安全的行业"和"依法实行专营专卖的行业"未做详细规定或限缩解释，造成国有企业在更大范围内的经济垄断地位和垄断利益的合法化。

　　对企业所有权属性的分类考虑不充分，新《公司法》中的一些条款易造成民营企业效率的降低。新《公司法》第5条规定，"公司从事经营活动，必须遵守法律、行政法规，遵守社会公德、商业道德，诚实守信，接受政府和社会公众的监督，承担社会责任"。即使是在美国等发达国家，法律也只是倾向于授权而非要求公司承担"社会责任"，因为股东是公司唯一的最后剩余索取权人，当社会利益与公司利益发生矛盾时，相关公共部门才是考量社会责任的主体。可见，国有企业的公有制属性必然要求其承担相应社会责任，而对于私营经济而言，只能"鼓励"而非要求。第20条规定，"公司股东滥用公司法人独立地位和股东有限责任，逃避债务，严重损害公司债权人利益的，应当对公司债务承担连带责任"。在实践中，"滥用公司法人独立地位"与正常商业风险二者间很难区分，在英美法系中，一般依赖于判例所确定的原则，具体情况具体分析。而我国并非英美法系国家，这意味着，在一些法律纠纷中股东可能承担无限责任，最终导致企业主承担商业风险的激励降低，企业经营效率下降。第147条规定，"董事、监事、高级管理人员应当遵守法律、行政法规和公司章程，对公司负有忠实义务和勤勉义务"。从道义角度考虑，该法条并不存在实质性问题，但"忠实义务和勤勉义务"如何度量和评判，则是对法官评判能力的考验。一方面，商业风险的不确定性必然会带来企业经营失败的可能性，其与管理者是否忠实或勤勉没有必然相关性，因此一般无法成为法律纠纷案的诉因。另一方面，律师或法官并非是某个行业的专家，无法提出合理的判断依据，为审判的公平和正义造成了障碍。如此，作为公司代理人的管理者会倾向于采取风险规避的策略，进而降低企业效率。

中小企业融资难问题的解决缺少充分的法律支撑。《中小企业促进法》第15条规定，"各金融机构应当对中小企业提供金融支持，努力改进金融服务，转变服务作风，增强服务意识，提高服务质量。各商业银行和信用社应当改善信贷管理，扩展服务领域，开发适应中小企业发展的金融产品，调整信贷结构，为中小企业提供信贷、结算、财务咨询、投资管理等方面的服务。国家政策性金融机构应当在其业务经营范围内，采取多种形式，为中小企业提供金融服务"。该法规以倡议的口吻号召商业银行、信用社等对中小企业提供金融支持，但过于形式化，没有具体触及中小企业间接融资难的实质原因。一方面，没有考虑到银行作为企业也有对追求利润和防范风险的权衡，对银行等间接融资渠道的风险保障机制考虑不够。另一方面，仅考虑到中小企业对资金的巨大需求，而没有涉及对中小企业违约、破产等的约束机制。最终，仍然无法从法律层面促进中小企业间接融资。2011年，全国人大常委会专门成立评估小组，对该法规相关制度的目标落实进行评估，调查问卷显示，67.40%的受访中小企业从银行融资依然困难，其中，比较困难的占50.67%，困难的占16.73%。70.52%的中小企业、70.57%的服务机构和89.42%的社会公众表示，该法第15条已不能适应新形势下对中小企业间接融资的巨大需求，有修正的必要。

完善意见

尽快制定规范民营经济市场准入的专项法律法规，为民营企业获得"国民待遇"提供根本的法律保障。对"关系国民经济命脉和国家安全的行业"和"依法实行专营专卖的行业"予以清晰分类，提出分类标准，并对受保护程度不同的行业规定私人资本进入的相应最高比例，如按保护程度不同规定禁止类行业、限制类行业和鼓励类行业等及相应的私人资本最高比例。涉及《反垄断法》第7条第1款。

对"承担社会责任"义务的规定，应根据私人资本在企业全部资

◇　产权保护与经济增长

本中的比例进行区别，对全部国有或公有制企业应规定其承担该义务，而对混合所有制企业应区别对待，尽量避免对私人资本的潜在摊派和稀释。对民营企业，应尊重其私人资本的所有权属性，鼓励或激励其承担社会责任，而不能强行要求。针对"连带责任"问题，由于我国不属于英美法系国家，不存在判例实践的法律环境，因此不可能建立相关判定标准。为避免法律实践中的混乱，应删除"连带责任"。此外，应将"忠实义务和勤勉义务"与企业经营绩效相分离，使其不成为法官的评判标准，甚至使其变更为管理者的免责条款，将评判和处置权交与企业。新《公司法》第5条、第20条和第147条。涉及《中小企业促进法》第15条。

在法条中，将具有企业性质的商业银行和其他中小企业一视同仁，不仅要体现出鼓励银行等间接融资渠道为中小企业提供资金支持，同时还要体现出风险防范和救济的法律依据。对商业银行按照国有持股程度进行合理分类，如国有股份制、国有政策性、民营股份制、外资银行，等等。在此基础上，制定不同的中小企业融资扶持规定。与此相对应，制定针对中小企业的约束机制、责任追索机制、奖惩措施及相应标准，为融资环境的改善提供更多确定性因素。涉及《中小企业促进法》第15条。

在政策制定方面。首先，尽快制定针对民营企业市场准入的专项法律法规，从源头杜绝"明松暗紧"情况的发生。对行业进行合理分类，根据其各自特点制定相应法律法规。例如，对于军工、通信等涉及国家安全的行业可以限定投资比例，对于涉及公众安全的航空、铁路运输领域，涉及公众利益的金融服务领域、公用事业领域（如供水、供电、供热、污水垃圾处理等）、社会事业领域（如教育、医疗卫生等），及有限资源利用领域（如煤炭、石油天然气、矿藏等），可通过许可证制和招投标制相结合的方式，向民营经济放开。同时，应按照《行政许可法》的有关规定，进一步加大简政放权力度，减少不必要的行政审批手续。其次，从企业角度出发，在追求利润和提高效率的前提下，制定或修订相关政策法规，为民营企业营造公平有序的竞争环境。通过税收减免、政策性补贴或奖励等方式，激发民营企业承担社会责任的热情。建设良好投资软环境，吸引私人资本进入，珍惜并搞活存量资产，坚决杜绝政策性摊派，使民营企业既要"走进来"，又能"留下来"。在企业治理方面，建立产权清晰、权责明确、管理权与经营权相分离的现代公司治理模式，避免不必要的行政干预，充分调动起管理制度和企业文化在公司治理中的重要作用。最后，采取相关措施，进一步增加对中小企业信贷支持力度，降低中小企业融资门槛；加快中小金融机构发展，拓展小微企业信贷渠道；建立金融机构中小企业贷款评价机制和量化考核标准，提升金融机构服务中小企业的质量；根据客观形势变化，及时调整完善相关政策措施，提高政策措施的针对性、灵活性。

（四）矿产资源生态的产权保护

现状

整体而言，我国《矿产资源法》的设计理念仍受计划经济思路影响，法条表述过于简单且形式化，缺少具体的实施标准和规范。在具体条例中，国务院对矿产资源的所有权既已体现了矿产资源国家所有的性质，因此没有必要赘述"国有矿山企业"和"国有矿业经济"的概念。例如，该法第3条规定，"矿产资源属于国家所有，由国务院行使国家对矿产资源的所有权。地表或者地下的矿产资源的国家所有权，不因其所依附的土地的所有权或者使用权的不同而改变"。

《矿产资源法》没有体现出公平竞争的市场环境，使民营企业在参与市场竞争中处于不利地位。例如，该法第4条规定，"国家保障依法设立的矿山企业开采矿产资源的合法权益"。"国有矿山企业是开采矿产资源的主体。国家保障国有矿业经济的巩固和发展。"第6条规定，"除按下列规定可以转让外，探矿权、采矿权不得转让：（一）探矿权人有权在划定的勘查作业区内进行规定的勘查作业，有权优先取得勘查作业区内矿产资源的采矿权。探矿权人在完成规定的最低勘查投入后，经依法批准，可以将探矿权转让他人。（二）已取得采矿权的矿山企业，因企业合并、分立，与他人合资、合作经营，或者因企业资产出售以及有其他变更企业资产产权的情形而需要变更采矿权主体的，经依法批准可以将采矿权转让他人采矿。前款规定的具体办法和实施步骤由国务院规定。禁止将探矿权、采矿权倒卖牟利"。第 42 条规定,"买卖、出租或者以其他形式转让矿产资源的,没收违法所得,处以罚款"。"违反本法第六条的规定将探矿权、采矿权倒卖牟利的,吊销勘查许可证、采矿许可证,没收违法所得,处以罚款。"比较发现,我国矿产资源的开采和交易市场化程度较低,民营企业和国有企业在市场中的地位不平等,无法形成公平的市场竞争机制,进而降低了资源的开发和适用效率,甚至造成大量浪费。

矿产资源生态补偿法律制度中需要完善的方面。首先,"污染者付费、受益者补偿"的环境法基本原则未能得到体现。在我国,赋存自然资源的广大西部地区成为贫困的资源输出地,不少矿业城市在资源枯竭后成为"废墟城市"。《矿产资源法》第 32 条规定,"开采矿产资源,应当节约用地。耕地、草原、林地因采矿受到破坏的,矿山企业应当因地制宜地采取复垦利用、植树种草或者其他利用措施。开采矿产资源给他人生产、生活造成损失的,应当负责赔偿,并采取必要的补救措施"。可见,该法条规定不具体,操作性不强,没有规定类似土地复垦保证金制度,从而无法突出对资源耗竭和环境损害的补偿作用。

完善意见

本着所有权与经营权相分离的理念,根据不同的矿产资源类别,设置国有、民营和混合所有制经济体之间的所有权构成。并在此基础上,制定不同给所有制结构下矿产资源的开采、生产和买卖等。要么删除"国有矿山企业"和"国有矿业经济"的提法,统称为矿山企业或经济,要么增加民营矿山企业或经济的概念,使整部法律涵盖全面。涉及《矿产资源法》第 3 条。

公平有序的市场交易机制必然要求交易主体的明确,因此在法条中必须申明矿山资源的交易主体应为法人实体,而不能是任何一级政府部门。应明确界定法人实体和政府部门在市场交易中的角色定位,即前者以效率为基础,追求利润最大化,而后者以公平为基础,维护社会整体福利最大化。有鉴于此,法条中针对企业的规定应体现出效率原则,而对政府的规定应着眼于事前预防、事中监管和事后救济等行政职能。涉及《矿产资源法》第 4 条和第 42 条。

基于"污染者付费、受益者补偿"原则,引入保证金制度。可借鉴西藏自治区2003年出台的《黄金矿山地质环境的恢复保证金制度》。该制度规定，凡在西藏自治区内开采黄金者必须承担因采矿而破坏的矿山地质环境的恢复与治理责任，预缴矿山环境恢复保证金。因此，可将该制度上升到国家立法层面，作为矿区生态环境恢复的制度性保障。涉及《矿产资源法》第32条。

在政策制定方面。首先，应排除计划经济的思路，从有效利用资源的理念出发，强调资源国有和法人使用相结合的制度设计理念，明晰产权属性，分离所有权与经营权。其次，避免政府部门集行政和司法于一身的做法，应本着权责明确原则，明确区分行政审批、司法监督和法人经营三者的功能定位，在具体措施中增加转让和交易的具体办法，强调责任追索。为建立公平有序的市场机制，应避免任何反映国有经济体特权的行为，为民营企业的进入创造良好的法律和制度环境。最后，国家制定政策，对土地所有者、建筑物占有者以及周围社区给予货币的或非货币形式的补偿。借鉴美国、加拿大、澳大利亚、马来群岛等复垦基金制度的经验，要求采矿企业在取得生产许可证之前就建立起生态重建的金融安排，如履约担保、不可撤销信用证、信托基金或现金等。此外，对于附近人口较为稠密的地区，应要求矿山企业对周围社区传统生活方式以及休闲性的损失提供一些隐含的补偿。

二 一些典型的案例

产权保护力和执行力的问题，表现为确权和执行两个方面。在确权问题上，公私产权的不清晰往往导致法律纠纷的后果。一方面，契约当事人出于利益考虑，利用合同或政策法规中的缺陷，以公私产权的先天不清晰为名，放任合同落空，造成法律纠纷，如陈发树诉云南红塔案。另一方面，公私产权的划分缺乏法理依据，或无法在法理层面达成一致，进而造成法律纠纷，如国内屡次发生的乌木归属争议案。在执行问题上，产权保护成本过高，主要体现在司法与行政程序过于复杂、执行的可行性差两方面。其中，"武汉晶源诉日本富士化水和华阳电业共同侵权案"，集中反映了我国知识产权保护中司法与行政成本过高，程序烦琐，导致企业"赢了官司、输了市场"的窘境。而对路边占道烧烤治理的分析发现，过高的执行成本降低了产权保护的可行性，造成此类违法违规案件屡禁不绝。

(一) 农地纠纷系列案中的产权缺失

案情一

为了满足用水的需求，湖北省石桥公社于1959年兴建了一座小型水库。一年以后，该项工程又有所扩建。到了1963年，湖北省水利厅党委直接签署了一项命令，宣布该水库的所有权和资产全部属于国家所有。这样一来，水库及其占用的土地事实上都变成了国有资产。1965年，省水利厅向县政府申请征用土地，计划再次扩建该水库。经口头磋商，襄阳县政府决定向宏道行政村下属的第三村民小组征用210亩土地。至此为止，土地征用的整个程序可谓毫无正规性可言。

此次征地活动在村民小组和水库主管部门之间引发了一系列冲突。1993年3月，县政府下发了一个文件，该文件把这块土地标为所谓的"争议地区"。此举坚定了村民小组的信心——这块土地本来就是集体的财产，于是他们踏上了漫漫上访之路。一个月以后，县政府根据"1989年意见"将该土地的所有权直接收归国有。为此村民小组在诉讼中指出，县政府的做法是不合法的，必须予以撤销。但是县政府要求原告撤回起诉，以"保障国家法律的正确实施"。出于其自身利益的考虑，县政府声称，根据法律，村民小组并不能享有集体所有权，也不具备法人资格；法人的角色应该由其所属的行政村代为承担，村民小组的一切权利都由行政村代为行使。

但是法院的最终判决却是，村民小组可以享有土地的所有权。国家土地管理局对1986年《土地管理法》第8条所做的释义是："原生产队所有的土地，可以属于该村民小组相应的农村集体经济组织的农民集体所有"，由此出发，法院认为："我国目前集体所有的土地的组织形式有两种，既可以是村民委员会集体所有，也可以是村民小组集体所有。（最高人民法院主编《人民法院案例选》第343—344页）"为此，法院撤销了县政府将争议土地划为国有的文件，其理由是该机关没有正确理解"1989年意见"的相关规定。"1989年意见"第8条规定，如果截至1962年"农业六十条"颁布之前，国有部门仍然没有归还其征用的集体土地，那么该土地为国有土地。但是该争议土地的征用时间是1963年，因此这项条款在此并不适用。此外，第8条还规定，对于1962—1982年征用的集体土地来说，如果县政府颁发了正式文件或签署了土地转让协议，那么该土地属于国家所有。但是襄阳县政府的有关负责人除了口头批准之外，并没有办理任何正规的征用手续。鉴于上述原因，法院判定该土地应归还给第三村民小组。①

案情二

1984年，北营村和中国人民解放军空军电讯工程学院农场就361亩滩地的所有权问题发生了争执。北营村宣布，这边土地是所谓的祖遗滩地。首先据北营村干部的说法，该村村民过去一直在这片土地上耕作或造林，而且土改运动期间，政府还为他们签发了土地证：第一件是1951年咸阳县钓台区公所土地划片分等的统计表；第二件是区公所精心绘制的一份地图（当时北营村还是钓台区下属的一个自然村）。这些材料显示，北营村曾为500余亩滩地（其中包括该争议土地）缴纳了税款；第三件是黄河水利委员会制作的一张地图。在这张地图中，这片土地是划给咸阳县而非西安市的，而空电学院农场却处于西安市的管辖范围之内。而另一当事人在空电学院农场则声称，争议土地一直属于国有土地。1960年春，经陕西省农业厅批准，这块地转交给该农场使用；1965年，经中共陕西省委和西安市委批准，办理了划拨手续。此外，该农场的档案室还出示了1954年、1960年、1963年和1964年的地图，这些地图由陕西省农业厅下属的农业勘查设计院绘制，它们标定了农场的边界。

陕西省土地管理局作出裁决，双方争议的361亩土地归国家所有，空电学院农场拥有该土地的使用权。北营村必须为其非法强占土地的行为接受处罚。但是考虑到该村曾在土地上投入了大量人力、物

---

① ［荷］何·皮特：《谁是中国土地的拥有者》，林韵然译，社会科学文献出版社2014年版，第75—76页。

力用于植树造林，土地管理局并没有要求其缴纳罚款。相反，由于该农场即将获得争议土地的使用权，因此它必须为争议土地内种植的果蔬支付 2 万元人民币的经济补偿款。土地管理局之所以作出上述裁定，基于以下几点考虑：（1）北营村干部提到，土改运动期间国家曾给村民签发了土地证，但是土地管理局并没有在档案中找到相关的证明；（2）这些图表是为确定土地等级由乡政府自己制作的一个示意图，不能说明现有争议地块所处位置，因此不具备法律效力；（3）黄河水利委员会绘制地图的目的是兴修三门峡水库，而不是为了界定行政边界，因此该地图不能成为判断该争议土地所属权的依据；（4）空电学院农场声明，1965 年它正式获得了土地的使用权，这一点情况属实。①

案情三

2002 年，广西北海市银海区高德镇横路山村委会大王埠村 98 名村民联名向媒体投诉，反映横路山高密度养虾场挖的虾塘占用了他们的承包地，侵害了他们的权利。

横路山高密度养虾场是高德镇政府的引资项目，由北海高天公司投资建设。养虾塘占用大王埠村一村民小组、二村民小组临海的角落田共 161.14 亩，其中 128.34 亩水田中有 60 亩属于基本农田保护区。

据高德镇领导介绍，过去，横路山村养虾致富远近闻名。然而近几年，由于虾塘的老化及养殖技术的落后，绝大部分虾农连年亏本。引进高天公司投资搞高密度养虾，是为了用先进技术提高当地村民的养虾水平和致富本领，而且仅收取土地承包金一项，涉及的农户年人均纯收入即可增加 170 元。2001 年 2 月 19 日，大王埠村与高天公司签订正式合同，将角落田转包给高天公司开发，签名同意的农户达 106 户，占总户数的 80% 以上，符合《土地法》第十四条、第十五条之规定；养虾塘占用 60 亩基本农田，取得了银海区政府同意。因此，改变角落田的使用性质，有法规依据，手续齐全。

然而，大王埠村向媒体投诉的村民代表接受记者采访时，对镇、

---

① ［荷］何·皮特：《谁是中国土地的拥有者》，林韵然译，社会科学文献出版社 2014 年版，第 90—91 页。

村将他们的耕地转包出去建虾塘表现出强烈的不满。他们说,角落田是他们村的主要产粮水田,全村基本水田200多亩,平均每人0.4亩,毁了这100多亩,村民吃粮就有困难。而且,良田做了虾塘,受海水的影响,以后很难再复耕。

他们诉说,2000年12月10日晚,高德镇领导为此事来村召集村民会议,遭到在场群众反对,会议只好中途终止。几天过后,镇政府又派人到村,逐家逐户要村民在租田合同上签字。绝大部分村民仍然不签字。2001年农历正月初八,高德镇政府又派来十几人,说什么不签字同意转包的,别想村委会和镇政府帮助解决开结婚证明、升学、迁入迁出、安排工作、超生处罚减免等问题。迫于无奈,不少村民违心在合同上签名。2月19日村民小组长签名同意,也是被逼的。就这样,镇、村领导将农民的承包地改作虾塘的目的达到了,但是,农民的土地承包经营权,却被剥夺了。[①]

评析

在案例一中,地方政府企图全盘否定所有自然村的土地所有权,这反映出在集体主义制度下,法律既不完善又缺乏一致性,"土地盗用"行为因此成为可能。在农业合作社时期,政府经常通过行政手段而非法律措施向自然村征用土地。在所谓促进经济发展的幌子下,自然村很容易受到人民公社和人民公社以上行政单位的盘剥,失去那些原本属于自己的土地。此外,上级行政单位在征用土地的同时还极少给予自然村以适当的经济补偿。通过这一案例可以看到,襄阳县政府利用法律制度的模糊性,剥夺了第三村民小组为土地所有者的合法地位。在这种情况下,法院对法律做出的解释就显得至关重要了:除了使用权和经营权之外,村民小组还可以拥有土地的所有权。试想,如果襄阳县政府最终向最高人民法院提出上诉,那么此案将对中国土地产权的相关法规及政策的权限形成严峻的考验。考虑到中央政府的种种法律限制,人们不禁怀疑:现行的农地产权制度能否经受得住这样的考验?

---

① 李渡等:《农民的土地承包经营权不容侵犯》,《人民日报》2002年6月13日第4版。

◇ 产权保护与经济增长

在案例二中,北营村农民以"习俗权"为据,对其在土改运动之前就曾使用过的土地要求所有权,但政府却认为,除非集体能够证明其土地权属,否则该土地应该属于国有财产。根据国家土地管理局《关于确定土地权属问题的若干意见(1989年)》(简称"1989意见")第1条和《确定土地所有权和使用权的若干规定(1995年)》(简称"1995年规定"),土地改革和"四固定"运动期间,未能按照法律规定(即1950年的《土地改革法》和"农业六十条")分配给农民的土地,都归国家所有。可是问题在于,国家常常将涉及习俗权的财产视为"无主财产"。因此,在土改运动和"四固定"运动中,国家很少将森林、草原和荒地分配给农民或集体,尤其是当1954年《宪法》出台以后,(地方)政府更是想当然地将这些自然资源纳入国有财产。为了驳回集体对土地习俗权的要求,上述规定已经成为政府手中的有力武器。但是一旦政府决定强制执行该项规定,那么一系列的隐患将随之产生。在这一问题上,后来的政策法规尽管并未采纳"1995年规定",但仍继续维持了这一问题的模糊性。当面对习俗权的问题时,司法和行政机关在确保社会公正和保护国家利益之间取得了平衡。在该案中,法院和当地政府在解决问题时极力避免采用"1989年意见"和"1995年规定"中的极端手段。相反,法院或政府最终做出的判决似乎默认了村庄的习俗权。当地政府试图向国有农场索取适当的经济补偿,以起到追加土地征用的效果。

以上两个案例反映出我国土地产权制度变迁的历史遗留问题。一方面,国家的司法制度缺乏连贯性和一致性,农业集体化时期人们的"法治"观念淡薄;另一方面,国家在认可习俗权时面临重重困难。为在历史遗留的土地权属问题和公正之间找到平衡点,(地方)政府和法院必须在各方利益之间权衡利弊。一方面,由于司法制度相对薄弱,农村集体的土地常常为他人所"盗用";另一方面,盗用者往往在"盗用资产"上投入了相当的财力、物力。然而实际情况并非如此简单。几十年来,由于土地权属含混不清,政府和农村集体一直共同使用开发土地。

事实上,正是因为司法制度在农村集体土地所有权问题上含混不清,农村土地集体所有制才能够发挥其社会保障作用。然而,制度的模糊性也会诱使地方政府只顾自身利益，彻底否认自然村的土地所有权——在经济较发达或城市化进程较快的地区，这一现象尤为常见。而它必将威胁到土地产权的长期可信度，因而值得人们加以关注。尤其是在一些地区，地价已经上涨到相当惊人的地步，当地政府是否能以公正的方式处理和确定土地的权属，这的确令人怀疑。

案例三反映了家庭联产承包责任制下产权残缺的问题。家庭联产承包责任制通过家庭与集体之间的土地承包合同而使得农民拥有了土地的使用权。然而，在中国几乎所有的村庄，农民的土地使用权并没有得到有效保护，相反，却受到各级"集体"的极大侵犯和损害。各级集体或政府（主要是乡一级政府）常通过行政特权，强行单方面改变承包期限，撕毁承包合同。或者，他们强制性规定农民的种植品种、种植面积、农产品销售数量甚至指定销售部门，并对不执行规定的农民予以重罚，运用行政的力量侵犯农民的经营自主权。

表面上，村集体或乡政府的单方面违约，是因为借助了政权或行政权力的力量，但究其根本，权力只是对付集体或乡政府的土地所有权的一种保护或者说权力成为它们成功违约的一种外部力量，这种力量使得合约双方——村集体和农民之间的权利不平等，进而言之，权力使得合约双方的权利不同或受保护程度不同。作为村集体代理人的村干部，在个人利益约束的前提下，只要有更好的机会、有更大的得益，他们就倾向于违约。这已为大量事实所佐证。土地承包这种单方面违约行为与其他合约违约行为唯一的不同在于土地承包的违约可以动用行政权力为其违约提供保护。

《基本农田保护条例》明确规定：禁止占用基本农田发展林果业和挖塘养鱼；国家重点建设项目无法避开而占用基本农田，必须经国务院批准。《土地法》第十四条规定："在土地承包经营期限内，对个别承包经营者之间承包的土地进行适当调整的，必须经村民会议三分之二以上成员或者三分之二以上村民代表的同意……"第十五条规定："农民集体所有的土地由本集体经济组织以外的单位或者个人承包经营的，必须经村民会议三分之二以上成员或者三分之二以上村民代表的同意……"这就清楚表明，《土地法》第十四条中的"调整"，是指发生在原承包经营者之间且是"个别"的调整；《土地法》第十五条中的"农民集体所有的土地",指的是村集体所有、尚未承包给村民的土地。此外,中央多次强调,稳定土地承包关系,土地承包30年不变。

无论是政策层面还是法律层面,国家都有明确的要求和规定。令人震惊的是,地方政府不仅敢于公然违反法律法规,甚至在记者的追问下声称其侵权行为符合《土地法》。可见,这已不仅仅是产权不划分不清晰的问题,而更深层次的原因更有可能是法律意识的淡薄和对法律的漠视。这一问题,不仅体现在高德镇案例中,在绝大部分政府主导的征地纠纷案中都有不同程度的体现。产权的保护必须通过法律手段完成,但法律制度必须建立在对法律的尊重和信仰基础上,否则任何规章制度都将流于表面。

启示

首先,国家必须保护农村弱势群体的利益,确保农村集体和农民的合法权益不受侵害。在确保自然村作为土地所有权的最基本单位的地位时,法院要发挥重要作用。其次,对于农业集体化时期人民公社或生产大队征用的土地来说,其所有权归属问题应当通过法律途径进行解决。在上述案例中,针对此类土地权属纠纷,司法和行政机关依据的是"1989年意见",而这一行政规定本身就存在问题。到了1995年,《确定土地所有权和使用权的若干规定》取代了"1989年意见",这些都是不具备法律效力的行政规定,而政府或法院却据此执行。由于法律中未对集体土地所有权做出明确界定,因此国家不得不采取一种被动的姿态。通过维持所谓"有意的制度模糊",国家一方面希望给地方留出足够的回旋余地,让其试着以新的方式处理土地产权问题,另一方面也是为了阻止社会矛盾的延续蔓延。假如地方的试验经证实具备可行性,那么中央很可能将这些成果体制化并推向全国。随着经济体制改革的深入,以及农村地区不可避免的商品化进程,有关历史遗留的土地权属要求将会纷至沓来,成为中国司法和行政机关面临的一个严峻考验。

以上案例集中体现了农村土地中的一个棘手问题——土地权利的归属。从土地承包合约看,农民和土地所有者——村集体签订的是土地使用合约,因此土地的处置权利应该归属于村集体。但是,我国法律对农民集体土地处置权或转让权实行非常严格的限制。无论是宪法、民法通则、土地管理法等都规定了任何组织或者个人不得侵占、抵押或者以其他形式非法转让土地，并规定"国家为了公共利益的需要，可以依法对集体所有的土地实行征用"。实际上，虽然集体拥有土地的所有权，但是并不拥有土地的转让权，土地的处置权利归属于国家。

但是对土地的使用权的处置权利归属于谁，则又成为一个"剪不断理还乱"的头疼问题。农民认为既然承包了土地，拥有了土地的使用权，那么在承包期内，土地使用权的转让权利应归属农民，而村集体认为，承包给农民的只是土地的使用权，不包括使用权利的处置或转让。对于土地使用权的处置或转让问题，还引发了经济理论界的大讨论，也促使了我国关于农用土地的法律修正。

在宪法修正案中规定了"土地使用权可以依照法律的规定转让"，但是并没有明确规定这项权利归属农民还是归属村集体。在1998年《土地管理法修正案》第14条、第15条规定：在土地承包期内，对个别承包经营者之间承包的土地进行适当调整的，必须经村民会议2/3以上的成员或者2/3以上的村民代表同意，并报乡（镇）人民政府和县级人民政府农业行政主管部门批准。农民集体所有的土地由本集体经济组织以外的单位或者个人承包经营的，必须经过村民会议2/3以上的成员或者2/3以上村民代表的统一，并报乡（镇）人民政府批准。

从法律规定看，农民承包土地的使用权的转让或处置不归农民个人所有，但也没有明确将该项权利界定给村集体，而是采用了非常含糊的语言：要求村民会议解决。为了使村民会议更代表农民个人的利益，又添加了一项附加条款：必须有2/3的村民或村民代表同意并报上级批准方可生效。正是由于模糊的权利界定，导致该项权利的一大块落入了共有领域，而农民和村集体之间对这块共有领域里的权利争夺，成为长期以来农村土地合约矛盾的焦点。

(二) 混合所有制经济中的产权缺失

案情

2009年1月4日,中国烟草总公司作出《关于云南红塔集团有限公司转让所持云南白药集团股份有限公司股份事宜的批复》(中烟办〔2009〕9号),同意云南红塔有偿转让持有的云南白药12.32%股份,总计6581.39万股。9月10日,陈发树与云南红塔签订《股份转让协议》,以每股33.543元的价格购得该部分股份,总计约人民币22.08亿元。双方协议约定,"在甲方(云南红塔)收到乙方(陈发树)的全部款项后,甲方应当及时办理与本次目标股份转让有关的报批等法律手续;如协议得不到相关有权国有资产的监督管理机构的批准,甲方将乙方支付的全部款项不计利息退还,双方互不承担违约责任,协议自乙方收到甲方退还的全部款项之日解除"。云南红塔所属红塔集团于协议签订次日向其上级单位云南中烟递交了报批手续。陈于协议签订后5个工作日内将转让款一次性全额打入红塔账户,并于10月对外宣称,欲将其持有的该部分股份捐赠给新华都慈善基金。云南白药随即发布公告,再次强调原协议中有关"须报相关有权国有资产监督管理机构审核批准后方能组织实施"的附加条款,并进一步指出,"上述股份过户至陈发树名下之日起20个日历月内不通过任何方式转让或委托他人持有、管理所持有的该股份"。12月,云南中烟向中烟总公司上报了该项股权转让事宜的书面请示,但一直未收到相关批复意见。

2011年4月27日,陈以催促函形式要求云南红塔10日内办理完过户登记手续。催促未果后,陈于12月8日向云南省高院递交了《民事起诉状》,将云南红塔告上法庭。2012年1月17日,中烟总公司做出批复,"为确保国有资产保值增值,防止国有资产流失,不同意本次股份转让"。随后,陈于4月和5月,分别向国家烟草专卖局提出行政复议,向北京第一中级人民法院提起行政诉讼,均未成功。12月28日,云南省高院做出一审判决,确认协议有效,驳回陈的其他诉讼请求。陈不服,于次年2月向最高人民法院提起上诉。2014年7月23日,最高人民法院做出终审判决,撤销了云南省高院的一

第六章 我国产权保护中存在的一些问题

审判决,要求云南红塔自判决生效之日起10日内向陈全额返还本金及利息,并驳回了陈的其他诉讼请求。

至此,这起国内迄今为止最大的股权交易纠纷案,历时两年零七个月,终于落下帷幕,并因其独特性,被戏称为企业版"秋菊打官司"。

评析

陈发树诉云南红塔案,是新中国成立以来国内最大的股权纠纷案,因其历时长、涉及利益复杂等特点,影响深远。该案不仅反映出我国国有企业在改制过程中面对的私有化激励与国有资产流失间价值悖论的困局,同时也折射出在建立和完善现代企业制度过程中存在一些亟待解决的法律问题。究其根源,在于国有资产的产权制度顽疾,也是混合所有制改造进程中主要障碍。

产权不清,权责不明,契约当事人与实际责任人相分离是该案症结所在。作为契约当事人一方的云南红塔,是红塔烟草(集团)有限责任公司(以下简称"红塔集团")下辖核心投资平台。云南中烟是红塔集团的上级单位,并受国家烟草专卖局(中烟总公司)委托,对云南烟草工业系统国有资产行使出资人权利,经营管理国有资产,承担保值增值责任。根据财政部《国有烟草行业国有资产管理若干问题的意见》(财建〔2006〕310号)第1条,关于烟草单位国有产权有偿转让问题,中国烟草总公司所属烟草单位向非烟草单位的产权转让,主业评估价值在1亿元以上(含1亿元)、多种经营在2亿元以上(含2亿元)的,由各单位逐级上报中国烟草总公司(国家烟草专卖局),由中国烟草总公司(国家烟草专卖局)报财政部审批。根据《企业国有资产法》第53条,国有资产转让由履行出资人职责的机构决定。根据《企业国有产权转让管理暂行办法》第8条和第9条,国有资产监督管理机构决定或者批准所出资企业国有产权转让事项;所出资企业研究、审议重要子企业的重大国有产权转让事项,决定其他子企业的国有产权转让事项。由此可见,在国有资产转让问题上,财政部是终极委托人,国家烟草专卖局(中烟总公司)、云南中烟、红塔集团等均为该多层受托关系中的转委托人,而云南红塔仅为受托人。本案中,同意云南红塔转让国有股权的批复由中烟总公司做出,《股份转让协议》由云南红塔与陈发树签订,而协议是否生效却取决于财政部的最终决定。其中,契约当事人云南红塔有权以受托人身份签订协议,但无法确保协议效力;中烟总公司有汇总上报义务,但无审批权限;而终极委托人财政部为实际的最终责任人,却未充当契约当事人。这意味着,在国有资产转让问题上,该云南白药股份的属性名为公有,实为共有,进而造成对国有当事人的激励与约束机制不足,人为增加了契约的不完备性和潜在的履约风险。此外,陈发树在提请行政复议和行政诉讼时,面对的却是国家烟草专卖局(中烟总公司)"一个机构两块牌子"的窘境,以致申诉无果。

"国有资产流失"是产权不清、权责不明的外延表象。据资料显示,陈发树与云南红塔签订协议当日,云南白药每股溢价达10.48元,在随后的4年多时间里,其股价不断上涨,最高每股曾达74元,相当于协议价格的两倍多,至2013年末,经转增后为8555万股,股权投资收益近60亿元。鉴于此,中烟总公司于2012年1月做出了"为确保国有资产保值增值,防止国有资产流失,不同意本次股份转让"的批复,而其于2009年做出的同意转让云南白药股份的批复却是基于主业清晰的考虑。事实上,云南白药股价一路走强,集中体现了该企业较强的竞争力和良好的市场前景。对此,作为私人投资者的陈发树判断准确,并迅速将22亿元资金打入红塔账户。与此形成鲜明对照的是,作为云南白药股份持有者的云南红塔,本应对该企业有更为充分的了解,却低价出售了该部分股份。诚然,在一个健康的股市中,股价的涨跌由市场因素决定,符合逻辑的供求关系应当是买方愿意以低价买入,卖方愿意以高价卖出,而私人投资的利得本不应成为国有资产流失的理由。然而,本案中,作为国有股权转让受托人的云南红塔,在其定价策略中,显然违背了这一基本逻辑,但其附加条款又将最终的决策权推给了"相关有权国有资产监督管理机构",以致一拖再拖。因此,既不能想当然地认为私人资本的引入会必然提高国有资产的使用效率,也不能简单臆定为行为人之间存在的旨在造成国有资产流失的某种默契。问题在于,导致国有资产流失的根本原因是什么,"防止国有资产流失"论的依据是什么,以及应当转让什么样的国有资产。一方面,由于使用和交易资产的契约当事人并非该项资产的最终委托人，而后者对私人资本的引入又缺少足够的激励，加之公众舆论对国有资产流失问题的过度关注，造成国有资产在交易过程中被置于公共领域。另一方面，相关法律和规章制度不健全，信息透明度不高，且缺乏行之有效的约束机制，使得国有资产在转让过程中确实存在相当大的风险。简言之，产权不清晰、权责不明确，是导致国有资产成为令众人垂涎的"唐僧肉"的根本原因。

法律制度不够完善是协议无法有效执行的外部原因。本案中，云南中烟于2009年12月完成了向中烟总公司的申报程序，但后者直到2012年1月才做出批复，逾时2年多。根据《国有股东转让所持上市公司股份管理暂行办法》（2007）第16条，"省级或省级以上国有资产监督管理机构收到国有股东拟协议转让上市公司股份的书面报告后，应在10个工作日内出具意见"，但并未规定二次审批的时间期限。此外，根据该《暂行办法》第8条和第9条的相关规定，本例股权转让事项可由国有控股股东按照内部决策程序决定，并在股份转让完成后7个工作日内报省级或省级以上国有资产监督管理机构备案即可。然而，这又与财政部《意见》中中烟总公司须向财政部申请报批的规定有所差别，进而增加了协议的不确定性因素。

启示

建立健全现代公司法人治理结构，完善产权制度。国有股权交易建立在协议基础上并通过协议完成，因此当事人各方本质上是一种契约关系。由于国有资产的独特性，协议的国有签约方往往不是国有股权的最终委托人，不具有最终决策权，从而存在协议被其上级主管部门否决的可能性，而交易双方也仅仅是一种预约合约关系。为确保协议效力，协议各方均应具备充分受权，以独立法人资格进行谈判、签约和履约等程序，这要求国有企业当事人明晰产权结构，明确权责关系，并充分保护产权持有者权益。一旦协议达成，国有当事人上级主管部门按规定履行审批手续。根据《企业国有资产法》（2008）第6条规定，"国务院和地方人民政府应当按照政企分开、社会公共管理职能与国有资产出资人职能分开、不干预企业依法自主经营的原则，依法履行出资人职责"。因此，切实处理好政企、政资关系，是完善产权制度的关键，并进而降低交易成本。

进一步完善相关法律规章制度，营造良好营商环境。通过对本案分析发现，相关法律法规不够完善，一些法律法规之间存在明显矛盾或分歧，这些都给协议的履行及纠纷后的申诉带来不便。针对国有资产申报程序较为烦琐的特殊情况，应尽量提高审批效率，如在《暂行办法》中规定二次审批过程中相关部门的审批时限。此外，应明确国有资产监督管理机构的责任主体及相应责任，对《暂行办法》和《意见》中出现的分歧应给予修正，进而为协议双方提供良好的法律和制度保障。

协调激励与约束双重机制，提高信息透明度。长效激励约束机制的建立，有利于国有企业效率的提高，进而有利于国有资产保值增值。本案中，云南白药在未完成股权转让的前提下，其股价仍保持了连续4年多的高增长，这反映出该企业良好的竞争能力和市场潜力。此外，舆论对国有资产流失和私人资金来源等方面也提出了质疑，加上受到国内之前一些典型案例的影响，人为增加了后续审批中的一些顾虑，甚至造成对协议的最后否决。对此，应建立科学的决策机制，长效的奖惩机制，提高信息的透明度，充分发挥声誉机制对企业和个人的作用。

（三）"乌木案"中的公、私所有权纠纷

案情

2012年2月，四川彭州村民吴高亮在通济镇麻柳河17组河段发现乌木。通济镇政府以乌木属国家所有为由将乌木挖出运走，并决定奖励吴高亮7万元。吴认为奖励金额太少，且该乌木发现区域位于其姐吴高惠的承包地范围内，随后向成都市中级人民法院提起诉讼。2013年1月，法院一审驳回吴高亮的乌木确权起诉和吴高惠的全部起诉，认为乌木发掘地不在吴高亮二姐吴高惠的承包地，该案与吴高惠无关，并做出"中止诉讼"裁定，但对乌木的发现、发掘者及发掘地点是否决定乌木归属未做判定。随后，吴向四川省高级人民法院上诉。2013年6月，四川高院二审公开开庭宣判，驳回了原告上诉，维持一审判决。

2012年10月，重庆潼南县前进村村民王某在涪江河内的淤泥中

发现一根乌木。次月，王某与同村的匡某等 9 人用匡某的挖掘机共同将乌木挖掘打捞上岸，并随即报告当地文物部门，但文物部门以"不属于文物"为由拒绝收藏。王某等人于 12 月以 19.6 万余元的价格将乌木出售，王某和匡某各分得约 4.9 万元，其余 7 人各 1.4 万元，挖掘机司机 300 元。其中一人因担心日后出问题，于次年 1 月将其所分得的 1.4 万元上缴潼南县财政局。随后，潼南县财政局以乌木所有权归国家所有为由，上诉潼南县人民法院，向其余 8 人讨还乌木款。法院一审认为，乌木属于自然资源，不属于法律规定属于集体所有的范围，属于国家所有，而县财政局作为县国有资产管理部门，有权要求匡某等人返还分得的钱款。此外，村民挖乌木时，匡某使用自己的挖掘机进行挖掘，其他 8 人也进行了打捞和看护，因此，应扣除挖掘、打捞及看护期间的劳务费、误工费等。法院认定匡某应得挖掘打捞费 1 万元，其他人各得打捞看护费 8000 元，并据此判决匡某等人还钱。收到判决后，匡某等人不服，随即向重庆市第一中级人民法院上诉。法院二审认为，乌木的自然属性决定其不具有人应当认领的可能性，因此应归国家所有。匡某等人将乌木打捞起来后，应当送至国家有关部门处理，却擅自出售处理，应承担相应责任。最终，法院二审驳回上诉，维持原判。

2012 年 11 月，四川达州渠县涌兴镇永东村五组的几位村民找来几名工人，在当地河道内寻找乌木，并很快发现一长约 15 米、粗约 80 厘米的乌木。当地村民立即前来，阻止其将乌木运走，称埋藏乌木的小河沟位于永东村五组范围内，属于本社的土地，因此该乌木归本社村民集体拥有。双方僵持不下。当地镇政府获知此事后，立即赶到现场进行调查、调解，认定该地段并不属于五组承包地，而属于该范围内的公共河道，建议村民要么等"彭州乌木案"判决后参照解决，要么出售该乌木，并对挖掘乌木的村民进行补偿。村民经过协商达成书面协议，同意出售该乌木，获利 4 万元，其中，2 万元付给乌木发掘者供其自行分配，另 2 万元上缴集体，并将其中的 3000 元作为工钱付给看护乌木的村民。

评析

以上是近年来诸多"乌木之争"案中颇为典型的案例，其判决结果或解决方式,为之后类似事件的解决提供了有益参考。无论是"彭州案"的民诉官、"潼南案"的官诉民,还是"达州案"的协商解决,都反映出我国法律在处理类似事件中存在法理不足,同时也暴露出在确权问题尚未得到解决的情况下,公权与私权处于不对等状态,而对私权的保护仍缺乏法律及规章制度方面的依据。

乌木的属性和确权问题。根据《民法通则》(1986)第79条规定,"所有人不明的埋藏物、隐藏物,归国家所有。接收单位应当对上缴的单位或者个人,给予表扬或者物质奖励。拾得遗失物、漂流物或者失散的饲养动物,应当归还失主,因此而支出的费用由失主偿还"。根据《物权法》(2007)第46条、第109条和第114条规定,"矿藏、水流、海域属于国家所有。拾得遗失物,应当返还权利人。拾得人应当及时通知权利人领取,或者送交公安等有关部门。拾得漂流物、发现埋藏物或者隐藏物的,参照拾得遗失物的有关规定"。由此可见,以上案例中,乌木的发现地均位于公共河道内,区域属国有,因此其中的埋藏物也应归国家所有。然而,对于乌木的属性仍存争议,进而引起对《物权法》法条引用上的争议。显然,乌木为自然形成,不存在人为埋藏行为,因此是否适用《物权法》第114条,尚存争议。然而,如果认为乌木为炭,则适用第46条;如果为木,则适用第48条;如果为野生动植物,则适用第49条。因此,双方在乌木属性问题上始终无法达成共识。在此情况下,本着"国不与民争利"原则,政府如果动用公权力去"强夺"乌木,显然有失公平,乌木更适合于归发现人所有。

对乌木发现者和挖掘者的奖励问题。根据《民法通则》(1986)第79条规定,"接收单位应当对上缴的单位或者个人,给予表扬或者物质奖励",但并未详细给出奖励的标准和实施办法。尽管法院的判决都支持了乌木国有,但由于缺少相关法律支撑,对发现者和挖掘者的奖励却始终无法令当事人满意。在彭州案中,吴高亮声称,该乌木经专家鉴定其市场价约为2000万元,根据《物权法草案建议稿》规定,拾金不昧者最高可获失物价值20%的酬金,因此政府给予他的奖励应不少于400万元,这显然与法院判决的7万元奖励金额相差甚远。在新华网的一次网上调查中,近六成网友认为乌木应归发现者所有，近一半网友支持吴高亮提出的400万元奖励要求。相比之下，在潼南案中，法院仅认定了匡某的挖掘打捞费和其他人的打捞看护费，却没有任何奖励，显然不符合民法中的"公平"原则。与法律诉讼相比，达州案的解决效率和满意度均较高，但因其缺少严密的制度依据，对于更高价值的乌木纠纷是否仍然适用，值得商榷。

启示

通过立法，确定乌木的权属关系。对乌木的确权问题，重点不在于无法可依，而在于对于乌木属性的确定及相关法条的解释不够。鉴于乌木多集中于四川地区且该区域在处理此类纠纷中积累了较多经验的实际情况，可组织法律、生物、文物、矿产等领域的专家学者，对乌木属性进行科学论证，确定其自然属性，并进行相应评级评价，进一步确立其法律属性。

通过立法，建立奖惩机制。如果认定乌木国有，则应尽快建立相关保护和开采机制，对符合要求的开采者给予补偿，对发现者给予奖励，对违反规定私自开采或售卖国有乌木的行为应予以相应惩罚。如不能确定乌木的国有属性，应对相关法条进行修订或充分解释，以使得法院在处理此类案件中有法可依。此外，在无法确权情况下，针对公权与私权的不对等状况，应建立规范合理的奖励标准，避免公权对私权的过度侵占。

建立和完善多层次的纠纷解决机制。法律诉讼，耗时耗力，不仅增加了社会成本，同时降低了问题解决的效率。乌木，是一种珍惜资源，本应成为当地的宝贵财富。然而，竞争的无序势必会造成乌木资源的浪费，甚至枯竭。提高群众的法律意识，发挥县、乡、村一级政府、行业协会及群众组织的作用，建立相应事前预警机制，通过协商和谈判等方式，合理协调各方利益诉求。在达州乌木案中，当地政府引导村民进行协商，尊重私人利益，较好地解决了纠纷。之后，以保护公共河道和河堤为名，明令禁止任何人在未经许可情况下私挖乱采，从而又建立了长效保护机制。

（四）"武汉晶源案"中的知识产权保护

案情

1995年12月22日，彭斯干、电力工业部中南电力设计院和深圳晶源环保科技有限公司共同向国家知识产权局递交"曝气法海水烟气脱硫工艺及其曝气装置"的发明专利申请。与传统石灰石脱硫方法中消耗大量淡水和能源的做法相比，该专利产品无须任何化工原料和淡水，可减排99%的二氧化硫，使海水脱硫成本降低2/3，较好地解决了燃煤电厂的二氧化硫污染问题。该专利于1996年11月6日初审公开，并于1999年9月22日获得中国发明专利授权（专利号：ZL95119389.9），经过变更后的专利权人为武汉晶源环境工程有限公司。

1997年，福建省漳州美资华阳电业公司在当地修建后石电厂，其购买的日本富士化水（FKK）镁法脱硫设备因存在原料供应和环保标准问题而无法投入使用，遂向武汉晶源申请采用纯海水烟气脱硫方法。武汉晶源同意并向华阳电业提供了该专利装置。之后，日本富士化水在未经武汉晶源同意情况下，自行采用该专利技术方案，改造其工艺设备。1998年8月，华阳电业在开工改造海水法脱硫装置时，宣称其脱硫采用的是日本富士化水技术和欧美国家的现有工艺，否认采用武汉晶源的技术。1999年投入运营后，该技术每年为华阳电业节省原料转化的发电利润达数千万元。

2001年9月，武汉晶源向福建省高院起诉，状告日本富士化水和华阳电业侵犯发明专利权。在民事诉讼过程中，日本富士化水于2004年12月向国家知识产权局专利复审委员会提出专利无效请求。2005年1月，中国科技法学会华科知识产权鉴定中心认定日本富士化水整体技术方案与晶源专利技术方案等同。2006年6月，经过国家知识产权局专利复审委、北京市一中院和北京市高院的审理，确认武汉晶源的发明专利有效。日本富士化水不服，向北京市一中院起诉。2006年12月，北京市一中院驳回日本富士化水请求，判决武汉晶源专利有效，日本富士化水遂上诉至北京市高院。2007年8月，北京市高院终审判决日本富士化水败诉，维持原判决。2008年5月，武汉市中院开庭代福建省高院宣判，被告日本富士化水立即停止侵权，赔偿原告武汉晶源5061.24万元人民币；被告华阳电业以每台机组每年向原告支付24万元使用费，以替代停止侵权。法院一审判决后，原被告均上诉。武汉晶源认为，一审判决没有落实两被告侵权的共同责任，并要求提高华阳电业支付的专利使用费，而两被告则否认采用的是武汉晶源技术。2008年11月，最高人民法院首次组成5人大合议庭，对此案进行公开审理。2009年12月21日，最高法终审判决，富士化水和华阳电业共同赔偿武汉晶源经济损失5061.24万元；华阳电业按使用年限向武汉晶源支付专利使用费，直至专利期满。

2010年1月，武汉晶源向华阳电业发函请其在终审判决要求的15日内履行法定义务，被对方拒收后，依法向福建省高院提出申请执行书。与此同时，华阳电业向最高法院申诉并申请暂缓执行判决，最高法院于同年4月和8月两次做出暂缓执行决定，暂缓期限均为3个月。至此，该案自1995年12月专利申请已过去15年，其间，审判和执行已逾9年，专利一直处于侵权方无偿使用状态。其时，该专利距其有效保护期截止仅剩5年。

评析

武汉晶源诉日本富士化水和华阳电业共同侵权案，是最高人民法院迄今为止判决的赔偿金额最高的知识产权案件，被最高法列为"2009年十大知识产权经典案例"之一。该案经历了漫长的行政和司法认定程序，引起国内外高度关注。其间，最高法院首次组成5人大合议庭对该案进行公开审理，反响热烈。然而，尽管武汉晶源最终胜诉，但旷日持久的维权经历耗费了企业大量的时间和精力，而被告方反复申请暂缓执行判决的行为，又让企业蒙受了更大损失。这种"赢了官司、输了市场"的尴尬局面，充分暴露出我国知识产权侵权诉讼所涉及的司法及行政程序上的不足。

目前，我国由人民法院知识产权审判庭、行政审判庭及刑事审判庭分别审理民事、行政、刑事三类案件，相互之间并无交叉。其中，涉及专利的民事纠纷案件由各省、自治区、直辖市人民政府所在地的中级人民法院和最高人民法院指定的中级人民法院管辖。行政案件又分为确权纠纷案件和普通行政案件，根据2009年6月26日最高人民法院发布的《关于专利、商标等授权确权等知识产权行政案件审理分工的规定》，不服国家知识产权局专利复审委员会做出的对专利是否符合授权条件的决定的裁决的案件，由北京市第一中级人民法院知识产权审判庭统一审理，上诉案件由北京市高级人民法院知识产权庭审理。知识产权刑事案件由各地方人民法院审理。

在知识产权民事、行政、刑事分轨制度下，审判质量不高，专业化程度低，以及程序低效，造成被告方在维权过程中付出巨大时间成本。根据现有法律规定，国家知识产权局专利复审委员会负责审核专利的有效性，法院负责审理侵权诉讼。在被侵权人提起诉讼时，被告方有权提出专利无效请求，而此时法院应暂停侵权诉讼审理，待专利有效性审核完毕后再继续原诉讼审理。本案中，武汉晶源于2001年9月提起诉讼，而在2004年12月日本富士化水提出专利无效请求后，民事诉讼暂停。在复审结束后，日本富士化水又先后向北京市一中院和北京市高院两次上诉，直到2008年5月福建省高院才做出判决。这种行政审核与民事审判相分离的制度设计，人为增加了当事人的时间成本，也为当事人有意拖延创造了机会。

国内长期以来知识产权保护制度不健全，挫伤了企业创新积极性，损害了国内企业整体声誉。长期以来，国内企业一直以"出口创汇""市场换技术"等理念指导生产，知识产权保护意识不强、制度不健全，形成了缺乏自主研发能力的"世界工厂"的印象，进而使国内企业在知识产权纠纷中处于被动地位。本案中，漳州后石电厂火电脱硫项目是我国首例成功的大型火电脱硫工程，但受华阳电业否认使用国内专利技术的影响，很快形成了该项技术必须靠国外引进的印象，并很快促成了国内全行业外国技术垄断局面。甚至武汉晶源被要求必须得到日本富士化水等外国公司的"授权"，才能使用该项专利技术，致使其丢失了数十亿元的市场份额。

启示

借鉴国外先进经验，提高审判质量和效率，探索国内知识产权专门法院发展之路。同时，平行建立国家知识产权局专利复审分支机构，减少专利确权的行政程序和由此产生的行政诉讼问题。2014年年底，我国知识产权法院在北京、广州和上海相继成立，创新之处表现在跨区域管辖、民行"二审合一"、法官遴选委员会、技术调查官等方面。按照最高人民法院发布的司法解释，知识产权法院管辖有关专利、植物新品种、集成电路布图设计、技术秘密等专业技术性较强的第一审知识产权民事和行政案件；不服国务院行政部门裁定或者决定而提起的第一审知识产权授权确权行政案件，由北京知识产权法院管辖。由此可见，北京知识产权法院只是在法院系统内部接续了原北京市高法知识产权庭的职能，而"专利有效性"的审核仍由国家知识产权局专利复审委负责。因此，案件当事人仍有可能提出专利无效请求，并以申请复审为由拖延一审法院审理时间。有鉴于此，应与知识产权法院平行建立专利复审分支机构，受国家知识产权局垂直管理。

培养和激励国内企业自主研发和产品创新，强调契约关系，建立和完善知识产权长效保护和奖励制度。长期以来，国内企业习惯于粗放式的代工生产模式，对于产业链中产品研发、设计等高附加值、高投入环节较少涉足，其原因众多，但知识产权保护缺失，侵权行为频繁，则无疑是重要原因之一。法律诉讼，费时费力，即使被侵权方胜诉，也可能会因专利有效期迫近而得不偿失。因此，事前预防机制的建立至关重要。就企业个体而言，通过签订保密协议等方式建立契约关系，既可通过保护和补偿方式激发协议人的创新热情，又可通过订立惩罚性条款等方式约束行为人的侵权行为。这种以契约形式形成的保护和奖励制度，有利于激发国内企业的自主研发和创新精神。

加强声誉机制作用，营造诚实守信的商业文化。制度，首先是一种文化，是一个群体共同的价值认同和行为准则。法律只提供道德底线，而显性的契约关系又总是不完全的。综观欧美等先进国家的经验，其对知识产权的保护绝不仅仅是通过法律维系，其法律行为背后的价值体系发挥着关键作用。因此，保护知识产权必须从尊重知识产权开始，通过宣传、教育等方式营造诚实守信的商业文化，并发挥声誉机制对企业和个人的影响。

（五）整治路边烧烤和产权执行成本

案情

据《深圳商报》2014年9月17日报道，该市南山区沙河街道白石洲村内存在烧烤摊占路现象，3年未杜绝。记者实地调查发现，除了下雨天，夜间11时左右，白石洲村内的马路餐桌就已经支起来了，本就拥挤的马路被烧烤摊占领了一半，道路拥堵和烧烤烟雾让周围住户叫苦不迭。对此，相关部门表示一直在治理，但很难杜绝。

夜间11时许，记者来到南山区沙河街道白石洲村内，在靠近金三角大厦的十字路口，见到有5个烧烤摊圈占了金三角大厦后方的马路和中国农业银行白石洲支行前面的一块空地。紧挨烧烤摊，露天摆放着十几套桌椅，阵阵刺鼻的烧烤烟雾在马路中飘荡。

"无论是夏天还是冬天，只要不是刮风下雨，这里的烧烤摊都会准时出现。"住在附近侨城豪苑小区的谢女士告诉记者，她住在这里的3年多，大部分时间都能见到这些烧烤摊，除了每次城管执法队组织整顿，这些烧烤摊才会短暂消失几天。"现在都不敢太晚开车回家，一是怕烧烤摊占了马路，车开不进来；二是怕烧烤摊的烟雾太大，阻碍了开车的视线，发生事故。"谢女士表示，这些烧烤摊一般营业到凌晨3时左右，客人在吃烧烤的时候一般还会喝啤酒，噪音十分大。"虽然我家住十几层，凌晨两三点，这边烧烤摊的吵闹声还是能听见。"

烧烤摊附近的餐饮店店员告诉记者，这些烧烤摊不仅占路扰民，还给街道制造了很多垃圾。记者发现，这些烧烤摊大部分用一次性保鲜袋套住碗碟来盛放食物，客人用完餐后就直接把这些用过的保鲜袋丢弃在马路边。次日凌晨2时，记者看到这些烧烤摊的桌椅边散落着一堆的餐后垃圾。记者询问餐后垃圾扔到哪里时，一家烧烤摊商贩向记者表示，"直接扔到地上就好了，早上会有环卫工人打扫的"。

记者第二天致电南山区沙河街道城管执法队。该执法队工作人员温小姐向记者表示，对于白石洲村内烧烤摊贩占路扰民的乱象，已经集中整顿过多次，但始终难以根治。"一旦接到居民投诉，我们就会组织行动整顿，整顿完了可能短时间内会有成效，但时间长了，烧烤摊贩还会卷土重来。没收了烧烤摊商贩的烧烤工具，他们还会买新的。"温小姐表示，平时沙河街道城管执法队会有队员在白石洲村内巡逻，沙河街道执法队会尽量去杜绝这些占路扰民的烧烤摊出现，接到群众举报后也会第一时间采取行动整顿处理。

评析

路边占道经营烧烤现象在各地十分普遍，以其独特的餐饮风味和休闲的露天环境吸引着众多消费者。然而，非法占道经营行为，不仅扰乱了交通秩序，同时制造出大量油烟、噪声和垃圾等污染物，极大损害了附近居民的权益。尽管有关部门三令五申，并多次对这一问题进行集中综合治理，但收效甚微。路边烧烤，往往会在每次查处后迅速回潮，进一步增加了执法难度。究其原因，主要在于经营违法成本低与管理者执法成本高之间的矛盾。

在制度缺失情况下形成的长期消费行为，自发催生了路边占道烧烤这一市场模式，增加了行政执法的难度。消费者的行为反映了消费者的偏好。路边烧烤并非新生事物，其吸引大批消费者的独特之处在于，既能让食客享受到餐馆的美味，又能给他们提供野外露天烧烤的体验，最终成为一种大众饮食传统和消费习惯。路边烧烤市场不仅在国内十分普遍，在欧美等发达经济体也深受欢迎。因此，问题不在于路边烧烤本身，而在于因长期监管不严所形成的市场低效率。

长期以来，很多地区的行政执法部门，主要通过阶段性集中整治的措施治理路边占道非法经营行为，而日常监管不善造成众多违法经营者的涌入，挤出部分拥有经营许可证的合法经营者，或迫使后者降低经营质量。市场的无序，无法确保对消费者权益的有效保护，而减少的经营成本又是以食品质量下降、各种污染物的排放以及拥挤的交通为代价，经营者将其私人成本的减少建立在社会成本的增加基础上。最终，一个存在很大负外部性的质劣价廉的低成本市场取代了竞争有序的健康市场，并迎合了一部分低端市场的需求。从而，管理者所整治的不是一个偶然形成的临时性市场，而是一个相对均衡状态下的稳定市场模式和一种长期既定的大众消费文化。在集中清理整治中，阻力不仅来自违法经营者，还来自一些食客的阻挠，使执法者不得不采取"夜间取证、白天处罚""蹲点取证"或"紧盯死守"等方式，加大了执法成本，降低了执法效率。同样，责令经营者将路边烧烤改为室内烧烤或增加油烟处理设备等，均会增加其经营成本，以致转嫁消费者，而爱好露天烧烤的消费者也难以对室内烧烤满意，因此路边烧烤在被取缔之后很容易回潮。

综合执法"综而不合"，法律法规亟待完善。路边烧烤的综合治理，需要多部门联合进行，涉及城管执法、环保、公安、工商、食品卫生等部门及市、区一级政府机关等，且往往由执法部门牵头。在日常管理中，执法部门只能对违法占道行为进行处罚，而对烧烤产生的空气和噪声污染却无能为力。按照规定，对污染的监管应由环保部门负责，执法部门没有权限，且不具备取证所需的检测设备，也无法证明油烟与大气污染有关。然而，环保部门的执法仅限于对企业污染的监管，而对路边烧烤并无执法权限。由此可见，在日常监管中，各部门容易出现"令出多头"或"自扫门前雪"的尴尬局面，使得只能通过阶段性集中整治的方式进行治理。此外，对于路边烧烤产生的油烟在多大程度上构成违法，缺乏执法依据和量化标准，而对于是否应重罚违法经营者，仍缺乏相关法律依据。

启示

建立多部门统一协调机制，加强日常法律监管。在日常监管中，坚持属地化管理原则，强化各部门联动机制，可由执法部门牵头，成立相关管理办公室，分工明确、统一协调。对于违法占道经营者，应坚决予以取缔。设立举报电话，及时受理居民举报，并对现场进行实地考察。充分发挥业主委员会、社区居委会、个体经营者协会等部门的作用，通过协商、谈判等方式调解纠纷。

完善配套法律法规，提高经营者、消费者和执法者的法律意识。在《环境保护法》《食品安全法》及涉及大气污染、市容、环境卫生等相关法律法规基础上，针对占道路边烧烤制定相关治理条例，使该项综合治理有法可依。特别是，对于违法占道经营者屡教不改的回潮行为，通过重罚措施，使其违法成本远高于守法成本。同时，加强法律宣传和舆论引导，提高经营者、消费者和执法者的法律意识，避免执法过程中的过激行为。

尊重大众消费传统，改善路边烧烤环境。对于自发形成的路边烧烤市场，应根据其周边交通和居住环境等具体情况，统筹规划、酌情处理。对于一些已形成规模，且不损害居民利益或交通秩序的市场，应考虑广泛征求周边居民意见，通过财政补贴方式进行合理改造，如按照相关规定设置烧烤专用区、搭建棚舍或隔音墙、装配消烟除尘装置等。